宜昌市政协文史资料第四十九辑

我们的屈原

主编 ◎ 杨 力　　副主编 ◎ 佟茜洁　朱白丹

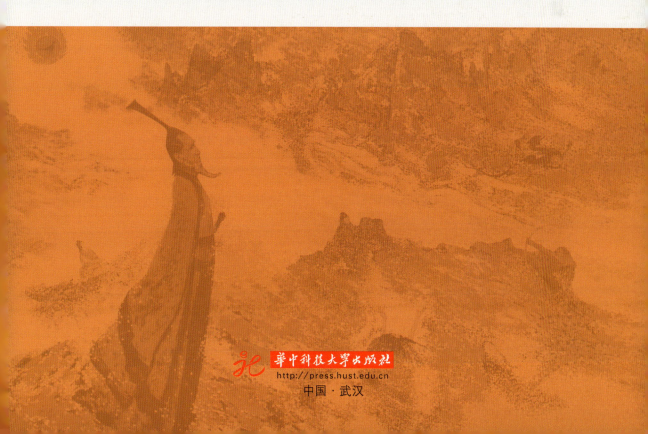

华中科技大学出版社
http://press.hust.edu.cn
中国·武汉

图书在版编目（CIP）数据

我们的屈原 / 杨力主编 . —武汉：华中科技大学出版社，2023.7
ISBN 978-7-5680-9599-0

Ⅰ. ①我… Ⅱ. ①杨… Ⅲ. ①屈原（约前 340- 约前 278）—人物研究 Ⅳ. ① K825.6

中国国家版本馆 CIP 数据核字 (2023) 第 106329 号

我们的屈原
Women de Qu Yuan

杨力　主编

策划编辑：彭中军
责任编辑：段亚萍
封面设计：孢　子
责任监印：朱　玢

出版发行：华中科技大学出版社（中国·武汉）　　电话：（027）81321913
　　　　　武汉市东湖新技术开发区华工科技园　　　邮编：430223

录　　排：武汉创易图文工作室
印　　刷：湖北新华印务有限公司
开　　本：787 mm × 1092 mm　1/16
印　　张：19.5
字　　数：439 千字
版　　次：2023 年 7 月第 1 版第 1 次印刷
定　　价：168.00 元

本书若有印装质量问题，请向出版社营销中心调换
全国免费服务热线：400-6679-118　竭诚为您服务
版权所有　侵权必究

宜昌市政协文史资料第四十九辑

宜昌市政协文化文史和学习委员会
宜昌市炎黄文化研究会

主编◎杨力（力人）　　副主编◎佟茜洁　朱白丹

　　周德聪简介：三峡大学教授，硕士研究生导师。历任三峡大学艺术学院院长，三峡大学书法文化研究中心主任,宜昌市文联主席,中国书协创作委员会委员、书法教育委员会委员,湖北省政协委员,湖北省文联委员,湖北省书协副主席。现为中国书法家协会会员,湖北省书协顾问,宜昌市文联名誉主席,宜昌市书协主席,杨守敬书法院院长,中国文字博物馆书法艺术委员会委员,华中师范大学长江书法研究院研究员,宜昌市文化名家周德聪(书法)工作室领衔人。书法作品曾入选中国书协主办的全国首届新人作品展、全国第五届书法篆刻展(获全国奖)、全国第七届书法篆刻展等全国书法大展。

路漫漫其修远兮,吾将上下而求索。

——屈原《离骚》

谨以本书纪念屈原大夫殉国2300周年!

——《我们的屈原》编辑委员会

《我们的屈原》编辑委员会

顾　　问　　王均成　李　泉　符　号
主　　任　　徐　炜　冉锦成　张　毅
副 主 任　　孟美蓉　陈华洲　曹水兵　张永久
编　　委　　汪忠胜　李　杰　何建刚　陶加林　张清平
　　　　　　曹　蓉　李明义　阎　刚　冯汉斌　郑伟明
　　　　　　毕水海　杨　力　尚志鹏　吕　航
文史顾问　　王作栋　杨世灿　周德富　傅世金
学术支持　　宜昌市炎黄文化研究会宜昌名人文化研究学术委员会
　　　　　　宜昌市文艺评论家协会
　　　　　　宜昌市伍家岗区文学艺术界联合会
主　　编　　杨　力（力人）
副 主 编　　佟茜洁　朱白丹
编　　务　　余　红　朱光华　施志江

讲好屈原故事　助力创建典范

◎《我们的屈原》编辑委员会

屈原是伟大的爱国主义诗人,被誉为"中华诗祖"。屈原文化是中华文化的瑰宝、荆楚文化的翘楚。中共宜昌市委高度重视屈原文化的传承弘扬工作,明确提出"让屈原成为宜昌永恒的文化地标,把宜昌打造成屈原文化的权威阐释地、标准制定地、活动聚集推广地"。市委办公室、市政府办公室印发《宜昌市传承与弘扬屈原文化实施方案(2022—2025年)》,从屈原文化遗产保护、研究阐释、传承创新、精品创作、交流传播、价值转化等"六大工程"入手,真正让屈原文化复兴始于宜昌、兴盛全国、享誉世界。

宜昌市政协围绕传承弘扬屈原文化做了一系列工作。在市政协七届一次全会上,"弘扬优秀传统文化,打响屈原文化品牌"作为建议案获得一致通过,由市委主要领导领办。在文史资料编撰方面,宜昌市政协文化文史和学习委员会与秭归县文学艺术界联合会、秭归县屈原文化研究会联合编著出版了《诗祖屈原》文化普及读本。如今,宜昌市政协文化文史和学习委员会与宜昌市炎黄文化研究会联合组织编写的《我们的屈原》一书又与读者见面,无疑是为屈原文化的研究打开另一扇窗,为铸就屈原精神的高地添砖加瓦。

这是一部纪念之作。1953年,在屈原逝世2230周年之际,世界和平理事会通过决议,确定屈原为当年纪念的世界四大文化名人之一。2023年,恰逢屈原逝世2300周年,作为屈乡儿女,我们以编撰文化文史普及读物《我们的屈原》这一特殊方式,纪念这一特殊的历史时刻。尽管时移世易,屈原深固难徙的爱国情怀、哀民多艰的民本思想、上下求索的实干精神、洁身自好的清白节操却邈踪古今,化为一种伟岸风骨、一种高贵灵魂,潜移默化地滋养着后人。

这是一部集成之作。不同于《诗祖屈原》,重点在对屈原作品原文的注释和翻译上,更多侧重于文本研究,《我们的屈原》更像是一个百家争鸣的大舞台,它展示了从全国各地1000余篇来稿中精选的近百篇作品,这其中既有关于屈原文化、屈原作品乃至屈原其人深入研究的理论文章、精辟评论,也有散文、随笔等,作者更是遍布各行各业、各个领域。正因如此,《我们的屈原》这个书名显得更加贴切和亲民,屈原既是世界文化名人,是荆楚文化的"天际线",他也是彻内彻外的人民诗人,永远活在万千普通民众心中。

这是一部责任之作。传承弘扬屈原文化既是贯彻落实习近平总书记关于中华优秀传统文化创造性转化、创新性发展重要论述的具体体现,也是宜昌建设长江大保护典范城市、加快打造世界级宜昌的可循路径,更是一代又一代宜昌人必须扛起的历史责任。屈原文化和屈原精神的传承弘扬,必须建立在对屈原事迹和作品的全面了解上,《我们的屈原》以多样化、平民化的视角解读屈原,讲述屈原的故事,对推动屈原文化的传播大有裨益,而只有更好地传播,才能更好地传承。

路曼曼(漫漫)其修远兮,吾将上下而求索。在充满光荣与梦想的新征程上,我们要以强烈的历史责任感,继续把屈原文化传承好、弘扬好,推动屈原文化走出宜昌、走向全国、走向世界;始终不渝坚定文化自信,坚持文化铸魂,为推进中国式现代化、加快建设长江大保护典范城市不懈奋斗!

2023 年 5 月 5 日于宜昌

"屈子何由泽畔来"

◎ 吴卫华

"我们的屈原"——极为简短朴实的话语里蕴蓄着骄傲与自豪，饱含丰富的情感色彩，无疑是一种将两千多年前的屈原引以为"同道""知己"的说法。这个说法一是凸显了作为屈子故里的宜昌人对屈原及其作品的由衷虔敬与喜爱，这位具有世界影响的历史文化名人，给宜昌这方土地带来了莫大的声誉与文化自信；另一方面也彰显了时下读书人对历史深处走来的屈原孤傲清高个性、独立人格范式的膜拜与景仰，他曾以一己之力将中国人的精神推至一个难以企及的崇高地位，成为文人精神世界的"天花板"。

不同时间翻阅过诸如《知识分子，请告别屈原人格》《知识分子应与屈原有个了断》之类的网络文章，揆诸其主要观点如下：屈原身上有一种自恋型人格，他无视自身的认知局限和人格缺陷，以浮华的抒情、密集的意象和华丽的修辞揄扬自己的高尚和纯洁，遮蔽了对事物本身的思考与发现空间。屈原是被权力中心冷落和抛却的"弃臣"，其爱国主义仅仅是一种"宗国"情结、"恋乡"情结，对权力的依附性，决定了以屈原为代表的中国知识分子独立精神的失落。这一切恰恰迥异于苏格拉底以来的知识分子特征。故而现代人应该清算"屈原遗产"，与屈原的精神和文学传统做一个"切割"和"了断"。

其实这些看法一点也不新鲜，都是了无新意、不足为训的拾人牙慧。早在汉代，学者们对屈原的评价即有或褒或贬两种倾向。汉朝上流社会对楚辞十分推崇，汉武帝喜爱文学，委派淮南王刘安作《离骚传》（《离骚》传注，全文已佚）。刘安的《离骚传》成为已知的最早对屈原及其《离骚》给予高度评价的文献，刘安认为《离骚》体现了屈原"浮游尘埃之外"的人格风范，"可与日月争光"。司马迁的《史记》、刘向的《新序》、桓宽的《盐铁论》和《楚辞》等，使我们对屈原有了更多的了解和认识。司马迁的《屈原贾生列传》提供了屈原生平的主要信息，文中直接借鉴刘安的表述，对屈原的人品与才情推崇备至。但同是汉代的班固却不以为然："今若屈原，露才扬己，竞乎危国群小之间，以离谗贼。然责数怀王，怨恶椒兰，愁神苦思，强非其人，忿怼不容，沈江而死，亦贬絜狂狷景行之士。""推此志，虽与日月争光可也。斯论似过其真。"扬雄也不赞成屈原的自沉选择，还认为其作品存在"过以浮""蹈云天"的瑕疵。他们的观点归结起来无非是说屈原恃才傲物、意气用事，责备屈原对君王犯颜直谏，甚至以死抗争，认为其为人不懂得通达权变和中庸之道，疏离了"温柔敦厚"的诗教。并且屈原的作品也与儒家经典的质朴、孔子的"不语怪力乱神"精神相去甚远。晚近还出现了"屈原虚构说",即屈原在历史上是否真实存在的问题,胡适的屈原为"箭垛式"人物的说法也有一定数量的拥趸。诚然,在目前可见的先秦所有文献中,关于屈原的记载阙如,这既可能是由于屈原与楚国统治集团的紧张关系,楚国的典籍选择性地忽视屈原的存在,也可能是有关文献遭受战火焚毁而无法重现。汉代学术活动繁荣,尤其是刘向、刘歆、扬雄等的收集整理工作,使许多关于先秦的文本得以在汉代挖掘与整理。总之,对屈原的争议性评价不自今日始,当下某些人对屈原的非议与苛责,无非是袭用班固、扬雄等人的观点来博人眼球而已。

"天恐文人未尽才,常教零落在蒿莱。不为千载离骚计,屈子何由泽畔来"(陆游《读唐人愁诗戏作·天恐文人未尽才》)。屈原开创的楚辞体诗歌与北方的《诗经》不失为中国文学的两大源头,大大提升了中国古代南方文化的地位。如何更进一步认识屈原?按照梁启超的说法,屈原有"洁癖","研究屈原应该拿他的自杀做出发点"(梁启超《屈原研究》)。屈原身上的人格气节,是我们理解屈原的重要视角,也是这个历史人物能够超越时空,引发当代人强烈情感共鸣的原因所在。从屈原的系列作品,很容易窥见屈原对个体生命、独立精神和人格操守的高扬与肯定,"内方外方"、耿介高洁、率性任情的鲜明个性,使他身上富有一种决不妥协的不屈不挠的抗争性。

《离骚》被认为是屈原自己的传记。根据《离骚》的叙述,屈原出身高贵,诞生于良辰吉日。《涉江》的开篇写道:"余幼好此奇服兮,年既老而不衰。带长铗之陆离兮,冠切云之崔嵬,被明月兮珮宝璐。"唐代沈亚之在其《屈原外传》里描述了一个相貌俊逸、玉树临风、气质高贵的屈原形象:"屈原瘦细美髯,丰神朗秀,长九尺,好奇服,冠切云之冠,性洁,一日三濯缨。"在服饰与穿着上,屈原常以芙蓉为衣,以秋兰为佩,头戴高冠,腰佩长剑,身系美玉。他希望以奇异的装束远离世俗、平庸,来保持自己的情志。从《橘颂》里可以窥见青少年时代的屈原即以"受命不迁,生南国兮。深固难徙,更壹志兮"的橘树自励,标举挣脱凡俗、矢志不移、绝世独立的耿介个性与志向。"纷吾既有此内美兮,又重之以修能"(屈原《离骚》),被上天赋予绝佳禀赋的屈原,还十分注重后天的内外兼修,他要让自己永远站在德性的高地,永葆高洁嘉美的人格,矢志追求更高的人生境界。"其志洁,其行廉",如果说重视个人德行修为,使屈原有着超拔的人格,那么他的理想抱负、远见卓识更是超出那个时代的人们太远。屈原是一个最纯粹的人,也是一个生命力丰沛的人,他有"博闻强志,明于治乱,娴于辞令"的政治才能,也有"哀民生之多艰"的悲天悯人情怀;他有对真善美的高尚追求,也有睥睨朋党小人的傲娇与自负;他有坚定的意志,也有浓重的孤独感……这一切使屈原的精神世界极为深邃广阔,也是他敢于对整个世界说"不",不屑与那些随波逐流、蝇营狗苟、圆滑世故的犬儒与市侩为伍,也不认同闲云野鹤般的隐世哲学的真正底气所在。屈原的个性与独立精神的形成,其实与楚地文化的濡染有很大的关联,"楚虽三户,亡秦必楚"的桀骜与强悍民风,自我中心、极重气节的"不服周"性格,张扬个性、崇尚自由的浪漫精神,都对屈原的个性产生了很大影响。

屈原的个性圭角、生命激情和深邃的精神世界,最突出体现在他的富国强兵的理想追求、超越世俗意义的死亡上。早年的楚国被辱称为"蠢尔蛮荆,大邦为雠",长期遭受周王室和中原诸侯各国的歧视和排挤。历经"筚路蓝缕,以启山林"的艰辛,楚国不断开疆拓土,屈原出生的楚威王时期,国力日益强盛,具有了与齐、秦相抗衡的实力。楚怀王时代,亦即"横则秦帝,纵则楚王"的楚国强盛时期,志向远大、已然处于楚国权力中心的屈原,对楚国的未来更是充满了信心,他要辅佐楚王,推行夏禹、商汤、周文王、周武王那样的美政。屈原的美政理想,需要通过皇权的力量来实现。身为楚国贵族的屈原,爱国与忠君无法分离,忠诚楚国与襄助楚王并无冲突。但屈原对楚王、楚国"从一而终"的情感却被很多人诟病,甚至将之视为其缺乏独立人格、区别于苏格拉底式的西方知识分子的佐证。殊不知这恰恰是屈原迥异于"朝秦暮楚"的苏秦、张仪之处,对信念的坚守无疑是基于个人品质的一种道德选择。"修身齐家治国平天下""内圣外王""文死谏、武死战",把对天下苍生的责任当成自己的应有本分,一直是中国传统知识分子的主流价值观念和理想抱负,他们通过融入社会,参与国家公共事务,为社会的发展、文明的进步贡献聪明才智。苏格拉底又何尝不是如此。毋庸讳言,苏格拉底是一位有争议的古希腊时代的人物,但其在欧洲文化史上一直被看作是为追求真理而死的圣人,一个真正的知识分子。苏格拉底在青少年时代曾跟父亲学过雕刻石像的手艺,后来三度参军作战,还在雅典公民大会中担任过陪审官,出任过三十僭主(斯巴达在雅典建立的政府)元老院的主席,因为在战场上表现得顽强勇敢而声名鹊起。苏格拉底热爱他生活的雅典城邦,主张专家治国,认为国家政权应该让有知识才干和美德的人来管理。他倾心于城邦的教育事业,寻求什么是真正的正义和善,强调知识与道德的社会作用,也是为了拯救城邦、造就治国人才和改造人的精神,他的两个学生担任三十僭主的主要领导人就是例证。总之,苏格拉底不仅没有游离于权力的运行体系之外,相反是孜孜矻矻地通过身体力行去维护国家的利益与统一。即便在他被雅典城邦法庭错判为死刑时,他依然认为这是一个合法组成的法庭的裁决,如果他越狱或试图逃脱处罚,便是与公民精神相左的违法行为。也因此一度他还被误解为是维护奴隶主贵族利益的哲学家。可见,指责屈原不懂得与权力保持距离,具有依附性人格,貌似有道理,实则大谬不然,是无视知识分子的社会责任与历史使命的苛责。屈原有能力"入则与王图议国事,以出号令;出则接遇宾客,应对诸侯"(司马迁《史记》),恰恰正是彼时知识分子的价值与担当的一种现实体现。

屈原对现实有着清醒的认识,但他的内政外交主张与改革举措,因触及贵族集团利益而使他屡遭诋毁与排挤。屈原挣脱儒、道两家处世哲学的藩篱,竭力犯颜直谏。昏聩的楚王不仅听信朋党小人的谗言,还将屈原逐出郢都,几度贬谪流放。在流亡途中,屈原顾念国家的内忧外患,个人的命运多舛,但这一切于他又无力回天。"举世皆浊我独清,众人皆醉我独醒"(屈原《渔父》),可以料想,这个时期的屈原承载着怎样的忧愤和心理重荷。及至郢都被秦国的铁蹄踏破,这更是屈原生命中不能承受之重,他对楚国、楚王彻底绝望了。"国无人莫我知兮,又何怀乎故都!既莫足与为美政兮,吾将从彭咸之所居"(屈原《离骚》)。屈原宁赴湘流、葬身鱼腹，显然并不是愚夫愚妇般出于一时的怨怼与冲动，而是行咏泽畔的屈原的个人意志和自由抉择，是基于他的主体意识与深思熟虑的结果。屈原怀沙自沉，不能否认他希冀以死明志，表达自己对楚国最后的忠诚，对国破家亡现实的痛心与悲悯，但更是他反抗绝望的一种方式。"屈原脑中，含有两种矛盾原素，一种是极高寒的理想，一种是极热烈的感情"（梁启超《屈原研究》）。伴随着理想的彻底破灭，情感热烈、率性任情的屈原不愿意与这个世界和解，他要用生命的毁灭让人们明辨是非忠奸，表达自己的不甘和深广忧愤，让人们见证他对这个世界的彻底背叛和决裂。生命的毁灭本来是人类最本质和固有的焦虑和恐惧，规避和延迟死亡是一切动物更是人的本能，屈原却视死如归，把死亡当作他最后的反抗绝望的武器。"宁溘死以流亡兮，余不忍为此态也""亦余心之所善兮，虽九死其犹未悔"（屈原《离骚》）。屈原昔日的志向有多高远，他今天绝望就有多彻底；屈原的生命意志有多么蓬勃热烈，他赴死的决心就有多么坚定和决绝。他不仅是坦然地迎对死亡，更准确地说是勇敢地拥抱死亡。他的自沉是"为楚之社稷人民哀"（王夫之《楚辞通释》），不仅诠释了忠诚、责任、良心、道德、廉耻等的真正内涵，成就了一个斗士、一个诗人的性格，更为死亡本身铸入了浓郁的情感色彩和鲜明的人格特征，使死亡产生了沉郁悲壮的崇高力量。屈原为理想而生，为反抗绝望而死，以独特的情感体验与死亡意识实现了生命意义的升华，提升了人的主体精神。"屈原虽死，犹不死也"（洪兴祖《离骚后叙补注》），"屈原不死！屈原惟自杀故，越发不死"（梁启超《屈原研究》）。其傲岸的人格和不屈的抗争，将一个大写的人的形象矗立在几千年来人们的心中，把知识分子反抗无道社会的激情推向了一个前所未有的高度，使他定格成中国古代社会最崇高、伟大的历史人物之一。

屈原之死，让我们无法不联想起苏格拉底、耶稣之死。公元前399年，苏格拉底以藐视传统宗教、引进新神、败坏青年和反对民主等罪名被传讯，在由500人组成的陪审团面前受审并作了著名的申辩。柏拉图在其《苏格拉底的申辩》里记述了这场庭审和申辩的过程。彼时的苏格拉底已是雅典家喻户晓的公众人物，为了保全自己的性命，他完全可以假装承认自己有罪，故意颠倒黑白以求得法庭赦免，或者发挥自己能言善辩的优势，通过诘难、驳斥来辨析是非，用动情的语言俘获人心。然而他从一开始就没有把赢得诉讼当成自己的目标，面对民主派的政治迫害和诽谤，他把法庭当作了一个伦理、哲学智慧的大讲堂，把审判变为哲人对政治的凌厉拷问，以及向所有雅典人播撒思想的一次机会。缺乏省察的生活不值得过，士不可以不弘毅，自以为是最可笑，世界上不只有生死……庭审现场，苏格拉底仍在以类似的深刻教谕规劝人们要知智慧和真理。他甚至以嘲弄的方式故意激怒法官与陪审团，属意让人们看到雅典民主的弊端、法律的滥情，以及丧失智慧与真理追求的可怕。他拒绝乞求赦免，也放弃了逃亡的机会，最后饮下毒酒自杀身亡，用生命的代价来证明控告者的愚蠢。苏格拉底不愿意死，但他更不愿意不正义地活，选择了为真理而献身。世界上有些东西比生命更重要，苏格拉底是一个为思想和真理而活的人，于他而言，死是另一种形式的自我实现，因为灵魂从肉体的羁绊中解脱出来而获得了更大自由。

苏格拉底的受审与受死是西方哲学史上的重要事件，开启了从柏拉图、亚里士多德一直到当下西方人对于真理的追寻之路，其本人已然成为两千多年来知识分子难以逾越的高峰。

古老的福音书上为我们讲述了耶稣受难的经历。耶稣2000年前生于犹大山地南部的伯利恒，成长于拿撒勒。耶稣30岁以前是个木匠，之后他开始传教，行神迹。为了庆祝犹太人的逾越节，耶稣和他的门徒进入了耶路撒冷城。由于耶稣自称是神的儿子，以及此前在各地所行的神迹，耶路撒冷城的犹太信徒们狂热地欢迎他的到来并称他为"弥赛亚"。这自然引起了耶路撒冷城中祭司们的不安与恐慌，他们以亵渎神灵和忤逆宗教律法的罪名要将之抓捕。当随行的门徒预备拼死抗争时，耶稣主动站了出来，把自己交给了大祭司和法利赛人。该亚法是当时耶路撒冷城拥有最高权威的大祭司，以该亚法为首的祭司们说服以色列南省的罗马总督彼拉多下令将耶稣处决。公元33年的逾越节，彼拉多对耶稣判以钉十字架的酷刑，耶稣在罗马士兵的押解下背负上十字架，在饱受嘲弄和痛苦的折磨后被钉死在十字架上。法庭不公正的裁决，却是耶和华差他的儿子耶稣基督通过牺牲生命以拯救人类的机会，耶稣心甘情愿上十字架，以代替人类受罪，承担全人类的罪恶，拯救人的灵魂。耶稣死后三天死而复生，战胜死亡并随后升天，从此世人通过他来建立与上帝的关系，更为生活在穷苦和磨难中的人们带去了希望和福音。虽然这个掺杂着历史与传说的耶稣受难故事，与存在于历史上的那个拿撒勒人耶稣被钉上十字架的经历并非完全一致，但至今有无以数计的教堂为纪念他拔地而起，有数亿人接受耶稣作自己的救世主，因为他们认为笃信耶稣就得永生。

作为历史事件的苏格拉底之死、耶稣之死，最终被升华为具有深远意义的精神事件，他们以肉体毁灭带来了精神的永续，奠定了西方精神传统的基本框架。在某种意义上说，中国历史上屈原之死并不逊色于苏格拉底与耶稣蒙难，他们分别为崇高的气节、永恒的真理和神圣的信仰而死亡，在东西方精神史上有着一样崇高地位并产生了极为重要的影响。这些堪称伟大的死亡，启迪我们去追问生命的价值与意义——活着的理由比活着本身更为重要，活着就应该用巨大的生命激情去拥抱世界、踔厉前行，矢志不渝地追寻、坚守那些能够照亮现实与未来的理想与信仰。

（吴卫华，三峡大学二级教授，湖北省人文社科重点研究基地影视文化与产业发展研究中心主任，三峡大学学术委员会副主任。兼任湖北省电影家协会副主席，湖北省新闻与传播教育专业委员会副会长，宜昌市文联副主席，宜昌市文艺评论家协会主席。）

《天眼》(凹版版画)　80 cm×114 cm 2019

　　第十三届全国美展获奖提名作品。从"天问"到"天眼",中华民族自强不息、既仰望星空又脚踏实地的历史进程,从来没有停止过。

　　周吉荣(中央美院教授、博士生导师,中央美术学院国际版画研究院第一副院长)

　　杨山河(中央美院博士、广州美院讲师,籍贯湖北宜昌)

　　王　霖(中央美院博士、中国人民大学附中教师)

《秭归夏橙》(布面油画) 190 cm×150 cm 2019
孙才清(中国美协会员、宜昌市美协主席)

《屈乡风景》(中国画)之一、之二、之三
朱少尤(宜昌市美术家协会原名誉主席)

目录

序一　讲好屈原故事　助力创建典范 …………………《我们的屈原》编辑委员会
序二　"屈子何由泽畔来" ……………………………………………………吴卫华
美术作品　《天眼》 ……………………………………周吉荣　杨山河　王　霖
美术作品　《秭归夏橙》 …………………………………………………………孙才清
美术作品　《屈乡风景》 …………………………………………………………朱少尤

爱国先贤

书法作品 …………………………………………………………	周德聪	（2）
美术作品　《楚歌》 ………………………………………………	郑　军	（4）
屈原的爱国情怀 …………………………………………………	刘开美	（6）
屈原的廉洁思想 …………………………………………………	郑承志	（9）
书法作品 …………………………………………………………	王祖龙	（16）
穿越屈原的乡愁 …………………………………………………	龙会忠	（18）
屈子的婞直 ………………………………………………………	王志强	（20）
问天 ………………………………………………………………	张楠宜	（22）
中国文化的精神巨雕 ……………………………………………	谭家尧	（24）
楚魂——人神乃与天地合分 ……………………………………	袁展蓉	（27）
在屈乡参拜求索精神的"舍利子" ……………………………	江东瘦月	（30）
醒者的高贵——我对一座丰碑的仰望 …………………………	朱光华	（33）
美术作品　《三闾大夫》 …………………………………………	万丰华	（36）
屈子 ………………………………………………………………	程振华	（38）
屈原随感 …………………………………………………………	陈世昀	（40）
谁是屈爹爹的贴心小棉袄 ………………………………………	元　辰	（42）
忠心爱国学屈原 …………………………………………………	李广彦	（45）
政场失意孕育出爱国诗人 ………………………………………	汪晓唯	（47）
屈子的忠魂 ………………………………………………………	胡祖义	（49）
屈原之死 …………………………………………………………	黄艳铃	（52）
读懂屈子 …………………………………………………………	李刘萱	（54）
屈原的突围 ………………………………………………………	沈定坤	（56）
向一个人的自沉致敬 ……………………………………………	郑　鸿	（59）
屈原的爱国心 ……………………………………………………	许一跃	（62）
此路唯一 …………………………………………………………	王　洁	（64）
不屈的灵魂 ………………………………………………………	郑　杨	（66）
永远的屈原 ………………………………………………………	胡庆军	（68）
端午追思 …………………………………………………………	袁传宝	（71）
用酒泡诗歌钓屈子魂灵 …………………………………………	尹　展	（74）

告慰屈子魂灵	田桂香	(76)
屈原之殇	施 谦	(78)
刀笔史诗铸精神	张玉东	(80)
书法作品	宋卫东	(82)
屈子之歌	烟 花	(84)
屈原诗歌中的廉洁思想	徐爱清	(87)

浪漫诗人

浪漫源头寻屈原	韩永强	(92)
走进乐平里	甘茂华	(95)
美术作品 《河梦远游》	杜大江	(98)
乐平里的雨	温新阶	(100)
凤凰山联想	李华章	(103)
楚辞的江山之助	彭红卫	(105)
书法作品	金 强	(108)
拷问乐平里	张学元	(110)
屈原庙	周凌云	(113)
屈原沱	韩玉洪	(116)
屈原赋	熊 平	(119)
第一诗人	朱白丹	(121)
浩荡之宇宙，悠悠之一人	黄家勤	(124)
寻访千年诗魂	林文钦	(126)
屈子精神千秋不朽	李 新	(131)
春风初度访"屈原"	曹宗国	(133)
书法作品	向爱东	(136)
与屈原神交	刘 艳	(138)
美术作品 《链子崖风景》	刘晓明	(140)
汨罗江畔觅屈原	侯志锋	(142)
江边追忆屈原	李文毅	(145)
如诗如歌的楚辞	龙学贵	(147)
屈子，行吟水泽的浪漫	沈定坤	(149)
遥忆旧时屈原祠	陈毅然	(152)
云想	白久年	(155)
无瑕	王先清	(158)
遥祭屈原	向大梅	(161)
书法作品	任晓明	(164)
怀想屈原	许登彦	(166)
屈原，回来吧！	王同尧	(167)
拜见屈原	王 芳	(169)
活着的历史	刘金祥	(172)
汨罗一别	曹盈颖	(174)
画家笔下的浪漫诗人	杨 力	(177)

屈子传说

- 寻声楚吟缓缓归 …… 汤世杰 (184)
- 美术作品 《垄上踏歌行》 …… 白　可 (194)
- 南方自然主义的灵魂歌者 …… 阎　安 (196)
- 书法作品 …… 万双全 (200)
- 端午时节话屈原 …… 贺绪林 (202)
- 用屈原昭君元素擦亮我们的城市品牌 …… 徐　炜　陈华洲 (204)
- 屈原与昭君同是香溪人 …… 袁在平 (207)
- 我哥回响屈子归 …… 杜　鸿 (211)
- 屈原的"读书洞" …… 黄荣久 (214)
- 星耀天河 …… 王　猛 (217)
- 书法作品 …… 罗海东 (224)
- 屈原与汨罗江 …… 李　浩 (226)
- 寻芳汨罗江 …… 刘青泃 (229)
- 三峡壮兮诗人归 …… 房春桥 (232)
- 屈原故事三则 …… 林文楷 (235)
- 美术作品 《屈原故事三则》 …… 杨柳之 (238)
- 屈原精神　光争日月 …… 张天一 (240)
- 又是一年端午时 …… 吴德纯 (243)
- 一见钟情，两情相悦 …… 吴婷梅 (246)
- 孤影傲立何可追 …… 李晓梅 (249)
- 书法作品 …… 杨千石 (252)
- 粽子余温 …… 魏以进 (254)
- 《橘颂》绝唱传千古 …… 李雅靓 (257)
- 屈原的"私房菜" …… 彭定新 (260)
- 生命的加持 …… 张　雷 (263)
- 遇见屈原 …… 杨　芳 (265)
- 香溪河畔的龙珠 …… 彭海文 (267)
- 崇敬屈原 …… 田　鑫 (269)
- 在陵阳山区寻觅屈原履迹屐痕 …… 王熙政 (271)
- 二千三百年的记忆 …… 赵文静 (273)
- 走在屈原走过的路上 …… 熊先春 (274)
- 屈问 …… 上官婉儿 (277)
- 屈原"人生观"的时代影响 …… 刘孟珂 (279)
- 科学传承屈原文化 …… 张志善 (281)
- 传说与祭祀——关于屈原的最后一天 …… 刘　剑 (283)

后记

- 在乐平里寻找"我们的屈原"——《我们的屈原》后记 …… 力　人 (285)

爱国先贤

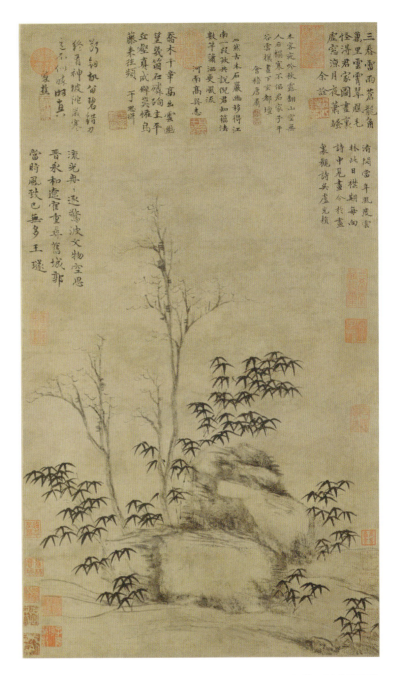

元　倪瓒　《古木竹石图》

作　　者：周德聪
作品名称：草书《朝发轫》
作品尺寸：180 cm×68 cm
释　　文：朝发轫于苍梧兮,夕余至乎县圃。欲少留此灵琐兮,日忽忽其将暮。吾令羲和弭节兮,望崦嵫而勿迫。路曼曼其修远兮,吾将上下而求索。屈原《离骚》摘句 壬寅冬 周德聪
钤　　印：德聪之印 周

帝高阳之苗裔兮,朕皇考曰伯庸,摄提贞于孟陬兮,惟庚寅吾以降,皇览揆余初度兮,肇锡余以嘉名,名余曰正则兮,字余曰灵均。

屈原离骚摘句 壬寅冬月 德顺

《楚歌》（中国画） 220 cm×650 cm 2023
郑军（三峡大学副教授、宜昌市美协副主席）

屈原的爱国情怀

◎ 刘开美

屈原出生在宜昌秭归,是中华民族伟大的爱国主义诗人,在宜昌历史文化符号中名列榜首。2018年,中国邮政发行了三套与宜昌题材有关的邮票,屈原又在其中。这是屈原第三次被载入国家名片的方寸之中。这说明,伟大历史文化名人屈原,是中国邮票题材中的永恒主题。

作为2000多年前中华民族伟大的爱国者,屈原爱国主义思想尽管有其特定的时代特征、阶级属性和具体内容,但为何在中国千百年来的沧桑变迁中,具有如此永恒的魅力呢?根本原因就在于他的爱国主义思想,具有历史的进步性、深刻的人民性和感情的执着性。这与历史上种种稍存即逝的狭隘民族主义思潮有着天渊之别。因此,不管时代变迁,阶级沉沦,人类繁衍,其基本精神与那些热爱祖国,顺应历史潮流,为维护民族尊严,捍卫国家统一和民族独立,而忘我奋斗的人们,总是心心相印、息息相通的。这就是屈原爱国主义精神浩气长存的奥秘所在。

屈原的爱国主义思想,把热爱祖国与富强祖国、统一长期分裂的中国这一崇高的政治追求紧密地结合在一起,因此具有历史的进步性。屈原处于战国后期,正是七雄纷争的存亡年代。当时的战国七雄,要数秦、楚两国最为强大,它们互相抗衡,都有统一中国的可能性,关键在于自身的内政外交。当时有所谓"纵合则楚王,横成则秦帝"的说法,反映的正是这种情况。面对统一中国非秦即楚的态势,楚国应该富国强兵,与其他诸侯国结成同盟,以抵御秦国,才是正确的国策。但是,当时楚国的政治被一些毫无远见、只知苟安享乐的腐朽贵族集团所把持,以至形成"群臣相妒以功,谄谀(音同产俞)用事,良臣斥疏,百姓心离,城池不修"的状态。在这种情况下,为拯救楚国命运,完成统一中国大业,屈原便提出了"举贤而授能兮,循绳墨而不颇"的美政。他一方面奉令起草"宪令",举贤授能,修明法度,刷新政治,限制旧贵族的权益;另一方面两次出使齐国,合纵抗秦,收复失地,使楚国的内政外交取得重大成就。《惜往日》中"惜往日之曾信兮,受命诏以昭时。奉先功以照下兮,明法度之嫌疑。国富强而法立兮,属贞臣而日娭(音同嘻)"的诗句,追述了屈原推行美政的情形。司马迁《史记·屈原列传》中对此也有记载。然而,屈原的政治主张,触动了腐朽贵族集团的利益,因此"遭谗人而嫉之"。但是屈原不屈权贵,为坚持自己的政治理想,拯救祖国的前途命运,与腐朽贵族势力进行了顽强的斗争。《史记·屈原列传》中讲屈原遵楚王之命制订"宪令",尚未定稿,上官大夫便"欲夺之,屈平不与"。这说明围绕宪令的实质内容,屈原与旧贵族势力代表人物之间的斗争是相当激烈的。为打击屈原,上官大夫在楚怀王面前诬陷说:"每一令出,平伐其功,曰以为'非我莫能为'也。"于是,楚王"怒而疏屈平"，进而先后两次放逐屈原，造成楚国内政黑暗、外交失策，以至国土沦丧，怀王客死异邦，国势衰弱，国家危在旦夕。这从一个侧面反映了屈原的美政，切中了当时楚国的弊端，顺应了历史潮流的发展，是关乎楚国生死存亡的生命线，也说明屈原的爱国主义思想具有历史的进步性。

屈原坚贞爱国，追求进步理想，还表现在失意官场、屡遭放逐的逆境中仍然坚持理想而矢志不渝。《离骚》中讲诗人姐姐女媭用鲧的故事劝告屈原，说鲧由于过分刚直遭到杀身之祸，被杀害于羽山之下，要屈原凡事随大流，明哲保身就可以了。屈原不以为然，为证实自己行为的正确，假托到古帝重华那里，陈述历代兴亡的历史事实和自己的政治主张，强调只有举贤授能，遵守法度，才能长久享有天下，果然得到重华肯定，使他更加充满自信，表示"阽（音同炎）余身而危死兮，览余初其犹未悔"，进一步表白了自己坚持理想、忠于祖国的心迹。《涉江》中记述诗人流放中，即便"深林杳（音同咬）以冥冥兮，猨狖之所居。山峻高以蔽日兮，下幽晦以多雨；霰（音同现）雪纷其无垠兮，云霏霏而承宇。哀吾生之无乐兮，幽独处乎山中"，但仍坚持理想、矢志不渝。"世混浊而莫余知兮，吾方高驰而不顾""吾不能变心而从俗兮，固将愁苦而终穷"，表达了诗人为坚持理想甘心吃苦受难的崇高精神。

屈原的爱国主义思想，把热爱祖国与同情人民紧密地结合在一起，因此具有深刻的人民性。屈原爱国主义的人民性，突出表现在敬重人民的英勇顽强，同情人民的深重灾难，牵挂人民的赤诚之心。在《国殇》中，诗人以激越的感情，描述了一个残酷而壮烈的战斗场面："操吴戈兮被犀甲，车错毂（音同鼓）兮短兵接。旌蔽日兮敌若云，矢交坠兮士争先。"写披坚执锐的楚军将士，在战车相摩、短兵相接、旌旗蔽空、敌众若云、矢坠如雨的鏖战中，奋勇争先，冲锋陷阵。诗人写他们面对来势凶猛的敌人，不但不肯后退一步，反而"援玉枹兮击鸣鼓"，把战鼓擂得更响。他们"出不入兮往不反""首身离兮心不惩"，表现出视死如归，誓无反顾，与敌人奋战到底的坚强决心。诗人以极大的热情歌颂这些楚国卫国将士的英雄气概，以极大的敬意礼赞这些为国捐躯的英雄："诚既勇兮又以武，终刚强兮不可凌。身既死兮神以灵，子魂魄兮为鬼雄。"屈原如此浓墨重彩地歌颂这些为国捐躯的将士并非发一时悯心之感慨，而是楚国将士英雄主义精神与其爱国敬民心灵强烈撞击的结果。诗人崇敬将士争先杀敌的勇气，讴歌将士出而不入，往而不返，首躯分离，心不悔恨的精神，赞美将士勇猛英武，刚强勿欺，虽死犹生的英雄形象，是对爱国主义的高扬，是对人民群众在保卫祖国斗争中的作用的高度肯定。这对于一个生活在2000多年前的进步思想家、政治家来说是难能可贵的。

在七国纷争的动荡时期，本来人民群众就一直处于沉重的战乱之中，加之楚国政治黑暗，民众更是苦难交加。当时，"楚国之食贵于玉，薪贵于桂"，"民之羸（音同雷）馁，日已甚矣。四境盈垒，道殣相望"。"盗贼公行，而弗能禁"，平时犹复"厚赋敛诸臣百姓，见疾于民"，战时则内见"征役万人，且掘国人之墓"，外见"掠于郊野，以足军食"。这一切，反映楚国已经到了"民生之不易，祸至之无日，戒惧之不可以怠"的地步。面对这种状况，屈原对劳动人民深表同情。他在《离骚》中"长太息以掩涕兮，哀民生之多艰！余虽好修姱（音同夸）

以靰（音同机）羁兮，謇（音同简）朝谇（音同岁）而夕替！"当秦将白起攻克郢都，楚王仓皇东迁，百姓四处逃亡时，随民外逃的屈原，目睹这国破家亡的惨状，痛心疾首，百感交集。他在《哀郢》中哀叹"皇天之不纯命兮，何百姓之震愆（音同迁）？民离散而相失兮，方仲春而东迁。"他"登大坟以远望兮，聊以舒吾忧心。哀州土之平乐兮，悲江介之遗风。"在这里，屈原忧国哀民的思想溢于言表。

尤其可贵的是，屈原在政治失意的逆境之中，仍心里牵挂人民。《离骚》中写诗人在极度的苦闷彷徨中，假托去找灵氛占卜请教出路。灵氛对他说，天下何处无芳草，你何必单单眷恋自己的故乡呢？劝他离国出走，另去寻找自己可以施展抱负的地方。经过一番思考，诗人决心去国远游。然而正当他驾飞龙、乘瑶车，在天空翱翔行进时，忽然看到自己的故乡楚国，于是又留了下来。诗人在《抽思》中写道："愿摇起而横奔兮，览民尤以自镇。"说自己本可以逃开这块使他受难的国土而去自寻出路的，但一看到人民遭受的苦难，自己就冷静下来，感到决不能离开。这说明屈原在选择自己的出路时，心里牵挂的仍然是人民。

屈原的爱国主义思想非常深厚，因此具有感情的执着性。他那充满爱国激情的诗篇，动人心弦，感人肺腑。这突出地表现在他对祖国的报效之志、对祖国的眷恋之情和对祖国的忠诚之心。在《离骚》中，诗人表现了自己对祖国命运的深切忧虑和矢志献身于祖国的坚强决心。诗人写道："岂余身之惮殃兮，恐皇舆之败绩。"说自己并不计较个人的荣辱祸福，所担心的只是国家的存亡。"乘骐骥以驰骋兮，来吾道夫先路！"表示愿意一马当先，为祖国开辟走向富强的道路。对祖国强烈的使命感和责任感跃然纸上。

当屈原被疏远遭放逐，背井离乡的时候，他仍始终表现出"忍而不能舍"的忠贞之情。他从未对祖国流露过丝毫抱怨的情绪，相反，眷恋祖国的感情表现得更加执着。在《抽思》中诗人"望孟夏之短夜兮，何晦明之若岁！惟郢路之辽远兮，魂一夕而九逝！"表达诗人对祖国不能须臾忘怀的强烈感情。同样，在《哀郢》中诗人"鸟飞反故乡兮，狐死必首丘。信非吾罪而弃逐兮，何日夜而忘之！"对故土深切眷恋的感情溢于言表。

尤其是诗人在《离骚》结束时，奏出了爱国主义最强音："仆夫悲余马怀兮，蜷局顾而不行。"说他正准备去国远游时，忽然看到了自己的故乡楚国，这时只见车夫悲伤，马也留恋，别转向头就不肯再向前往，衬托出诗人不愿离开自己祖国的深厚的爱国主义情感。然而，他和当时黑暗社会不能调和，而国破家亡的楚国现实更使他无路可走，于是便以死来表明自己的志向和对祖国的赤诚之心。诗人生不离故土，就是死也希望自己的魂灵仍然留在楚国。在《招魂》中诗人采用幻想的手法，以极为殷切、深情的口吻，一再推崇楚国美富、可爱，形容四方险恶，来劝诫魂灵不要到天上、地下或者四方去，认为魂灵唯一美好、可以安身的地方还是楚国。这种赤子之情感人肺腑，催人泪下！

千百年来，人们以各种形式纪念屈原，以慰这位爱国志士的忠魂，沉淀起丰厚的屈原文化，使屈原的崇高精神得以传承，屈原的爱国主义精神也在传承中浩气长存。

（刘开美，男，湖北省社科院宜昌分院研究员、宜昌市炎黄文化研究会学术顾问。）

屈原的廉洁思想

◎ 郑承志

一、引论

屈原(约公元前340年—前278年),芈姓屈氏,名平,字原。又《离骚》自云名正则,字灵均。战国末期楚国归乡(今湖北省宜昌市秭归县)人。

他是楚辞体开创者,刘勰《文心雕龙·辨骚》称其"衣被词人,非一代也"。他开启了文人独立创作的文学先河;是浪漫主义诗歌开创者,后世伟大的浪漫主义诗人李白赞誉"屈平辞赋悬日月,楚王台榭空山丘";宋代文学家苏轼对屈原极其崇拜,称,"吾文终其身企慕而不能及万一者,惟屈子一人耳"。

《楚辞》较早提出"廉洁"一词。(《孟子·尽心下》"非之无举也,刺之无刺也。同乎流俗,合乎污世。居之似忠信,行之似廉絜,众皆悦之,自以为是,而不可与入尧舜之道,故曰'德之贼'也。"絜与洁或通用。)分别是《招魂》"朕幼清以廉洁兮"(吴广平译注《楚辞》,2012年12月岳麓书社出版,P286)《卜居》"宁廉洁正直以自清乎?"(吴广平译注《楚辞》,2012年12月岳麓书社出版,P235)

而《九章·橘颂》《离骚》《九章·惜往日》等作品中,旗帜鲜明地提出"闭心自慎""秉德无私,参天地兮""芳与泽其杂糅兮,唯昭质其犹未亏""善不由外来兮,名不可以虚作"等廉洁主张。

他保持清醒的忧患意识、强烈的使命担当、刚毅的斗争意志、无悔的牺牲精神。

屈原一生立志修能、闭心自慎;他面对昏庸的君主、贪婪的党人、虎狼的秦国,保持独清独醒;他以辞赋直谏,规劝君主避免皇舆之败绩;他教育人才常怀好修,避免百草不芳;他不苟从时俗,坦然面对愁苦而终穷的未来;他拒绝女嬃、巫咸、灵氛、渔父之劝,宁葬江鱼之腹中,用自己的生命捍卫廉洁,成为后世推崇的楷模。

二、屈原廉洁思想主要内容

一是"深固难徙"爱国情怀。

即深深扎根在故国,而不远走他乡、随波逐流。而当时"楚才晋用""朝秦暮楚""周游列国"是常态。

屈原有爱国之志、爱国之力、爱国之举。他有着超凡的政治能力。《史记·屈原贾生列传〉称其"博闻强志,明于治乱,娴于辞令。入则与王图议国事,以出号令;出则接遇宾客,应对诸侯。王甚任之。"

作为高阳后裔、楚国贵族,他有着强烈的忧患意识和使命担当,对外出使齐国,争取齐楚联盟;对内实施宪政改革,富国强兵,以图一统天下。却遇到昏君与贪婪的党人陷害,无法实现理想,并被终身流放。

他知道时代主流价值观是"士无常君,国无定臣"。他也曾纠结是否远走他乡。司马迁说,"屈原以彼其材,游诸侯,何国不容?"(司马迁著《史记·屈原贾生列传》,1988年10月岳麓书社出版发行,P630)

如果留在楚国,"固将愁苦而终穷"。女媭、重华、巫咸、灵氛都劝他远走他乡。经历过复杂的心理斗争,他选择坚守。宁可投江,也要捍卫深固难徙的誓言。

屈原何以如此坚定地坚守?其根本原因在于,"愿摇起而横奔兮,览民尤以自镇。"

他坚守的绝非对君主之愚忠、个人之贪欲,而是对人民疾苦的不安。

二是哀民为民民本思想。

上下同欲者胜。离开了人民,廉洁就是无本之木、无源之水。

屈原充分认识到人民的力量,"蜂蛾微命,力何固?"他哀叹民生疾苦,"长太息以掩涕兮,哀民生之多艰。"他注意到民心向背对国家的影响,而君主和贵族党人毫不体察民心,"民好恶其不同兮,惟此党人其独异。""怨灵修之浩荡兮,终不察夫民心。"他提出正确的主张,"皇天无私阿兮,览民德焉错辅。""竦长剑兮拥幼艾,荪独宜兮为民正。"

三是"独立不迁"敢于斗争。

保持独立人格、独立思考。这是廉洁的基础。

屈原不是"愚忠"。他始终保持清醒头脑,敢于批评,"独立不迁,岂不可喜兮?""苏世独立,横而不流兮。"他当然知道批评会带来祸患。"余固知謇謇之为患兮,忍而不能舍也。指九天以为正兮,夫唯灵修之故也。"

为了黎民苍生,他坚持斗争。

他的斗争并非蛮干,而是拿起法治的武器,"国富强而法立兮,嘱贞臣而日娭。"他注意法律制度要清晰可辨,"奉先功以照下兮,明法度之嫌疑。"

他批评君主注重心治而非法治会给国家带来祸患,"乘骐骥以驰骋兮,无辔衔而自载;乘氾泭以下流兮,无舟楫而自备。背法度而心治兮,辟与此其无异。"

四是好修为常道德情操。

他立志修名。"嗟尔幼志,有以异兮。""老冉冉其将至兮,恐修名之不立。"而这个名绝非虚名,"善不由外来兮,名不可以虚作。"

他注重节操。"闭心自慎,不终失过兮。"保持谨慎,挡得住外界诱惑,做到慎独慎微、慎始慎终。

他珍惜时间。"日月忽其不淹兮,春与秋其代序。惟草木之零落兮,恐美人之迟暮。"

他甘于清贫。"吾不能变心而从俗兮,固将愁苦而终穷。"如果同流合污或远走他乡,可能有享不尽的荣华富贵。但屈原没有选择。

五是自沉殉道人格范式。

屈原"九死未悔"。"亦余心之所善兮,虽九死其犹未悔。""知死不可让,愿勿爱兮。""宁赴湘流,葬于江鱼之腹中。安能以皓皓之白,而蒙世俗之尘埃乎?"渔父以"圣人不凝滞于物,而能与世推移""沧浪之水清兮,可以濯吾缨;沧浪之水浊兮,可以濯吾足"表达对屈原的思维方式、生活方式的诟病。

事实上,中国文人士大夫传统的生活方式主流是,达则儒、法,退则老、庄,隐则禅、道。所谓"穷则独善其身,达则兼济天下。"

在和平时期,屈原的生活方式被鄙视、无视甚至嘲笑。

然而,到了南宋、明末、抗日战争时期,社会动荡、民族危亡之际,屈原精神也就成为民族的旗帜。

三、屈原廉洁思想的形成

一是注重家风传承。

楚史中的家风与清廉故事对屈原廉洁思想的形成产生深远影响。

鬻熊不服老。楚之始祖鬻熊勇担使命,以九十高龄游说周文王,争取部落与家族发展之良好环境。成为三代周天子之师。

熊通不服周。熊通敢于挑战周之权威与中原诸姬的分封制,锐意改革政治体制,推行郡县制。在公元前690年伐随之时,已经心病发作。但他不因个人健康而废弃准备已久的战事。最终在樠树之下病终,秘不发丧。直至战争取得胜利。以死捍卫国家利益。

熊赀险失国。楚国历史上既有正面的廉洁典范,也有反面教训。楚文王熊赀即是其中之一。他因为一根竹竿、一条狗、一个美女险些误国。幸亏有太保申以死规劝,方得改过自新。

屈氏家史亦有诸多清廉故事对屈原产生影响。

屈氏得氏始祖公子瑕公元前699年在征伐罗国时,兵败自杀以殉国。即便楚武王可能赦免也毅然选择殉国。

屈原的父亲伯庸小小年纪以聪明才智保住屈氏家族象征的将军石。

秭归民间两千多年流传着幼年屈原在大灾之年偷偷将自家的米运到米仓口赈灾的故事。

二是注重学习。

屈原善于从古代先贤吸取精华。他赞赏三皇五帝的美好品德,"昔三后之纯粹兮,固众芳之所在。"引反面人物以为教训,"惟夫党人之偷乐兮,路幽昧以险隘。"鞭挞夏桀、商纣的不得人心,"何桀纣之猖披兮,夫唯捷径以窘步。"

屈原善于向人民学习。在那个时代，屈原清醒地认识到人民的力量，"蜂蛾微命，力何固？"以及民心向背对政治的影响，"民好恶其不同兮，惟此党人其独异。户服艾以盈要兮，谓幽兰其不可佩。"

三是注重环境营造。

屈原注重以生活养廉。他以莲叶为衣、荷花为裳。"制芰荷以为衣兮，集芙蓉以为裳。"荷者，莲也，即廉之谐音。

他以木兰之坠露泡菊花茶。"朝饮木兰之坠露兮，夕餐秋菊之落英。"他以兰草为原料沐浴。"浴兰汤兮沐芳"。

兰者，君子之谓。与善人居，如入芝兰之室，久而不闻其香，即与之化矣；与不善人居，如入鲍鱼之肆，久而不闻其臭，亦与之化矣。

他注重人才培养和团队建设。"余既滋兰之九畹兮，又树蕙之百亩。"他清醒地认识到教育的力量。"何昔日之草兮，今直为此萧艾也？岂其有他故兮，莫好修之害也。"

他结交贤明之人。遇事多次找舜帝重华这样的品德高尚之人求教，"济沅湘以南征兮，就重华而陈词。"

四、屈原廉洁思想的历史影响

一是政治上，历代帝王追封屈原。

唐哀帝李祝天祐元年（公元904年）追封屈原"昭灵侯"；宋神宗赵顼元丰三年（1080年）追封屈原"清烈公"，三年后复封"忠洁侯"；元仁宗延祐五年（1318年）追封屈原"忠节清烈公"；明太祖朱元璋封屈原"楚三闾大夫屈平氏之神"。

而民间以屈原为水仙、江神、长江江神。湖南、湖北、江西、四川、重庆、河北、福建、广东、台湾、香港等多省市都有屈原祠庙。其庙记、楹联、碑刻多推崇屈原廉洁思想。

梁启超说："屈原不死！屈原惟自杀故，越发不死。"（梁启超《屈原研究》）

毛泽东同志说："屈原不仅是古代的天才歌手，而且是一名伟大的爱国者，无私无畏，勇敢高尚。他的形象保留在每个中国人的脑海里。无论在国内国外，屈原都是一个不朽的形象。我们就是他生命长存的见证人。"（《毛泽东：屈原是个不朽的形象》，《文摘报》，2020年6月20日第7版）

二是思想上，各界推崇屈原。

司马迁说："其志洁，其行廉……推此志也，虽与日月争光可也。"（司马迁著《史记·屈原贾生列传》，1988年10月岳麓书社出版发行，P627）

陆游感慨："离骚未尽灵均恨，志士千秋泪满裳。"

朱熹评价："原之为人，其志行虽或过于中庸而不可以为法，然皆出于忠君爱国之诚心。"

顾炎武说："但得灵均长结伴，颜神山下即江潭。"

文天祥追思:"唯有烈士心,不随水俱逝。至今荆楚人,江上年年祭。不知生者荣,但知死者贵。勿谓死可憎,勿谓生可喜。"

谭嗣同挥毫:"帝子不来山鬼哭,一天风雨写离骚。"

郭沫若甚至说:"由楚所产生出的屈原,由屈原所产生出的《楚辞》,无形之中在精神上是把中国统一着的。中国人如果不灭种,中国文如果不消灭,《楚辞》没有毁灭的一天。楚人的功劳是不朽的,屈原是永远存在的。"

他还说:"在抗战期间人人如有屈原的精神,不会出现汉奸,也不会向敌人投降。"

王国维认为:"屈子自赞曰廉贞,余谓屈子之性格,此二字尽之矣。"

董必武同志评价:"旨远辞高,同风雅并举;行廉志洁,与日月争光。"

叶剑英同志说:"行廉志洁泥无滓,一读骚经一肃然。"(叶剑英1979年4月游东湖行吟阁题诗)

三是生活上,中华民族与世界缅怀屈原。

一个人的忌日,成为一个民族的节日。虽然端午节起源远早于屈原,但是,"节分端午自谁言,万古传闻为屈原。"(曹寅、彭定求等《全唐诗·端午》,扬州诗局刻本)

自屈原于公元前278年端午节自沉,他便成为这个节日的文化符号,亘古未变。

日本江户时代朱子学者浅见安正在《靖献遗言》中将屈原、诸葛亮、陶渊明、颜真卿、文天祥等列举为八位"本朝武士之鉴"。八人均注重个人修为,绝对不计较自身利益。八人之中,首推屈原,称赞屈原"虽与日月争光可也"。

《靖献遗言》是江户时代武士社会中最畅销的著作,对明治维新影响很大。

韩国端午祭祀屈原,丽韩十大家之一的李朝学者金迈淳《洌阳岁时记》载:"(朝鲜)国人称端午日,水濑日。谓投饭水濑,享屈三闾也。地之相去万有余里,世之相后千有余年,谣俗不改,精爽如在,何令人感慕至此也。"

中国人取名素有"女《诗经》男《楚辞》"之传统。而取名源自《楚辞》之廉洁思想更是比比皆是。

如宁可挨饿也不吃美国人的救济粮的朱自清原名朱自华,其改名源自《楚辞·卜居》"宁廉洁正直以自清乎?"

国学大师南怀瑾,得名源自《楚辞·九章·怀沙》"怀瑾握瑜兮,穷不知所示"。

屈原之廉洁影响了历史与民族,在家乡秭归更是突出。

齐、梁时五经博士,建平秭归人严植之"性慈仁,好行阴德,虽在暗室,未尝怠也。""及卒,丧无所寄,生徒为市宅,乃得成丧焉。"(姚察、姚思廉著《梁书·列传第四十二》)

1900年,夏明翰出生于父亲任上的归州(秭归)。其母亲陈云凤在其年幼即以屈原作品及思想开展教育。夏明翰如屈原一样背叛了封建家庭而投入革命。面对国民党反动派的利诱、威逼,夏明翰大义凛然,留下了气壮山河的就义诗:"砍头不要紧,只要主义真。杀了夏明翰,还有后来人!"

五、屈原廉洁思想的当代价值

习近平同志多次盛赞屈原及其廉洁思想,要求中华儿女用屈原精神为中国梦"塑心""立行""聚能"。

"诚既勇兮又以武,终刚强兮不可凌。身既死兮神以灵,魂魄毅兮为鬼雄。"2014年9月3日,纪念中国人民抗日战争暨世界反法西斯战争胜利69周年座谈会上,习近平引用屈原的传世名句。(央广网《每日一习话》,2019年8月11日)

强调爱国主义精神对国家、民族的重要意义,勉励国人不忘历史,共建家园。"实现中国梦必须弘扬中国精神,这就是以爱国主义为核心的民族精神,以改革创新为核心的时代精神。"(习近平《在第十二届全国人民代表大会第一次会议上的讲话》,《人民日报》,2013年3月18日)

"长太息以掩涕兮,哀民生之多艰。"2014年10月15日,文艺工作座谈会上,习近平吟诵出屈原悲叹民生不兴的诗句。(央广网《每日一习话》,2019年6月7日)

"人民对美好生活的向往,就是我们的奋斗目标。"十八大以来,人民群众获得感、幸福感不断增强。(习近平《在十八届中央政治局常委同中外记者见面时的讲话》,《人民日报》,2012年11月16日)

屈原廉洁思想具有强大的生命力、感召力和时代感。它已经伴随端午节和诗词艺术融入民众、融入生活、走向世界。

党的二十大将"马克思主义基本原理同中华优秀传统文化相结合"写进党代会报告,写进《中国共产党章程》总纲。屈原廉洁文化是中华优秀传统文化的重要组成部分。

中共宜昌市委明确提出屈原文化建设"一标三地",即,让屈原成为宜昌永恒的文化地标,把宜昌打造成屈原文化的权威阐释地、标准制定地、活动聚集推广地。屈原廉洁思想是"一标三地"的重要组成部分。

宜昌市组建屈原文化研究院,并在市纪委成立屈原廉洁思想研究中心。

宜昌市清廉文化建设工作推进会要求:"聚焦理论武装、研究阐释、教育实践、精品创作和品牌打造等重点任务,深入挖掘以屈原精神为代表的宜昌特色传统文化中的清廉内涵,高标准推进清廉文化建设。注重因地制宜,持续统筹推进清廉文化广场、文化长廊、文化墙等阵地建设,打造一批精美的'清廉地标'。创新宣传方式,利用微信、微博、抖音等平台,打造清廉宜昌传播矩阵,策划推出群众喜欢看、传得开的清廉文化作品,营造共建清廉宜昌的浓厚氛围。"

习近平总书记指出:"理想因其远大而为理想,信念因其执着而为信念。"

我们越来越接近民族复兴的伟大目标,我们日益走近世界舞台的中央。同时,"我们必须增强忧患意识,坚持底线思维,做到居安思危、未雨绸缪,准备经受风高浪急甚至惊涛骇浪的重大考验。"(2022年10月16日中国共产党第二十次全国代表大会报告)

传承屈原廉洁思想,构筑精神长城,赢得伟大斗争,为中华民族伟大复兴凝聚思想伟力,贡献文化力量,赋能高质量发展。

(郑承志,三级教授,湖北省省级非遗传承人,宜昌文化名家。武汉大学特聘研究员、校外导师,中国地质大学(武汉)客座教授、校级教学督导。宜昌市人大监察和司法委员会委员。长年在武汉大学、中国地质大学(武汉)开设课程。长年主持人类非遗——屈原故里端午文化节、龙舟赛祭祀屈原仪式。出版有《三峡秭归风俗》《建东花鼓戏选编》《秭归饮食习俗》《魂兮归来——六十二问话屈原》等著作多部。)

作　　者:王祖龙
作品名称:草书《长太息》
作品尺寸:180 cm×47 cm
释　　文:长太息以掩涕兮,哀民生之多艰。余虽好修姱以鞿羁兮,謇朝谇而夕替。既替余以蕙纕兮,又申之以揽茝。亦余心之所善兮,虽九死其犹未悔。怨灵修之浩荡兮,终不察夫民心。众女嫉余之蛾眉兮,谣诼谓余以善淫。固时俗之工巧兮,偭规矩而改错。背绳墨以追曲兮,竞周容以为度。忳郁邑余侘傺兮,吾独穷困乎此时也。宁溘死以流亡兮,余不忍为此态也。屈子《离骚》句节录 时在壬寅小阳春林下漫士王祖龙于云从山房
钤　　印:指上听 祖龙信玺

长太息以掩涕兮哀民生之多艰余虽好脩姱以鞿羁兮謇朝谇而夕替既替余以蕙纕兮又申之以揽茝亦余心之所善兮虽九死其犹未悔怨灵脩之浩荡兮终不察夫民心众女嫉余之蛾眉兮谣诼谓余以善淫固时俗之工巧兮偭规矩而改错背绳墨以追曲兮竞周容以为度忳郁邑余侘傺兮吾独穷困乎此时也宁溘死以流亡兮余不忍为此态也

匡子辑《离骚》印录时在壬寅小阳春廿二日士三拨书于云溪山房

穿越屈原的乡愁

◎龙会忠

时光如白驹过隙,人生总是起起伏伏。2300年的积淀与激荡,不仅没能磨灭屈子的铮铮傲骨,反而铸就了屈原精神的丰碑。没有任何人可以否认与反对,屈子就这样矗立在中华民族文化的根基中,他那永不褪色的道德光辉照耀了我们这个多灾多难民族前进的道路。屈子就这样一直站在那里,他执剑的手,似乎从来没有改变过紧握的姿势;他飘扬的须发映衬着他满面的愁容。

屈子之苦皆因爱,身处乱世志难酬。

要读懂屈原,难矣哉!屈原的姓氏一不小心就成了他生命的一道魔咒!受尽委屈的屈原,正道直行的屈原,忠君爱民的屈原,独立不迁的屈原,上下求索的屈原,浪漫问天的屈原……原者,地也;平者,天也。天地之间养浩然正气,巴山楚水间养男儿屈原。"灵均""正则"如南国楚风里的巫术符号一样嵌入到屈原的生命里,刻画进屈原的性格中!

要读懂屈原,就要穿越屈原的乡愁。屈原的乡愁浓得化不开,屈原的乡愁弥漫在汉北的寒风中,充溢在沅湘的山水里,飘荡在秭归丹阳的橘林间。屈子之悲化为歌,屈子之怒化为殇,屈子之忠化为问,屈子之德化为魂……这是任谁也抹杀不去、改变不了的忠臣呀!在邦无定交、国无定君、士无定主,良禽择木而栖,"学成文武艺,货与帝王家"的战乱年代,屈子成为划过那个历史星空的一颗耀眼的巨星!他不是东君但胜似东君,他不是太阳但胜似太阳,正是他,用自己微弱的生命绽放出绚烂的光芒,照亮了那个日渐黯淡的时代!

要读懂屈原,就要穿越屈原的乡愁。屈原的乡愁渗透着他绝世的孤独。他爱楚国百姓,更爱天下苍生。在群雄并起战乱频仍的历史洪流中,乱世求治而不得,屈原陷入巨大的精神困境之中。在想有所作为而难以作为的夹缝中,屈原仰天长叹!无力回天的痛苦侵扰着他高贵的灵魂,圣君贤相的美政设计沦为泡影,他悲,他痛,他怒,他恨,他于心不甘!如果说喜欢是淡淡的爱,那么爱则是深深的喜欢!屈原太爱他的祖国了!一曲《离骚》皆离愁,一曲《哀郢》皆坚守,一曲《天问》有愤怒,一曲《怀沙》白了头!是走是留是愁更愁,是生是死是追求!"我本将心向明月,奈何明月照沟渠!"屈原的乡愁,是血与泪,更有情与仇!

要读懂屈原,就要穿越屈原的乡愁。屈原岂止是中国浪漫主义诗歌的鼻祖,其实他更应该是中国最早的山水诗人呀。他借助楚国山水的魅力开启了自己性灵的顿悟!楚国的山川形胜孕育了楚人的聪慧才情,屈原在日月山川间探寻宇宙的奥秘与人生的意义!屈原寄情山水，托物草木，歌咏心志，口吐莲花，在苦难的岁月里绽放才华，在人生的逆境中苦苦挣扎。屈原一度被时人称为"楚狂人"，屈原的思想是当时楚国人难以达到的高峰，所以才有"独清""独醒"的痛彻心扉。他在南方的山水间神游，他在楚国的巫术神话里辗转，他在历史的波涛里深入浅出。当浑浊成为常态，清白就成了一种原罪！屈原他弹冠振衣，他要死死地护卫自己清洁的精神！

要读懂屈原，就要穿越屈原的乡愁。唐代大诗人李白一点都不吝惜自己的赞美："屈平辞赋悬日月，楚王台榭空山丘。"鲁迅先生认为屈原的作品"逸响伟辞，卓绝一世"。当代屈学专家毛庆先生甚至认为"儒、道、屈是中华文明的三大支柱"。屈原终其一生，用他的作品与人品呈现了一个不愿做犬儒的屈原、一个不愿做隐士的屈原、一个不愿意以战止战的屈原、一个不愿意逾越法矩的屈原、一个坚守理想饱含深情的屈原！屈原虽然缺席于先秦诸子，却傲立于战国文坛。屈原像一束光，一道闪电，划过那个动荡的年代，穿越了2300年的历史迷雾，让我们看到先楚夜空下的瑰丽与繁华。如果说屈原是一座精神的灯塔，那么我想没有什么人能轻易否定。如果说屈原是一座战国时期道德的丰碑，我想即使与他同时代的诸公也鲜有人能比肩。屈原用他光争日月的生命实现了他"独领风骚"的价值使命。

（龙会忠，男，中共党员，生于1973年9月，现任宜昌市社科联党组成员、副主席，学术研究方向为区域经济一体化、文旅融合机制研究。《构建环柏临河流域生态经济圈》获宜昌市改革开放30年征文二等奖，《万里茶道与宜昌宜红茶品牌建设研究》获湖北省社科院调研成果一等奖，《建实微组织、开展微服务、拓展"微党建"品牌研究》获宜昌市人民政府第五届社科成果优秀奖。）

屈子的婞直

◎ 王志强

云梦湖畔，风波烟渺，回荡着屈子九死不悔的誓言；汨罗江边，水流湍急，流传着灵均宁折不弯的传说。何人得以名传千古，谁又可以永垂不朽？或许，只有感人肺腑的精神，或者顶天立地的人格，才能够感染一代又一代的人，让后世永远铭记。

屈原活着的时候，被楚王嫌弃，被大臣排挤，落落魄魄，世俗不能理解他。他死的时候，孤孤单单，也没有人记得他。直到几百年后，太史公在历史中发现了屈原，写下了《屈原贾生列传》，屈原才重新回到了世人的视野中。忠而被贬，直而被斥，满怀悲愤的太史公感同身受，以悲怆的笔调写出了两个怀才不遇的士子，也奠立了后世悼屈怀屈的主基调。

屈原的悲剧，源自他身上的婞直品格。他宁折不弯，孤傲地面对着这个世界，世俗的成见，不能让屈子放弃自我的坚守。他周游天宇，深情地凝望着楚国，时代的潮流，不能改变屈子忠于家国的信念。他引声高歌，淡然地笑看着渔父的劝诫，只要还有一丝气，也要独醒于世，而不是淈泥扬波。随波逐流的，只会是那些没有自我的人；与世浮沉的，只会是那些意志不坚定的人。婞直，给了屈原坎坷，但同时，也让屈原有了坚持的力量。

当我们将目光放远，就会发现屈子的婞直是楚人的一贯传统。春秋时期的楚人多婞直，他们先公而后私，先国而后家，在困顿中坚持着自己的原则，在落魄时也不放弃自己的底线。《论语》曾经记载了孔子和叶公的一段对话，叶公说："吾党有直躬者，其父攘羊，而子证之。"叶公乃是楚国著名的贤相，他说楚地的正直是儿子看到自己父亲犯了法，会主动向官府举报。楚人眼中，国法大于私情，公共利益高于个人利益，他们不会因为个人的亲情去破坏法律，也不会去为个人利益损害公共利益。这种将国法看得高于血缘亲情，乃至于自我生命的做法，就是楚地的婞直。

在比屈原早一百五十多年的春秋时期，楚国有一位大臣叫申鸣。申鸣被楚王招聘去做官，但申鸣觉得自己父亲年老体迈，便拒绝了楚王的好意。申鸣的父亲对申鸣说："光宗耀祖一直是我的愿望，现在机会来了，我希望你好好把握住，如果因为我放弃了光大家族的希望，我死都不会瞑目。"无奈之下的申鸣，只能前去就职。申鸣在任上勤恳敬业，很快就升到了楚国的左司马，恰逢楚国的白公谋反叛乱，于是申鸣带领士兵前往平叛。白公知道申鸣英勇善战，忠心耿耿，难以让申鸣投降，这时白公的手下说："申鸣是一个大孝子，我们可以在这方面做做文章。"为了迫使申鸣屈服，白公就把申鸣的父亲抓到了阵前，对申鸣说："投降就可以保你父亲的性命，不投降就杀了你的父亲。"申鸣流着泪对父亲说："在家时，我要为父亲尽孝；现在我是楚国的臣子，就要为国家尽忠了。"说完，就下令士兵向白公发起冲锋,最终将白公击毙于阵中,而申鸣的父亲早已成为一具尸体。面对父亲的亡尸,申鸣号啕大哭,自刎而死。当处于亲情与礼法的两难处境、个人与国家的困顿选择时,申鸣选择的是国法优先于私情,这就是楚人的婞直。

屈原的婞直,就是在楚文化的滋润下养成的。他自幼勤学好问,沐浴着楚文化的光辉长大,养成了正直不屈的性格。他在《离骚》中自述志向:"伏清白以死直兮,固前圣之所厚。"他宁肯继承楚地先贤的传统,死得清清白白,也不要响应俗世的号召,活得委委屈屈;他高唱神话传说中的鲧"行婞直而不豫兮,鲧功用而不就",表示虽然婞直带来的后果不一定是好的,但他无怨无悔;他还直白地告诉世人"苟余心其端直兮,虽僻远之何伤",只要心中端直,纵然三番五次遭到贬谪,那又有什么关系?只要为人中正,即使整个时代都不能理解自己,那又何必伤感?婞直,将忠义当成衡量一切的准则,故屈子屡遭贬斥,仍不离故国,宁肯自沉汨罗,也决不学习当时的朝秦暮楚之风。纵然跟随女婴遨游天宫,周游六虚,看遍世间的美景,然当看到郢都之时,屈原的内心瞬间柔软了下来,再也不肯跨越楚国的边界。婞直,让屈原心中有了一杆信义的秤,荣辱成败与功过是非,不再那么重要了,他要做的事情,是升华自己的内心,而不是顾虑世俗的眼光。

当中国统一之后,楚文化成为中华文化的一分子,婞直也开始流传在我们的文化中。汉末的辽西太守赵苞是个非常孝顺的人,鲜卑人为了入侵中原,便抓住了赵苞的母亲,威胁赵苞放他们进入中原。赵苞的选择如申鸣一般,直接带领士兵攻打敌阵,在击败鲜卑的同时,也失去了自己的母亲,而后他也选择和申鸣一样,自刎而亡。著名的女中豪杰王异,在准备铲除马超时,义正词严地说:"忠义乃是人立身的根本,为了国家大义,牺牲儿子又有什么呢?"生活在中原的赵苞,以及凉州的王异都把国家的利益,放在个人的幸福之上,选择为国效忠,这就是楚文化中的婞直,在中华大地上生根发芽了。

(王志强,1990年出生,男,南昌师范学院文学院讲师,浙江大学文学博士。在《学习时报》《甘肃日报》《中国地方志》《中国方志馆研究》等报刊发表文章多篇。)

问 天

◎ 张楠宜

妻已熟睡。月光漏了丝缕在她身上，与我们初见时不同，她的侧脸上已长出竹笔一般大的褐色斑点，在她仍白净的肌肤上分外明显。她咂了一下唇，呼出一口气，咕噜一声，重新回到平缓的一呼一吸，和过去一样。可在这光下，那斑点和她已然松皱的脖颈无处遁形，就像出了水的鱼，鱼鳃翕动，张弛之间，黑气弥散，向最终的命运挣扎去。我细细看，鱼向着的哪是妻子？分明是我。

太阳疾趋，黑夜，月光投射进屋，把窗棂的轮廓投射到我眼前这方屋顶，阴影斜斜，光便只剩未被木头遮住的那一块。过去我总以为，光影相和。现今只察觉它们本身即对立，间隔分明。我起身走到窗边，望向窗外，天上看不出几朵云，寥寥飘浮，下弦月挂着惨白的神情，显出被天空肃杀之气拘束的麻木模样。它的周遭散布着那种在月望以后投给我们的灰光，了无生气。靠近大地的那部分倒是无限黑色中裹挟着紫光，那光突然亮了一下，却又在下一刻向四周弥射去。渐渐地，那道光成了黑色帘幕下晕成的一团，融进这无限的黑当中去了。

这星子是越发沉了，我却不由得走出门去。仆人在旁，奉上洁面之物。水映不出我的神情，我的双眼却在这里显形，耷拉向下，无力无神。环境改变了。白天光明，夜晚黑暗，究竟它是为何而然？黑暗中，眼睛原本是最亮的那个点，现在昏黄晕红，却连夕阳的霞光也透不进来。清，我所欲也。曾几何时，我疾驰于乡间田野，将最清的水与最碧的草纳入视野，又有多久没能去到湖边了呢？净了手，我挥手拦住仆人的跟随。

我走出了家。

风卷积在路中心，家家户户大门紧闭，似乎是为了不受奔袭来的风的影响。早前我听得呜咽声气，现在是一片死寂。我不是早就知道吗？天的法式有纵有横，阳气离散就会死亡。我青年时志同道合的朋友已渐渐老去，而王上也已经魂归故里。昔年与友同游，衣襟尽湿时见得老农耕于地，青青谷黍，寸寸黄草。他一扬手，先把干草耙松，刺进拿出，然后弯下腰，把草挥向身后，腾出麦子疯长的余地。一条黄狗吐着舌头，向旁边的我们跑来，似乎是想吠叫一阵，却又停在面前，无声离开。友人与我对笑，一切斗争，只为民能各耕其田，各得其实。我见大王时，大王于殿中央落座，细长眼一扫，端是王者威严。香炉生烟，我上前进言，诉民生之艰难重要，谏军功于兵士。想我多年行走楚地，见得诸民，无论时节如何更替，无不感念王上。而当下联齐抗秦，乃是护民之正道。秦王得白起，我将士必将与之抵抗。王啊！现今我友人尽散，楚国还有何可用之人？你也曾想纳得贤才于国，是什么斩断了你的行动呢？你也曾想诸侯会盟，是什么阻绝了你的抱负呢？

王，你可行过莽莽苍苍的山原，见得遍野芒草？我往深山走去，露水浸润树木的身体，风不可阻挡地袭来，以摧枯拉朽之力让一堆堆草卷向一边。风却也带来了臭茅。臭茅把兰草压个倒伏，那股气把兰草吹折、包裹、碾磨，然后又借着这飘浮的力，将那香气湮灭在重重山外、深深潭下。我还走着，顺着水汽氤氲的方向走。越走，这天就越往蓝色褪，仿佛是被浆洗过的衣衫，一层层，不规整地变样。

我曾问遂古之初，谁传道之？上下未形，何由考之？冥昭瞢暗，谁能极之？然而迷蒙混沌之间、昏暗演变之前，那鞺鞺鞳鞳的咆哮将我的脚步声埋在这湖的边上。月亮死而后生，可王既已死，楚既已败，以严苛之秦法治我文明之民，楚地不再称楚，我民将为沦亡之民，我亦是败臣。可你夺走我英勇之师又怎样呢？佩剑既出，便再无转回之意。与你一战，剑断人折，然而什么也阻挡不了我拔剑的意志。物体的形状可以改变，可人类的意志却不为外物转移。那把由精干黝黑之匠师铸就，引最透最澈之湖水而成的宝剑被你断折，可一旦我迈向眼前这水，你又何如？

我如何不知道妻子女儿仍在家熟睡？如果可以，我希望她们永不受苦难的磋磨、情绪的颠覆。儿子们，我信任你们。我已是垂垂老矣之人、亡国无君之臣。再没有山河能让我护卫，没有人民能让我保卫。秦国之势正如星火燎原，想来这山野沃原都将归于秦君之下。到那时，你们将选择你们的道路。不必问我，但愿你们无愧于心、无怍于民。你们的路不是别人的路，更不要是我的路。切记。何苦走不属于自己的道路？

我呼唤雨的到来，我呼唤把水的善意度给人间。水有尺度，有升有降。前些年我看土地皲裂，农民急着取水补救。一提提地从河里、湖边往田地里浇水。被暴晒的脸上从红烤黑，才勉强救得一半的口粮。今年的土地有水的补养，应正是耕种的好时节。可一路行来，哪里有人翻动土的痕迹？一行行男人从这里踏步离去，回来的时候却只听得琴声呜咽、云雷翻滚。水啊，这万能的水，我请求你，以我的身躯呼唤你的降临，让湖畔百姓楚地子民都能继续得到你的助力，足其食得其果。这请求，你能答应吗？

黑夜中的水终将有白昼的光照亮，昨日傍晚电闪雷鸣，想要归去有何忧愁？我想风雷交至之声音大一点。太阳啊，明天，不要再让你的子民受苦了。

（张楠宜，香港大学创意写作专业硕士研究生。西南大学英语专业文学学士，曾于美国伊利诺伊州立大学访学。写作爱好者，获重庆"纳德杯"大学生公文写作技能竞赛英文组一等奖。）

中国文化的精神巨雕

◎谭家尧

敝人引以为傲的是,与中国最早的浪漫主义诗人屈原同为湖北丹阳人。2300年后的今天,与屈原的灵魂碰撞,仍然感觉到是精神洗礼,他思想的智慧和超越时空的非凡想象,是耸立在我灵魂深处的丰碑。我循着他灵魂的不屈、循着他爱国的精神、循着他悲剧的命运,思索他的高贵与坚贞,仰视他精神的伟岸,不得不从心底敬仰这样一个不屈的灵魂,因为屈原的灵魂是一个值得仰望的文化和精神高度。

屈原在我的心中,其刚毅的个性、不屈的精神、坚贞的品格和神一样的奇特想象,还有他的人文智慧和对时空的超越漫游,像一座不朽的精神巨雕,值得我膜拜和仰视。

以虔诚之心膜拜和仰视屈原的战略高度。屈原出生在多事之秋的战国时代,在七国并存,相互对垒、杀戮嗜血的年代,与战略家苏秦一起促成楚、齐、燕、赵、韩、魏等六国君王齐聚楚国的都城郢都,结成军事和战略联盟,这一联盟,其意义是联合一体抗衡强大的秦国。在结盟之初、结盟之中、结盟之后,屈原冲破重重阻力,力促联盟之初的外交谈判、结盟之中达成共识、结盟之后的盟约兑现。

这一战略高度,被历史证明:弱小的国家,要想不被大国吞噬,只有团结起来,共御外辱和侵略。只要扭成一股绳,犹如老虎猎杀六只野狼,不好对其中一只下手。强秦欲灭六国,忌惮联盟的作用,不得不费尽心机,挑拨离间。

以诚实之心膜拜和仰视屈原的爱国精神。屈原聪慧的地方,往往也是被他自己所忽略的地方。当他施展才华,竭力主张对内变法图强,对外联齐抗秦的时候,秦相张仪在绞尽脑汁地密谋破局之策。在屈原的认知里,秦国这个庞然大物是楚国安全的祸根,而没有认识到强秦之所以强盛,是因为笼络了擅于治国理政、出谋划策的谋士,这个谋士就是张仪。秦相张仪是中国历史上著名的谋略家和纵横家,而屈原在笔者心里,是政治家和文学家,在谋略和攻心方面,不是张仪的对手。

张仪了解楚国、了解楚怀王,他收买靳尚,设诡郑袖,蒙骗楚王,逸害屈原,离间屈原与楚怀王的关系。一连串的动作,几乎是一气呵成。屈原的悲剧命运在于只知道强秦是不好对付的敌人,但不知道小人的奸计可以把头脑简单的楚王,轻而易举地蒙蔽在好似蜜罐的陷阱里,一方面用金钱、美女瓦解对手,另一方面又用谎言欺骗楚王。如果说秦楚之战是秦王与楚王的对决,倒不如说是张仪与屈原的较量,较量的结果是,浪漫主义干不过纵横之策。忠诚而笃实的屈原,在楚王的谩骂声中,带着悲愤和一肚子怨气,离开了为之倾心守护的楚国国都,流徙于楚国的旷野,住茅舍、喝闷酒,用昂扬的斗志和奇绝的幻想,写下了留存至今、震撼千年的诗篇《离骚》。

以羡慕之心膜拜和仰视屈原的文化高度。他创作的《离骚》《天问》《九歌》《九章》《招魂》，犹如最早的文学丰碑，让后人瞻仰千年、崇拜千年、品读千年。《离骚》被公认为中国古代文学史上篇幅最长、最具有浪漫主义色彩的政治抒情诗。

《离骚》以其深厚的文史背景、文化内涵和审美价值，以及其对后世的人文精神的深远影响，堪称"中国第一诗"。《离骚》是最早的文人文化与楚风民间文化深度融合，且人文与美学相互渗透、历史背景与神奇想象完美结合的诗歌经典。其浪漫主义的时空边界完全超出了地球人的想象，创造出的超越性和经典性是两千多年来无法逾越，也是难以比拟的抒情丰碑，永远矗立在中国诗史的高位，让我们仰视它，在历代鉴赏成果的基础上，日积月累，始终供奉为爱国精神文化的杰作。

《离骚》在中国的文化史上，诗人的历史背景、人文思想和人文智慧，都是不可重复、不可复制、不可篡改的雕塑。其身世的固化、精神的不朽、文学的深远影响，是诗人征服中国乃至世界千年的内在动力。而诗人的经历锤炼出来的不屈的韧性、顽强的斗志正是中华人文精神的精髓。《离骚》在中国文学开创期为后世的瞻仰者提供了一个宏阔的场面、复杂的环境、奇诡绚丽的精神世界、人格典型的人物形象和崭新诗学形态。其语言具有多层的指涉性和可读性，在较为浅近的层面上，力透纸背的是一个忧郁而彷徨、坚贞而憔悴的身影；在更为深刻的层面上可以领略到的是一部带自传性的抒情长诗，充溢着史诗的品格和悲剧的力度。

《天问》以奇特的诘问形式、超乎寻常的想象力，连续向上苍提出了170多个问题。这些问题超出当时常人的觉解，内容涉及天文、地理、文学、哲学等诸多领域，既敬天尊神法道，又借天问道，问正义之门、公正之世道何处有！这种借古喻今，叩问现实，质疑巫术的精神火花，充满了"路漫漫其修远兮，吾将上下而求索"的科学求索精神。问天之路既是求索之路，又是今天提倡的创新精神。两千多年以前的精神火花、人文光芒、追求真理的态度，仍然是一束不灭的火光，像旷古的灯塔，永远屹立不倒，照耀着后世的精神路途。

《九歌》是在祭祀歌谣的基础上提炼而成的。其精巧的结构、广阔的自然环境与社会环境，在遥思漫无边际的想象天宇里，塑造了或优美妖娆或庄重典雅的云中君、湘君、湘夫人等诸神形象，成为传世经典之作。于是，我们不得不感慨："《离骚》之后没有《离骚》，《天问》之后《天问》不再，《九歌》之后难寻《九歌》！"这正是——

　　智慧的脚步止于悲愤的抉择，

　　空灵的思哲来自于悲壮的曲折。

　　两千多年以前的诸多幻想，

　　今天才显现你梦中的字节。

纵观中国几千年历史之变迁、历朝之更迭，多少忠臣烈士，奋起于亡国之秋，忠贞于危难之时，百折不回，大义凛然，视死如归，值得后世敬仰追思。楚国屈原那纵身一跃，将自己定格成中国历史上最早的悲剧英雄。

屈原生于乱世,当时的楚国,内乱之祸,矛盾之多,官场之腐败,政权之昏暗,犹如一团乱麻,理不清。面对多重矛盾的纠集,屈原自感生不逢时。他的建议被楚王束之高阁,弃之不理。他的远见卓识和治国之能遭到奸逆贼党的嫉妒,"上官大夫与之同列,争宠而心害其能"。楚怀王授权屈原负责起草国家宪令,屈原草本未成,"上官大夫见而欲夺之,屈平不与",上官大夫恼羞成怒,发誓要搬掉令他畏惧的绊脚石,便向楚怀王进谗言,诬告屈原如何如何。搬弄是非者居然成为楚王身边的香饽饽,使屈原"信而见疑,忠而被谤"。耿直而痴忠的屈原,决不会与之同流合污,也不会左右逢源,更不会阿谀奉承。屈原的悲剧,就在于"出淤泥而不染,濯清涟而不妖",自身之高洁,注定会成为封建专制王朝的牺牲品。

屈原所处的时代,外有强梁虎豹环伺,内有蚁蠹贪噬豪取。有人说是以张仪为代表的秦国高参、以"上官大夫"为代表的官场小人动摇了楚国王权的根基。我认为,其祸根还是楚王自己,楚怀王、楚襄王不是历史上的开明君主,而是毫无主见的昏君。在内外交困之际,苏秦和屈原力主的结盟之策是破秦马踏千里、横扫弱国的唯一良策,可惜两个楚王相继信奸逆而逐忠良,无疑是自掘坟墓的愚蠢之举,楚王的愚昧无知是促成楚国江山全面坍塌的真正原因。从历史的另一面看,这也昭示了一统天下是历史发展之必然。

屈原满腔热情地想凭借一己之力与强大的、盘根错节的腐朽势力、利益集团作拼死对峙,脱离实际的针锋相对,注定了屈原是中国最古老的堂·吉诃德式的悲剧式人物。屈原在文学上是天才,在事关国家存亡的谋略上是大才,在洞悉社会和庙堂权术之争方面,却是愚人,显得非常幼稚和天真。他不懂得单打独斗难敌奸党之帮,更不懂得封建专制的腐朽,费尽心力难成大事。他始终没有跳出专制权力的樊篱,没有号召民众摧毁专制统治的意识和力量。所以有人说屈原"不如70年后的农民陈胜、吴广那么勇敢无畏,不如楚国贵族后裔项羽那么气魄盖世,不如无产者刘邦那么无所顾忌。这三拨人都是楚人后代,是他们前赴后继、共同奋斗,三年而灭秦,应验了屈原同时代先知的预言'楚虽三户,亡秦必楚'。"这正是——

别不信那些花言巧语,巧舌如簧能颠覆乾坤,
小溪终将一统归大江,弄潮者永在潮头抗争!
屈原是一座精神丰碑,爱国是千年精神大宇,
留给后世的求索精神,成为中华品质之永恒!
屈原是一座文化丰碑,人文精神得到千年传承,
留给后世的人文脊梁,是中华民族的人格标本!

(谭家尧,男,湖北省作家协会会员。著有散文集《从夷陵出发》、报告文学集《金牌是怎样炼成的》、长篇小说《梦在南粤》等200余万字。)

楚魂——人神乃与天地合兮

◎袁展蓉

傲为世子

在豪迈缱情的《楚辞》自由赋体辞令中,屈子,畅叙衷肠,如龙吐华璋、芒出新穗。起首他高傲地称与呼,尊祖父,循世名,自唱他是一个有着家族传嗣的世子,是一个与祖宗血脉亲亲相连的人!是有姓有名的子民,是投身人世间的,拥有悠久文明、德隆礼祀的望族子孙!他以自己的先祖为傲!

与地势坤

屈原品性质纯,博闻强志,不由得让人们联想到他来自何方。他出生与成长在秭归。家乡是长江三峡中原地区,最长的西陵峡流经于此,大江浪腾激流、惊滩飞瀑,两岸峻岭峰叠、壁韧崖寒,苍树古藤攀岩;沙洲、礁岛鱼列江中。江畔秭归地,百溪交汇,八水贯通,更有大神农架之红河源贯注。经水发达,雨润沛丰,四季分明,万物滋养。四时珍禽异兽、丛植锦簇。江中鮰豚奇鱼千渡;洲陆古木百草翳天。或有西泾八十里九畹溪,曲径通渠,怪石嶙峋,静阜流转;或东出香溪口,进入另一个清溪竹海、野径泂渡,是十里一村的桃花源境。

秭归,传说,"归"由"夔"演变而来。"夔"是一种似牛似龙的神奇之兽。"黄帝于东海流波山得奇兽,状如苍牛,头无角,能走。出入水中则风雨伴生,光如日月,其音如雷,名曰夔。"西汉元始二年(公元2年)置县秭归。《汉书·地理志》载:"秭归,归乡,故归国。"

秭归是一片多么神奇的故土!毓秀钟灵,飞黄腾达之地也。一方灵山秀水养育一方锦绣人物,秭归,天工地貌,生灵多奇妙称世,屈原横空出世、天降奇才,当是自然!华夏文明,易经开示,天行健,正是这样的风物自然鬼斧神工,屈原与地势坤合,如璞玉巧夺天成!

人神合之

"我",一个多么伟岸与美好的存在!祖辈尊、父鎏名,青史铸传。"我"像一个精灵的降生,世侑嘉名,字适"灵均"!是拥有清馨兰芳、高健芷秀、贞洁如玉的真君子。这,就是屈原在《楚辞》里的一番自我骚唱!

很难想象,在高度集权、社会阶层等级森严的春秋楚国,原始野蛮、淆乱迷信充斥,卜巫神秘、神灵想象,浸布整个社会,出身世家,一度权重人臣之上的屈原,在阴霾诡谲的权贵官场游走,受王专宠,位重国相、卜师。可以想见,风光无限的屈原恰如《云中君》神话般荣耀存于昏暗甬道。但是,屈原自始至终保持着一副清醒自识的头脑,挺身直行,直秉"路漫漫其修远兮,吾将上下而求索"的自带光环,时刻照亮内心信念理想的澄澈心境。他以前无古人,后无来者的浪漫辞赋,自由轻漫如达夫,微醺态酣似散人,唱颂一篇一篇恸天地、泣鬼神的人神恋歌。他的思绪正如"奋其六翮而凌清风,飘摇乎高翔"!

即使命运让他几度被放逐荒凉地界,屈子仍旧自云"君不行兮夷犹,蹇谁留兮中洲;美要眇兮宜修,沛吾乘兮桂舟;令沅湘兮无波,使江水兮安流",洁身自好,吐蕙如兰!好比楚风一般自由自在,人神合一之仙骨翩跹!

归与隐居

曾经辉煌又褪却光环的屈原,如何在流放的颠沛流离中,求真理,寻大道?忘乎自形愁惨,以辞赋来宣示家世父祖,表白自身清白高洁,德从自求,明德素来的操行品格。表示不愿意同污合流、蒙尘纳垢的思想情操。

屈原卓越于世的品性与风格,与他自少恬淡隐居生长的平常生活环境息息相关。家乡翠雀鸣音争啁啭,林幛青绿绕峰峦;渔翁撒网在江湖,农夫犁耕在田间;桑麻蚕妇转纺笼,山野稚童戏荷塘,天成妙趣与地势奇巧的乐平里,天时、地利、人和让他逐步成长为一个拥有至纯、至臻、至高、至远阔的情怀与思想境界灵神般的人物。归与隐居,只是让他感到身形回归平常态,而追寻天道的心灵长长久久不能平息……

天道合一

盘古开天地。中国道家认为,宇宙万物一体。一生二,二生三,三生万物,万物由道而生。道法自然,天地人和,和平共处,这是宇宙人生的最高法则。

从秭归走出来的少年屈原,胸怀天地,心系君亲,由内而外散发着超世才华、清新脱俗的高风亮节,通体充盈着灵性的光芒,吸引着君王的关注目光,好美如服的君王,自然怀之如珍宝。屈原的忠贞守节,在杂秽间高光闪耀;屈原的因循天道,于昏庸中皎然出世。他坚信天道蕴含于天地间,天地的常情与伦序,寄寓在世态万象中。

他在世间体察与感悟。"驾飞龙兮北征","览冀州兮有余,横四海兮焉穷",一个文雅风度的美公子交游四方的情景,仿佛历历在目。"浴兰汤兮沐芳,华采衣兮若英;灵连蜷兮既留,烂昭昭兮未央",心与灵,魂与身,俾合自如。历练自性、洞察情常;思路灵泛、神通广大:"帝子降兮北渚,目眇眇兮愁予"。长思萦心的性灵与神思,和道法自然的天地合之。犹如伯牙"高山流水"遇知音,高洁的理想期冀与天地自然和气同声。

屈子的超脱灵性,在于他将人(自我)神(思魄)合之,人神合一托体于天地山河,"捐余袂兮江中,遗余褋兮醴浦",去实现和光同尘,与日月星辰同辉:"广开兮天门,纷吾乘兮玄云"!回归溯源,屈原投身汨罗江,纯属他与万物相通的超脱灵性使然。"高飞兮安翔,乘清气兮御阴阳",既世道不苟安生,意与天道合一体,是他心地至臻的理想境界,是他回

28

归大道的纯粹。

　　漫漫历史不偃长太息！屈原,以人神乃与天地合兮的永恒精神,璀璨在岁月长河,以不朽的人性、神性、灵性合一体,与天地山河同辉,灿烂在宇宙星瀚。后来的人们永远纪念之、歌颂之！后世的人们应感悟、践行他的人性光彩、精神光华、高尚情操。敬畏天地、尊敬贤者、缅怀先人,不断自我修养,去实现成长为一个思想独立、向善向美的富有家国民族情操的大写的人！

　　(袁展容,笔名展蓉。女,汉族,湘潭市人。湘潭市民协、民俗学会副秘书长,湖南省民协会员,湘潭市作协会员,湘潭市雨湖区文旅局群文干事。)

在屈乡参拜求索精神的"舍利子"

◎ 江东瘦月

我正在为十五天的年假如何"挥霍"犯愁时,恰好得知"与爱同行 惠游湖北"活动拉开大幕,旅游景区免费开放,方才猛然想起,这些年与楚文化有些疏远了。便毅然决定:去,去"上控巴蜀,下引荆襄"之地!倒也不是为贪图小便宜,打"小九九",关键是人家的诚意放在那里,姿态摆在那里。身处"海带江襟,吴头楚尾"的我,一定得怀着虔诚之心,拜谒楚文化的发祥地。我,江淮大地的一枚"末流诗人",且先不去香溪瞅王昭君那美人,不去神农架寻屈原笔下"山鬼"的原型"野人",过九畹溪,整肃衣冠,径直去伟大诗人屈原的衣胞之地"打卡"。去屈原祠,参拜求索精神的"舍利子"。

因葛洲坝水利枢纽工程建设,清烈公祠由屈子故里迁建至凤凰山上,更名"屈原祠"。虽是搬挪了位置,但是,毕竟是从屈原沱原址迁建,建筑风格还是原汁原味,屈原文化依旧原浆原酿。

柑橘林、翠柏园掩映下的屈原祠,依旧制,复古风,枕山面江,好风好水,那豁朗、气场自是不在话下。心怀虔诚,拾阶而上。山门为重檐歇山,绿瓦白墙,三面牌楼,六柱绛红。额枋左书"流芳",右题"孤忠"。《楚辞》的"蛋白质"喂养了我几十年,今天,我终于来到"下蛋"的地方。毕竟司徒生命的原点、终点都交汇于这一点了。

在老家乐平里,出身贵族的屈原仪表俊朗,行廉志洁,且见习稼穑,广泛收集樵夫、渔翁、猎户、巫师、农人、蚕娘的歌谣,"与劳动人民打成一片",为非虚构创作积累素材,同时,为此后浪漫主义创作风格的形成搭建框架。那些方言声韵、家乡风物,在此后的《楚辞》中凸显着浓厚的区域文化色彩,把质朴清新与弘博丽雅放在一只铁釜里,炖得黏黏稠稠。

后来,为抵御入侵楚境的秦军,组建保境安民地方武装。二十岁那年仲春时节,应楚怀王之召离乡入仕。在鄂渚县丞任上,初试锋芒。一别经年,故园和"绿叶素荣,纷其可喜兮"的橘树只在梦里了!

屈原青铜像重三吨。眉宇紧锁,颔首沉思,忧国忧民的"表情包",似在为修明法度拟定纲领,或吟风弄月字斟句酌之间。雄姿英发,儒雅倜傥,两袖生风,造型动感,尽显孤忠高洁,卓尔不群。我合十作揖,倒头叩拜,希冀"诗祖"不吝赠予一大把赋、比、兴,抑或不计较我的愚钝笨拙,肯出手加持赋能。

过南北碑廊,但见:《天问》浪漫,《湘君》缱绻,《离骚》悲怆,《国殇》凄切,《九歌》缥缈。《渔父》中的对白,其实是正方、反方关于人生观的激烈辩论过招。最终,随波逐流者选择了水平方向顺流"鼓枻而去",而不肯同流合污之人,则将自己的身子骨作为明矾,清者自

爱国先贤　在屈乡参拜求索精神的"舍利子"

清。

屈原墓前,青狮白象,鱼吻翘昆。外石柱敬立"汨水怀沙千古遗恨,归山枕岫万世流芳"楹联。巨大莲花石座之上,红漆古棺悬吊,装盛着屈子的冠带衣履、忠肝义胆。屈子的尸骨,是楚辞文化的"木乃伊",是民族精神的"舍利子"!

对着拜台、墓碑的"二维码"扫描,与楚国存亡休戚相关的屈子人生轨迹便蹦跶出来——

重兵压境,家国病入膏肓!屈原把脉、开方。七窍玲珑心和溢着中草药味儿的处方,被浑然不知疾在腠理、祸及五脏六腑的昏君搓揉,肥袖一荡,如倒药渣一般丢弃。三闾大夫忧心愁悴,被"扫地出门"。

流放,是永无归期的准休假!身处江湖之远,心系庙堂之高的屈原,无奈不在"服务区",多次"连线"郢都,一直是"忙音",后来,被靳尚、郑袖干脆拔掉了线头。

临水弄箫,借风吟月,一路吟哦采风,消遣惆怅襟怀。借橘桂蕙芷,发愤以抒怀昭质之心;由众芳芜秽,叹息而掩泣民众之艰。长发披肩,乘虬驾螭,头戴巍峨高冠,身披兰草香服,腰间挎着长铗佩剑,怀揣破了、碎了的报国之心。

后头的路长,前头的路短!屈原试图以湘妃斑竹一般清癯的身子骨,为殃及楚国的巨澜拦起坝埂。叶尖焦黄的艾草耷拉着,艾灸不疼失忆、麻木了的君王。蒲棒子的剑直立着,支撑不住眼睑下垂的瞌睡王朝。秦将白起攻破郢都,屈原万念俱灰,唯以死明志,杀身成仁。面朝西北,向着故国,向着家乡,整冠三拜。怀石投水,以身殉国。"一跃冲向万里涛",涟漪画成密实的同心圆,半径越扩越长。

阿妹听闻噩耗,一边划船,一边哭喊:"我哥哟,回哟嗬。我哥咦,归来兮……"如泣如诉,泪涕坠水。阿妹的泪干了,身子凉了,化作子规鸟。由此诞生了一个凄美的地名——秭归。

凤凰山飓风怒号,西陵峡涌潮悲鸣,楚山楚水抱头痛哭,越发楚楚怜怜。随后,山民们手抓糯米撒进水中,祈求鱼类不要伤及乡贤的尸体。大家划船打捞,一定要把忠臣接回故里!

林木葱郁,挟风聚气。屈原故里景区周边竹林、橘园布局严谨,幽静雅致。"后皇嘉树,橘徕服兮。受命不迁,生南国兮。"这是橘的宿命,也是橘的使命!《橘颂》作为诗人青年时期的代表作,以细腻笔触,剖析橘树脉络纹理,以树寄情,托物言志,借故土难离喻壮志不移,抒发了"深固难徙,更壹志兮"的"初心"。

三闾大夫站着的地方便是脊梁,躺下的地方总是上游。屈原死了,所幸《楚辞》还活着,荆楚文化依旧枝遒叶茂。后人每每吟诵《楚辞》一遍,屈原便活过来一回。其实,那一摞竹简活着,屈原怎么会死去呢?屈子那随风长高了的骨,那顺气拔长了的节,那爱国、忠贞、求索、拼搏的精神,矗立成一座不朽的丰碑!

寻觅了"三闾八景",听罢"灵牛献绳"的传说,在乐平里生态文化旅游区,我选购了两双草鞋带走。在梦魇中,我将楚地草茎编织的鞋竖起来,可作攀登凤凰山的梯;放平了,便是荡漾香溪河的舟……

(江东瘦月,本名谢爱平,副刊编辑,江苏省作家协会会员。在《人民日报》《北京文学》《星星》《飞天》等报刊发表诗文600余篇〈首〉。在《诗刊》《美文》《青年作家》《散文百家》等杂志举办的征文活动中,获巴山夜雨诗歌奖、中国报人散文奖、海洋文学奖、徐霞客游记文学奖等奖项。)

醒者的高贵——我对一座丰碑的仰望

◎朱光华

一

浩瀚的宇宙,每一颗星都有独立的位置,夜空中的繁星点点璀璨夺目。由于传播需要时间,目力所见的星光并不是当下发出的。那些人类历史长河中的伟大人物,亦如星星亮丽无比。当我们与其对视时,时空的不对等,会不会让彼此隔离出一堵心墙?

二

如果把屈原比作天上的星星,他一定最真最美最亮。只有至真至善至纯之人,才能完成舍生取义的壮举。无限悲悯天下苍生,是从灵魂深处流出来的,清澈而纯净,究竟而彻底。他用诗歌打造出文化宝塔,用独有的思想抚慰万物,用生命诠释出浪漫。这一份真,用心血浇灌。

三

生命的意义不在索取,而是奉献;不在长短,而在价值。成与败,盛与衰,采纳与否,辉煌几何,名誉地位,如过眼云烟。伟大不仅仅属于成就和荣誉,感天动地的是那种不屈不挠、百折不回的精神。

四

夏虫不可语冰,今思不抵古境。屈原就是屈原,所有的评论都显蹩脚,所有的标签皆属多余。只有和屈原一样高洁的人才能同他对坐。泡上一壶茶,促膝谈心,感知其思想的广袤和深邃。

五

屈原的一生,不是一朵花的绽放,而是一座丰碑的矗立,它用信念、执着和坚定奠基,用傲骨、不屈和蔑视打造,幻化成民族精神,深深融入一个民族的血脉,经年不衰。

六

人生若有诗意,当属屈原。开一代诗风之先河,"路漫漫其修远兮,吾将上下而求索",他用壮烈的一生为诗意和道作注脚,用浪漫的笔把自己铸成了诗精,驻守于后世的文字和灵魂。诗意存仅于道,他用行动践行了诺言和操守。老子西出函谷关,故人驾鹤西去,屈子纵身一跃,有无一样的禅意?

七

他像一株亭亭玉立的荷叶,宁可被风折断,滚落一边,也不愿低下高昂的头,附身污浊。那一株株身旁的水草,抑或参天大树,怎能与之比肩。

八

在屈原的词典里,没有媚俗,没有攀附,更没有苟且,现代世俗化的言语,不论多么华丽,总嫌多余。我们回不到屈原那个时代去了,身处繁花似锦、衣食无忧的当下,试图认识一位圣人,极有可能没有认识他,却认识了自己;没有走近他,却走近了那颗沾染了铜臭的心。

九

屈原的内心世界,只有国与民两个字,绝无第三。投身汨罗,那是因为他满脑子里时刻牵挂着的国与民不复存在,他想让他的爱得到永生。那一直爱着的即将消失,活着对他了无意义。他就感觉应该让自己定格,不能有违自己的初衷。其实,这一切与悲剧无关。

十

醒者,与酣睡浅睡截然不同,至于装睡,更是风马牛不相及。在屈原面前,我们都是一些装睡的人,我们的思想装了太多,哪里还有醒的成分。明明迷糊昏沉,思路不清,却要装出一副高深。从究竟的角度讲,谁也抵达不了那份高贵。

十一

道唯一,神相通。屈原不仅属于中国,而且属于世界,他是人类共有共通共守的精神财富。这仅存于思想的财富,有形而无形,其大无外,其小无内。像一粒种子播撒在人类的识田,不断轮回翻新,历久弥坚,不生不灭。

十二

楚国的风吹不散今天的阴霾,当下的认知难以管窥战国时代的内核。仰望宇宙苍穹,俯瞰芸芸众生,唯有精神一脉相承,古今横贯。宇宙之大,无法想象;精神之光,贯穿寰宇。山川、河流、高原、湖泊,是一种美,谁能说悲壮不是。只要是为国、为民族之大义,悲壮也是人类精神之花的绽放。这花绽放了几千年,一直盛开。屠刀下的淡定从容,遍体鳞伤的坚贞不屈,守土御敌的激昂高亢,荡起中华民族的傲骨雄风。屈原,从未走远。

十三

一个清醒的人犹如精美的瓷器,晶莹剔透,通体洁白,毫无瑕疵。一丝一毫的犹豫,一尘一灰的沾染,皆不可成就。屈原的内心是绵延不绝的能量,时而《满江红·怒发冲冠》,

时而《义勇军进行曲》;时而战鼓声声,时而军歌嘹亮。

十四

一个百年已过,新的百年到来。神州大地,国泰民安,鲜花盛开。仰望丰碑,我分明感受到来自瓷器的光辉,温暖了一个民族的身。耳边又传来了浑厚、高亢的峡江号子,混合着赛龙舟的热烈和劲爆……

（朱光华,男,湖北省作家协会会员。作品散见于《文艺报》《芳草》《中华文学》《电影文学》《大江文艺》等报刊。出版小说集、散文集多部。）

《三闾大夫》（雕塑）　81 cm×41 cm×35 cm　2019
万丰华（宜昌市伍家岗区美协主席）

屈 子

◎程振华

在这个写进法典之台的节日里,我们自然而然地想起了屈子。《招魂》《九歌》《离骚》《九章》《天问》等出自一人手笔的古典绝唱,犹如一段心里话,犹如一席家常话,犹如一桩控诉,犹如一纸宣言……具有了永久的人生与命运的力量。这些仅仅是艺术行为的代表,它比之于宝贵的生命,就只剩下一点声音、一抹光彩、几斑色泽而已——面对命运,正视着苦难,不忧患一己,却忧患着处在水深火热中的天下苍生,这样的匠心独运,融入艺术活动中,便获得了撼天动地的生命力。

且说那位落魄的老者吧,稍稍了解历史、知道端午节来历的人都知道,这一天是属于一个人的,属于一桩凄惨的故事,这个人就是屈原,这个故事就是投江。因为他朴素,我们就觉得他很亲切;因为他亲切,他的遭遇就越感人;因为故事感人,我们就越觉得如此之人不应该经历如此般的际遇,甚至很不应该。但生活没有不应该,存在皆有必然。纵观古代人文精神的构成,李白、杜甫如此,孙膑、司马迁如此,陶渊明、曹雪芹也是如此。冥冥中,上苍就注定了苦难的真实内涵——这是社会人生的一个必然且十分重要的内容——如果某个人承受了特别的苦难,同时这个人在历史文明中又具有特别的贡献,占有一席特别的位置,他不仅是他自己,还代表着千千万万的人,甚至映现着一个时代,那他的意义和分量就愈加特别了。

屈子屈就在楚怀王的幕僚里,领到了一顶官衔为左徒的乌纱帽,企图在楚国的披檐下,借此打造一轮照彻寰宇的太阳,氤氲恒久的春天。这种救济并造福天下苍生的宏愿,和其后杜甫的"自谓颇挺出,立登要路津。致君尧舜上,再使风俗淳"(杜甫《奉赠韦左丞丈二十二韵》)的抱负如出一辙,且结局是那么相似。所不同的是,屈子绝望至极,投江死了,而杜甫却"亲朋无一字,老病有孤舟"地客死在洞庭湖的一条小船上。屈子在楚国报国无门,又屡遭谗言和权贵的排挤,便毅然踏上了流浪民间的路。一路走来,屈子看不见天子包括为政者撒向百姓们的恩惠,看不见执政者救济天下苍生的钥匙,更看不到升腾在冬天里的玫瑰和火把,映入眼帘的却是四野里铺满的白骨和新生翅膀的碎片,诚如其后的杜甫所述一般:"朱门酒肉臭,路有冻死骨。"悲愤至极里,唯美的诗歌腾不起粼粼波涛了,钢铁般的语言淬火成火焰,在"路漫漫其修远兮,吾将上下而求索"的长歌当哭中蘸着血泪,挥毫泼墨,彤红了历史的天空。想象那段历史吧,屈子的袍服被剥夺了,排挤的谗言犹如一个个毒瘤,以迅雷不及掩耳之势击中了屈子——溃败的王朝便与一位旷世奇才这样擦肩而过了……

爱国先贤　屈子

　　时光已被折叠、揉皱,犹如痛苦痉挛的躯体,将日月的宁静快速堆积。波峰浪谷上,是谁在焦躁地高吼、呐喊?一切显得那么徒劳,爱莫能助。为了寻求光明,为了拯救万千苍生,屈子以诗歌作谏,期望有朝一日能被执政者看见并被采纳;为了苍生能裹饥食服,能恬静地呼吸,享受生命,屈子创造着自己的上帝。屈子以四起的烽烟作幕,以精神和人格作为抵押,因焦虑而"衣带渐宽"的身躯,在貌似白天却绵延不绝的暗夜里喷发出了《招魂》《天问》……人类的理想写在了天地之间,回荡进2000多年后的今天。

　　就当这些都是一张白纸吧,屈子的万丈文气、万腔豪情何不妨在黑夜的深渊里燃烧,在不久的黎明前勾勒出过往的苍生所经历了的煎熬?没有鲜花,没有掌声,鲜花和掌声开在历史深处呢,屈子自然是不能享受的了。国都被攻破了,被攻破了的国都,也为屈子的叹息画上了万般无奈的句号。骚体和怒发,冗长地拂遍了流浪之路,屈子的屈辱,弹响了一江夏暖秋凉。

　　纯洁地选择和祖国一起消逝。汨罗江畔,屈子含恨地告别了荒芜的家园。纵身一跃间,屈子折断了骚体的翅膀,于是,每年的五月初五,一个民间很传统的节日诞生并流传了下来。"湘水悠悠无数的水鬼/冤缠荇藻怎洗涤得清?/千年的水鬼惟你成江神/非湘水净你,是你净湘水/你奋身一跃,所有的波涛/汀芷浦兰流芳到现今"(余光中诗句)。"竞渡,竞渡,惊起了一滩鸥鹭"——龙舟在这一天打捞着思想的锋芒,由粮食夯实、由棕叶护卫的粽子一代代地包起。这是从废墟上流传下来的缅怀啊,它呼唤的是万顷稻浪,点燃的是四起的炊烟。追溯你的人,也便从上一个端午追到了下一个端午。

　　屈子,你作了《招魂》,便无须为自己招魂了。有水的地方就有人竞渡,有岸的地方楚歌就会四起,你就躺在那龙舟里,也在那歌里,风里……

(程振华,男,安徽怀宁人,出版散文集《幸福在路上》《行走的意蕴》等。)

屈原随感

◎陈世昀

听说,端午是一年阳气最重,同时也是最不祥的日子,暨时,阴阳相争,五毒百虫滋生,邪祟猖獗蜂起。五月自古便有"恶月"之称,重午更是"恶中之恶",从前就有"五月生子不举"的说法,五月五日出生的孩子,更是"大不祥"。屈原怎么会挑这样的日子自沉呢?

司马迁大概是看出屈原的委屈,说了句公道话:"信而见疑,忠而被谤,能无怨乎?"怨吗?多半是有的,毕竟,屈原身世不凡、博闻强识又少年得志,一向自诩甚高,宁为玉碎,不为瓦全的他,怎么受得了这样的委屈?听说,水至清则无鱼,一向清澈的汨罗江有鱼吗?看看能不能抓几条肥的做下酒菜,顺道去找伍子胥聊聊心事,谈谈理想。

那个徘徊在汨罗江畔的人,有没有找到鱼我不清楚,但在"扑通"一声后,这里就突然多了许多传说,五月五日也热闹起来了。当天,龙舟竞渡,大家奋勇划船,仿佛是弥补从前的缺憾;身上佩戴香囊,家中挂着菖蒲艾叶,臂上缠绕五色丝线,驱逐防范着邪祟瘟疫;黏糯糯的粽子,有甜有咸,寄寓着思念和祝福。

从此,汨罗江畔在某些日子里,多了道徘徊的身影,影影绰绰,昏黄夜色下,看不清面貌,却有种化不开的抑郁,周围仿佛笼上了一层雾气,模模糊糊,有种若即若离的距离感。

据说,有执念的人会在原地徘徊不肯离去,是执迷不悟还是痴心不悔?"举世皆浊我独清,众人皆醉我独醒",风中传来低语声,偶尔夹杂着一两声叹息。"真傻!"不知道谁说了一声,那身影登时一顿,继而便如烟雾般消散,化作银白色的锁链,宛如一道绵长的蛇影摆动,空气中残存着一丝若有似无的酒香,夹杂着微不可察的雄黄味。又是千百年的纠缠,那一段孽缘啊……

漂荡在江上的一绺,是红的绿的黄的白的黑的交缠在一起,谁遗失的呢?哪个顽皮的小孩,遗失的庇护。一条鱼慢悠悠地游走。一艘小船晃悠悠地摆荡,"沧浪之水清兮,可以濯吾缨;沧浪之水浊兮,可以濯吾足。"苍老的歌声中,透露着一股与世隔绝的超然,还有一种看破世事的坦荡。是谁在歌唱?

有些疑惑地眺望江边,船上的若隐若现的人影,隐隐约约,随着水波荡漾,船只映照在夕阳余晖下的倒影,有种萧索的孤寂,只余下断断续续的歌声,咿呀咿呀地拉长。

扯开丝线,轻轻拨开,一股特有的香气迎面扑来,黏稠的米粒粘在粽叶上,一口咬下,口感黏糯,带着米粒特有的甜香,甜的咸的,各地风味,厚重的文化传承,是端午的滋味。

想到端午就想到粽子,想到屈原。长大后,逐渐从粽子的甜味尝到了苦涩,里头是黏得化不开的思念。离开家乡,孤身前往异地,每逢佳节倍思亲,故里旧梦,魂牵梦萦,那一幕幕熟悉的场景,日里不敢想,夜里却历历在目,过去的种种,是现今的枷锁,甜得像蜜,却总戳得人心痛。遥想屈原当年,满腔热血遭灭,曾经"入则与王图议国事,以出号令;出则接遇宾客,应对诸侯",是那样志得意满,英气勃发,最后却被疏被黜,先汉北后南方,狼狈而出,身心俱疲。曾经的君臣情,怎能说断就断?果真是君心难测?还是人言可畏?

  后悔吗?"世溷浊而不清,蝉翼为重,千钧为轻",面对价值颠倒的社会,"哀众芳之芜秽",精心培养人才的变质背叛,加上"举世皆浊我独清,众人皆醉我独醒"的处境,我想,屈原彷徨过,也曾想抛弃楚国另寻他国发展,楚材晋用从不是新鲜事,孔子也曾周游列国。只是,回首旧乡,终究不忍,只能"蜷局顾而不行",安慰自己,"亦余心之所善兮,虽九死其犹未悔",甚至做好以身殉国殉道的准备,"知死不可让,愿勿爱兮","宁赴湘流,葬于江鱼之腹中"。毕竟,楚国是他的根,他就如橘树一般"深固难徙,更壹志兮",无法离开,也不愿离开。但难免意难平,该怎么办呢?屈原眼眸微敛,嘴角噙着一抹苦笑,太多的疑问,只能化作一句句的《天问》,而"天命反侧,何罚何佑",不知千古谁能回答?

  思及此,微微叹了一口气,时代的差异,我不知道看着国家走向灭亡却无力阻止的滋味有多苦涩,也很难体会那种鞠躬尽瘁的赤忱。心底的光灭了,是不是得用生命的火花点亮?对于屈原沉水殉国一事,很多人是抱着不赞成的态度,但对他忠贞爱国的情操却是推崇备至的。我们不是屈原,在没真正理解他的时候,不该妄下判语,因为,评价带有"我"的色彩,屈原的解读充满时代的价值观。屈原的形象可能只是我们推崇的文化典范,不同时代可能诠释出不同的屈原,逐渐让人分不清,真正的屈原是怎样的一个人?但我知道的是,屈原用他生命的火花,照亮了后世的迷惘,树立了为国爱国的标杆,其独立不迁、好修为常的人格,更是后世学习的典范。而他留下来的篇章,成了中华民族不朽的瑰宝,吟诵在梦里,镌刻在灵魂里,活在无数人的心中。透过《楚辞》,我们得以走近屈原,回顾历史,我们希望天下再无"汨罗之恨"!

(陈世昀,台湾省人,供职于湖北经济学院。)

谁是屈爹爹的贴心小棉袄

◎元　辰

谁为屈爹爹缝制一件小棉袄？谁是屈爹爹的贴心小棉袄？

这是当代文学应该回答的问题，也是屈乡人一直想要回答的问题。

屈乡人称屈原为屈爹爹，最大愿望是为屈爹爹缝制一件贴心小棉袄。

后辈儿孙知道，屈爹爹一直行走在文学与人类精神的顶端，峨冠锦带，长袖当风，不求苟同，孤寂独行。那里是人迹罕至的高寒地带，常年寒风凛冽，白鹤翻舞，青松挺立，星光闪烁。他凌厉的目光洞穿战国风云，看透世事人心，屡以诗歌发声，警告偏私、奢靡、轻慢的后果，呼唤爱楚爱乡爱土爱民的博大精神，抒发天高可问、正直忠贞、积极作为的雄心壮志和血脉不可屈、节操不可丢、求索不可止的内心情感，怅叹君王不淑、世风不古、大臣不忠、奸佞妄行、"举世皆浊我独清，众人皆醉我独醒"的无可奈何，最终投身汨罗，以死明志。他所承受的痛苦是常人的一千倍，他"诗定人伦"的价值则是其他人的一万倍。

他是中国文学史上第一个个体精神独立的诗人，第一个敢于喊出"举世皆浊我独清，众人皆醉我独醒"的思想者、实践者，不屈不挠，为人类家园和人类精神的美好而"上下求索"。他的诗性精神长留天地，光耀人间。

长辈是儿孙、是血脉精神的来处，儿孙应是长辈的贴心小棉袄。长辈的安危冷暖儿孙应时刻在心，长辈的喜忧哀乐儿孙应牵挂于怀，不能总让屈爹爹一直孤寂独行于高寒地带，衣衫褴褛。

但是，这很难。他的精神太高远，襟怀太阔达，情怀太丰富，才华太"逆天"，我们只能仰望，无力企及。他的痛苦，他的刚直，他的忠贞，他的浩瀚，他的明彻后世，他的辉耀千古，我们只知道一点点。想做他的贴心小棉袄，想为他缝制一件小棉袄，太难。也许有人能，我无能，但可以一点点接近。

我猜想，屈爹爹的小棉袄，得以究天问地、求索不止的精神为针，以顶天立地、刚直无私的品格为线，以明彻天地、洞悉世事人心的智慧为里，以心怀天下、爱土爱民的情怀为絮，以澎湃的想象力和无尽的才华为表，还要绣上三峡女神、山鬼、兰蕙和后皇嘉树，才有可能切合屈爹爹的意愿。

"路漫漫其修远兮，吾将上下而求索。"他珍惜炎黄血统，生而为民，渴望真知，求天索地，探求大道。《离骚》述求索之志、完满之心、修远之情，"亦余心之所善兮，虽九死其犹未悔。"《天问》问天之势、地之形、人之道，实问己之彻悟、己之道心。先知大德，既究问天地,洞察世事人心,更责己问己,探求大道,完美自身。这种求索终身、九死不悔的精神,难道不是锐利金针,既度己,亦度人?"鸳鸯绣出从君看,金针还须度与人",我们接过否?

"岂余身之惮殃兮,恐皇舆之败绩!"他刚直无私,爱楚爱乡爱民,不肯苟全乱世,不肯献媚楚王,不肯附和奸佞,唯对楚国风雨飘摇的局势和楚国百姓的安危冷暖牵挂于心,殚精竭虑,孑孑独行,试图唤醒沉溺的楚国王室而惨遭流放。他是钢筋铁骨,承压千倍万倍,不肯放弃。宁为玉碎,不为瓦全。这种刚直无私、临危不屈、顶天立地的精神,难道不是贯穿屈原平生的一根金线?沿着这条金线,就可以不断走近他的内心。我们快到了吗?

他幼而善读博学广闻,长而善思慧心通达,仰而识天道之妙,俯而察地理之微,深谙世事经纬,洞悉人间万象,道器两通,虚实兼善,哲思妙理,不绝于心。这种通天智慧与思辨能力,是他成为特立独行思想家、文学家的底气。我们没有通天彻地的智慧,无法达到他的高度,但可仰望可追随可努力提高。

他身处战国风雨飘摇之世,心怀天下,爱楚爱乡爱民,忠贞职守,"哀民生之多艰",叹奸佞之当道,"怨灵修之浩荡兮,终不察夫民心",临危不惧,无私谏言,主张"举贤而授能""循绳墨而不颇""皇天无私阿""民生各有所乐",终遭流放,却痴心不改。这种爱楚爱乡、忧国忧民、忠贞不移的大爱精神,温暖当时,泽被后世,成为中华民族价值观的核心来源。我们身为屈原后世之人,若无这种大爱,何以自称?

他以无尽的想象力、无边的才华,将"诗为人生"推至"诗定人伦"的高度,是中华民族现实主义文学精神和浪漫主义手法相结合的诗祖。后世文人无不从他那里吸取营养,李白、杜甫、欧阳修、苏轼、关汉卿、曹雪芹、鲁迅无不受过他的滋润。他对中国文学的影响,无人能出其右。若不领悟屈原文思精要,只注重文字表象,不注重里的澎湃诗意、澎湃想象力和创造力,何以走近他高大的雕像之下?

"知不足而后勇。"其实我们一直在努力,全中国后辈在努力,屈乡宜昌后辈更努力;仰望、拜谒、学习、攀登,追随屈原足迹,传承屈原精神;已有不少优秀作品,传送屈原声音、气息、温暖人心,抵御寒冷,消散迷雾,赢得人民赞扬之声。

然而,终是我们的底力不够、格局不够、修养不够、情怀不够、天赋不够、努力不够,鲁迅之外,至今少有人企及屈原文学精神之万一,不能为屈爹爹缝制一件可心的小棉袄,更不能直接成为他的可心小棉袄。

不过,继承屈原文学遗产,创造文学精品,为屈爹爹缝制可心的小棉袄,以至成为屈爹爹的小棉袄,是一重目标;让屈风吹遍人心,温暖人心,抵御世风的庸俗蜕化,也是传扬屈原文学精神、博大人文情怀的另一重目标。

"高山仰止,景行行止,虽不能至,然心向往之。"(太史公语)

我们有知耻之心、追随之意,仰望着,心仪着,品读着,践行着,因而也接近着,提高着,快乐着。也许会倒在路上,不能到达高峰,不能向屈爹爹递上可心的棉袄,但绝不可耻。视而不见,甚至反向而行,才真是不孝儿孙。

看见庞大的队伍么？屈乡儿女心怀两重目标,与全国大军一起,正意气风发,朝屈爹爹高大的塑像奋力攀登。白云翻飞,白鹤伴行,风霜雪雨不惧,老迈年衰不停,一代一代,永无止歇。

（元辰,本名袁国新。湖北省宜昌市夷陵区文艺评论家协会主席,中国文艺评论家协会、湖北省作家协会会员。）

忠心爱国学屈原

◎ 李广彦

居住汉水边，推窗见行舟。

上游数百里外，支流丹江，古属汉北，楚之疆域，曾是屈原第一次流放的地方。继续上溯，陕西省汉中市，古时这一带都是楚国范围。秦楚丹阳之战，楚败丧失汉中土地600里，从此秦盛楚衰，形成今天的地理态势。

那是一个周制礼崩、改革变法、诸国争雄、相互征伐的时代，屈原被楚怀王提拔为左徒，负责参与政事、起草诏令，同时兼任三闾大夫，主持宗庙祭祀，掌管屈、昭、景三族子弟的教育，所谓"入则与王图议国事，以出号令；出则接遇宾客，应对诸侯"，可谓内政外交于一身，楚怀王的肱股之臣。

有道是树大招风，高处不胜寒，屈原致力于革除旧弊，强楚兴邦，联齐抗秦，被秦国视为眼中钉、肉中刺。秦王派张仪重金收买楚怀王的宠臣上官大夫、宠妃郑袖等若干人，行挑拨离间之术；加之屈原受楚怀王之命，制作"宪令"，秉持"美政"理想，主张大兴农耕、增加赋税、奖励征战，特别是反对世卿世禄，限制贵族垄断权位，礼贤下士，"举贤而授能兮，循绳墨而不颇"，选拔真才实学者治理国家，这样就损害了"尊尊亲亲"的贵族利益，遭到利益集团的反对。于是乎政敌阴谋逸言，宠妃枕边风歪吹，楚怀王是非不分，绝齐亲秦，中止变法，屈原失宠，陷于孤立。楚怀王受"六百里赠地"的政治诈骗后，恼羞成怒，出兵伐秦，结果战败，与秦结为"黄棘之盟"，屈原极力反对，被夺官削职，逐出郢都，流放汉北。

捆绑在秦国战车上后，楚与齐、韩、魏诸国为敌，为表诚意，怀王把太子抵押给秦国当人质。太子不甘其辱，次年杀了秦国高官逃回楚国，秦王以此为由，联合诸国合力攻楚，楚怀王这才悔悟齐楚联盟不可动摇，欲与齐国修好，下诏令屈原赶回郢都。其间秦昭王又设圈套，邀请楚怀王相会武关，屈原力劝怀王："秦，虎狼之国，不可信，不如毋行"，但楚怀王又受奸臣蛊惑，前往被扣，客死他乡。楚顷襄王继位后，荒淫无度，不思进取，在被秦王收买的"第五纵队"靳尚、子兰等诬陷下，屈原再度被流放，直到郢都被秦军攻破后，抱石自沉汨罗江，以身殉楚国。

楚国丹阳，今天秭归，屈原故里，香草美人，三峡大坝横空出世，万里长江龙舟竞渡。中国有哪个节日因一个人的离去而传承千年？唯坚定的爱国者、伟大的浪漫诗人、世界文化名人屈原是也！"屈平辞赋悬日月，楚王台榭空山丘"，屈原爱国忧民，忠贞不移，两次流放，九死无悔。初仕吟《橘颂》，流放期间写下《天问》《九歌》《抽思》《涉江》《哀郢》《思美人》等诸多诗篇，即便临终也没放弃追求真理，满腔悲愤写下《怀沙》。特别是被鲁迅赞为"逸响伟辞,卓绝一世"的千古名篇《离骚》,波澜壮阔,跌宕起伏,主题思想超《诗经》之民俗,开《楚辞》文体之风雅。"长太息以掩涕兮,哀民生之多艰""虽体解吾犹未变兮,岂余心之可惩""世溷浊而不分兮,好蔽美而嫉妒"……引吭高歌,满腹经纶。而"路漫漫其修远兮,吾将上下而求索""亦余心之所善兮,虽九死其犹未悔"更是气势豪迈,千古绝唱,为世人称颂和敬仰。

屈原的"求索"精神与"无悔"之志,激励无数华夏儿女砥砺前行,义无反顾。尤其是救国救民的共产党人,为了国家富强,人民幸福,抛头颅洒热血,勇于牺牲,前仆后继。生于秭归的夏明翰,立志民族解放,追求革命真理,曾担任全国农民协会秘书长,面对蒋介石"四一二"反革命政变,奋笔疾书"越杀胆越大,杀绝也不怕。不斩蒋贼头,何以谢天下!"被国民党反动派杀害前,他大义凛然,留下"砍头不要紧,只要主义真。杀了夏明翰,还有后来人"的悲壮绝笔,这"知死不可让"的大无畏气势,与"虽九死其犹未悔"的精神一脉相承。我欣慰地看到,夏明翰烈士入选"100位为新中国成立作出突出贡献的英雄模范人物",秭归归州中学更名为夏明翰中学,爱国精神薪火相传。

列宁说,"真理往往掌握在少数人手中"。何为"真理"?某个观点通过实践证明是正确的就是真理,否则为谬论。之所以少数人掌握真理,是因为探索和求证过程需要穷极一生的不挠不屈精神和忠贞不渝的高贵品格来支撑。春秋列国,七雄纷争,各国求贤若渴,以屈原的文韬武略,流放后完全可以楚材晋用,去他国施展才华;当年学派繁荣、百家争鸣,他也可以"天子呼来不上船",吟诗作赋,自得其乐,但他始终对楚国不离不弃,有限生命,无限忠诚,生为楚臣,死为楚魂,其"知其不可为而为""虽九死其犹未悔"精神越显弥足珍贵。

位于湖北省竹溪县和陕西省平利县交界的关垭隘口,尚存一小段古长城遗迹,一边是八百里秦川,一边是千湖之省楚地。过去秦楚交战频繁,老百姓时而倾向秦国,时而又依附楚国,当地人说"朝秦暮楚"的成语故事出自这里。登城攀崖,感慨万千,忠实无畏地恪守信仰是共产党人的优秀品质,执着殉道的高洁情操是文人的气质与风骨,没有理想的人反复无常,没有原则的人随波逐流,没有追求的人得过且过,没有担当的人是墙头草。当年屈原被流放汉北,不知是否到过此地,但他对"朝秦暮楚"的人一定会深恶痛绝、疾首蹙额的!

(李广彦,男,湖北省作家协会会员,中国水利作家协会报告文学委员会副主任。)

政场失意孕育出爱国诗人

◎ 汪晓唯

"有人说在现代语境下,屈老先生就是一愤青。此话欠妥,评说历史人物应将其放在特定的时代背景中较为客观。"

纵观2300年前的历史,祖籍秭归有着皇族血统的屈原,有着与生俱来的贵族优越感;身为"左徒",坚定不移地维护楚怀王当政的国家利益,便是他一生的政治追求。"路曼曼其修远兮,吾将上下而求索",他借先古安邦治国之鉴,怀着美政的宏伟抱负,却几经异党谗言导致政场失意,愿望终不能实现,反被一而再地贬官流放,直至溆浦。

爱国无望,怒火中烧。他将一腔孤勇倾注笔端,抨击时弊,直抒胸臆,《离骚》即出;将一腔热血浓磨砚墨,香草美人,比兴赋诗,《楚辞》促成;将一腔诗意诉诸天,悲情问天,声声呼号。呼鼠辈之误国,呼君王之糊涂,呼命运之不公,呼人生之沧桑。一首《离骚》,毫无忌讳地披露出朝政结党营私的黑幕,表露出他爱国忧民、刚正不阿的高洁品行,以及随时以身殉国的壮士情怀,杜鹃啼血肝胆相照;一首《天问》,他声嘶力竭地仰天长呼,自盘古问道苍天,连发170多问;一部《楚辞》,哀志向无施之怨,诉世道不公之愤。可谓问道声声不绝期,诵读朗朗绕余音。振聋发聩于乾坤,凛然正气撼天地。继而他发出"举世皆浊我独清,众人皆醉我独醒"的长叹,留下脍炙人口、流芳千古的不朽诗篇。哀莫大于心死。待心灵深处的纠结与苦闷、独清独醒的彷徨与徘徊无济于事时,他便纵身汨罗追随彭咸。

2300年前的历史,今天需容我们客观分析。屈原政场的失落,莫不是他当今稳驻国际文坛之幸。这是诗人始料未及的,也是无与伦比的。从这个意义而言,于他又何尝不是一种政治上的开脱、文学上的开拓呢?

战国时期七分天下的混乱局势下,楚国原本就不占优势却与秦国争雄,后果可想而知。不妨设想,假如屈原的仕途坦荡,政治主张顺利实施,他整日忙于政务,哪有更多的精力去抒情吟诗。尽管他文学底蕴深厚,如若不是政治抱负得不到施展,他的文学才华恐怕也没有释放的先决条件;二来也不会有这种被撕咬的刻骨铭心之痛激发出的牢骚,也就没有他孤身在孤峰上的天问台歇斯底里问天的那一刻。钱钟书先生在《管锥编》指出:屈原"即身离故都而去矣,一息尚存,此心安放?江湖魏阙,哀郢怀沙,'骚'终未'离'而愁焉避。"将屈原身离而心难离的满腹痛楚之态表述得淋漓尽致。司马迁在《史记·屈原列传》中曰:"屈平疾王听之不聪也,谗谄之蔽明也,邪曲之害公也,方正之不容也,故忧愁幽思而作《离骚》。"简言之,"屈原放逐,著《离骚》"可以说是对政场失意孕育出爱国诗人的注释。

风雨欲摧的楚国抛弃了他，却于风雨欲摧中造就了另一个他。不为政人乃为诗人也。正由于"开脱"之沮丧，他才有了发自肺腑的哀怨、牢骚与倾情的呼号！正是这牢骚的发泄与抑扬顿挫的吟诵，开创了文学史上骚体之先例。他诗作中的"长太息以掩涕兮，哀民生之多艰""宁正言不讳以危身乎？""虽不周于今之人兮，愿依彭咸之遗则""虽体解吾犹未变""伏清白以死直"，再三地披露了以死明志的意念。诚如钱先生评曰：《离骚》"思绪曲折，文澜往复，庶几得其悱恻缠绵之致。""宁流浪而犹流连，其唯以死亡为逃亡乎？故'从彭咸之所居'为归宿焉。"古今史学界的高度概括，将主人翁极其错综复杂的痛苦情思刻画得入木三分。

国家多难，前途迷茫，与其苟且偷生，不如殉国而去。绝非一时的冲动，是"用以解决精神之痛的一剂可口良药"而终止生命，全不是现代语境下的"愤青"。何等的勇气？岂是纸上谈兵！这种大无畏的人生境界和人格示范，当下也没几人与之比肩。否则，也不会再将屈原作为人们效仿的标杆。爱国情怀是中华民族世代相承的优良传统，这就是屈原精神赋予的现代意义。难道不值得弘扬？

我们读屈原，首先要读懂他所处的特殊时代、地位、遭遇及其造就的诗人在国际文学上的影响力，那么，一个政治家与诗人的屈原，就相辅相成地得到诠释。

方铭教授于2022年4月21日上午举行"屈原精神的现代价值"讲座，关于屈原精神的现代意义，他总结出四点：有正道沧桑的人生态度；忧国忧民的情怀；追求美政的坚定信仰；九死不悔的儒家思想。我以为，独立的人格，独立的思想；坚持正义，不被世俗和道德绑架，应该是他精神世界的硬核，也是中华民族脊梁之精髓。

近期重温《楚辞》相关诗篇，也上网查阅了相关资料信息，聆听了专家解读，却始终下不了笔。冷处理后，于26日下午开始将得出的印象拟出初稿。为的是回避众研究中的已有成果，避免语言撞车，更不想左右个体的思维与理解。最终，以"政场失意孕育出爱国诗人"拟题，仅此叙述自己的看法。尽管肤浅，或存在分歧抑或争议，好歹也是诗人故里读诗人的学习感受吧。一部《楚辞》，与《诗经》并称为"风""骚"而渊源悠久，彪炳青史，展中华五千年文化之风；一代先贤历经政治沧桑，百折不挠，铸华夏五千年民族之魂。

（汪晓唯，女，副编审。在三峡大学研究生院工作。）

屈子的忠魂

◎ 胡祖义

1980年夏天,我到武汉旅游,在东湖行吟阁拜谒过屈大夫,老先生飘飘的衣袂、清癯的道骨和深邃的目光,给我留下极其深刻的印象。后来,我多次乘船经过秭归老县城附近的江面,多么想去老人家的故里拜谒,因重重原因未能成行。当年,我在荆州古城读书时,曾游览过古纪南城,我知道,屈老先生曾经在楚国郢都辉煌灿烂过,也是在那里被放逐,便禁不住站在纪南城下唏嘘感叹不已……时隔35年,我终于来到屈原故里,这是三峡库区蓄水后,从原来的屈原故里迁建的,屈老先生为了国家的水利建设,不得不做出伟大的谦让。

在一个响晴的下午,我们来到秭归新县城凤凰山下。

站在屈原故里大门外,我被故里的磅礴气势震撼了。郭沫若题写的"屈原故里"几个红色大字镶嵌在凤凰山崖壁上,旁边就是同样气势巍峨的故里门楼。秭归旧县城、屈原故里乐平里我没去过,但是,现在的屈原故里景区,用恢宏来形容,一点都不为过。

夏天的晴日,天气真好。蔚蓝的天空偶尔飘过几朵白云,强烈的阳光下,秭归新县城凤凰山显得那样巍峨俊秀,山上的树木那般葱茏。大门内,广场那样宽阔平坦,当年楚国宫殿前的广场,也未必有如此气势吧。

走下一长溜台阶,映入我们眼帘的便是雄伟的三峡大坝。远远望去,大坝的泄洪闸就像一座座排列有序的楼房,那红色的闸门起吊设备便是楼顶上的精美装饰。

紧邻库水,草地上安放着几块巨大的石头,呈不规则的圆形,我不知道它们是多少万年前冰川的杰作,把这么大的石头磨得没有棱角,再把它们安放在幽静的水库边上,是不是一种别致的点缀?由这些石头我忽然想到,伟大的屈原也被宫廷的明争暗斗磨得看似没了棱角,然而,他的一腔正气,正像刺向奸佞们的一把把锋利宝剑。

绿茵茵的草地对面,就是从江对岸迁移复制而来的屈原祠,比例为一比一,那些飞檐翘角的建筑群,能把你带到遥远的古代。屈原在世时,是个潦倒的文职官员,凭他自己,显然修不起这样规模宏大的楼宇,因为他的气节,因为他的影响,后代帝王官宦和平民百姓无不崇敬他,才为他建起如此宏伟高大的建筑,供人们瞻仰凭吊。

读书不多的人,或许不知道屈原被放逐的细节,但是他们至少知道,屈老夫子最后投江而死,是因为忧国忧民而找不到出路;只要是读过高中的,读到老夫子的"虽九死其犹未悔",绝不可能不扼腕慨叹。在现代某些人看来,屈原的忠心,也许是一味愚忠,楚怀王一而再,再而三地贬斥他,流放他,他依然心系国家,心系百姓,正像他在《离骚》里所说的那样:"路漫漫其修远兮,吾将上下而求索。""长太息以掩涕兮,哀民生之多艰。"有人劝他,国王都不理你了,大家都在做一天和尚撞一天钟,你这是何苦呢?你听屈原怎么说?"举世皆浊我独清,众人皆醉我独醒。""吾不能变心而从俗兮,固将愁苦而终穷。"人家劝他,你何必一条道走到黑呢?他的回答是:"余将董道而不豫兮,固将重昏而终身!"

唉,屈老夫子哟,你是不是太迂腐了一点呢!

可是当初,屈老夫子如果不那么"迂腐",后人还能如此敬重他吗?还会为他修建如此恢宏的建筑来纪念他吗?君不见,现在的屈原故里景区毗邻三峡大坝,距大坝直线距离只有600米,占地面积高达500亩。站在屈原祠前,高峡平湖美景尽收眼底,这里除了屈原祠之外,还有以江渎庙为代表的24处峡江地面文物集中搬迁于此,比如以新滩古民居、峡江石刻、峡江古桥等为重点的三峡古民居区,以及屈原文化艺术中心、滨水景观带,等等。每一处景点,都以屈原的故事为中心,没有屈原当年的坚守,今天这些景点,只怕是无足轻重的。

烈日下,远望高峡平湖,没有风,湖水波澜不惊,黛色的远山做了大坝的屏风,蓝天则做了远山的屏风,坝上的库水仿佛成了屈家院中的水池,如果再加上三两簇睡莲,你想想看,该是怎样一幅静谧而祥和的景象!

眼前的屈原祠,虽然是迁移而来的古建筑,新修复的屈原祠却比原先的祠堂宏伟许多,人们在复原的前提下,添加进一些现代因素。

我们还知道,屈原祠原址在大江北边归州城东五里的"屈原沱",唐代始建,宋元丰三年(公元1080年)更名为"清烈公祠";1976年7月,因葛洲坝水利工程兴建,迁建至归州,更名为"屈原祠"。如今,因三峡大坝建设,新建的屈原祠再迁至凤凰山上,面向东南,与三峡大坝正面相对,很像为三峡大坝修建的一座哨所。屈原那样关心国家和人民,而三峡水库正是造福于人民的,现在,屈大夫的忠魂驻守在这里,老先生应该心甘情愿,爱得其所。

因为矗立起三峡大坝,峡谷中的两处景点——"牛肝马肺"和"兵书宝剑"被淹没,人们也把它们复制到屈原故居来,这样的文化遗存陪伴在屈子身边,老人家想必是十分欣慰的。

屈原故里景区还复制了一些古代民居,当我们走在青砖灰瓦的房檐下,看到屋前茂盛的柑橘树,耳畔不由得回荡起屈老夫子拨动古筝而唱响的《橘颂》旋律:

后皇嘉树,橘徕服兮。
受命不迁,生南国兮。
深固难徙,更壹志兮。
绿叶素荣,纷其可喜兮。
……
独立不迁,岂不可喜兮?
深固难徙,廓其无求兮。

苏世独立,横而不流兮。
闭心自慎,不终失过兮。
……

朋友,欣赏过这首《橘颂》,你总该了解到屈老夫子的情致和神韵,他真是一位气薄霄汉的伟人,有这腔忠魂驻守在三峡大坝,什么样的巡航导弹飞来,能奈大坝何!

(胡祖义,湖北省公安县人,湖北省作协会员。曾任中船重工国营第 404 厂子弟学校校长,枝江一中高级教师(已退休)。出版《中学生作文津梁》等教学专著 2 部,有小说《战马 女人 岁月》《马殇》、散文集《醉眼看世界》等作品问世。)

屈原之死

◎黄艳铃

"老师,屈原一定得死吗?""屈原为什么要投水自尽呢?"

在讲授《屈原列传》的时候,学生在课堂上问我。似乎他们脑海里有许许多多的疑问。就像讲到《老人与海》里,桑地亚哥历经艰辛,却只带回一副大马林鱼的鱼骨时,学生说既然有这么多鲨鱼来袭,桑地亚哥为什么不放弃大马林鱼呢?如果他捕大马林鱼是为了生存,那么打败鲨鱼的时候,他为什么不割下鱼翅呢?

这些发自灵魂的提问,越来越多,嗯,这些"00后"的孩子,也让我重新审视这些教过很多遍的课文,重新深入思考。

也许不一样的视角,会有不一样的收获。

司马迁在《屈原列传》里写屈原在汨罗江畔怀抱石头,自沉而死。屈原那个时候一定得死吗?

屈原必须得死,死才是他会做出的唯一选择,我想。

他的出身,他的生长环境决定了他的思维。

屈原在《离骚》里一开头便自报家门,"帝高阳之苗裔兮,朕皇考曰伯庸",意思是"我是古帝高阳氏的子孙,我已去世的父亲字伯庸",一言以蔽之,"我"出身不凡。这满怀的自豪感,随之而来的便是沉重的使命感和责任感。

出身不凡的屈原,名平,是楚国的贵族,和楚怀王同姓"芈"。因为出身高贵,屈原担任了左徒这一职务。在振兴楚国这条路上,他上下求索。接遇宾客,应对诸侯,草拟宪令,这实际上就是帮楚怀王治理楚国,也是在实现他自己的理想抱负。"彼尧舜之耿介兮,既遵道而得路",你看,屈原内心多么期望楚国能复兴尧舜时候的光明正大、兴旺发达啊。他正道直行,竭忠尽智,他把个人的理想和国家的兴盛融为了一体。他以为,朝中所有的大臣都是怀着和他一样的初心。

只是,他没想到"众女嫉余之蛾眉兮,谣诼谓余以善淫",他没有想到他的正道直行对于某些人来说是触犯了他们的利益。你看靳尚也好,怀王宠姬郑袖也好,他们可以因为张仪的花言巧语,因为金钱而不顾国家的利益。而屈原呢,这个满怀一腔热血、心系国家的人,最终被边缘化、被诋毁。众口铄金,积毁销骨,导致他最后被怀王抛弃。

可是,明明是清白的啊,怎么谣言四起,怎么君王不信任了呢?

"伏清白以死直兮,固前圣之所厚",这是面对小人的谗言,心受委屈,屈原内心所想吧,他想到了前代某些以死明志的圣贤,他模模糊糊地知道了自己的路在哪里。

被放逐的路漫浩浩,他阻止怀王入秦,怀王听信谗言终入秦,死在了秦地。他想力挽狂澜,顷襄王却始终不信任他,归途无望,在历史的横流里,楚国都城郢都被攻破,楚国风雨飘摇。

无法重回朝堂,无法力挽狂澜,国家覆灭之际,他唯有死。

可是屈原不会自刎,不会悬梁,不会绝食,只会投水而死。

行吟泽畔,蓬头垢面的屈原遇见渔父,渔父劝他随波逐流,屈原坚定地拒绝了。"安能以身之察察,受物之汶汶者乎?宁赴湘流,葬于江鱼之腹中。安能以皓皓之白,而蒙世俗之尘埃乎?"在屈原看来,以令尹子兰等一帮阿谀之徒组成的楚国,是浊秽是泥淖,他是不可能与那些人同流合污的。

世俗是污浊的,他也不愿意把自己的尸首苟存于世,让这个污浊的世界去亵渎,成为俗世的茶余饭后的谈资,所以宁可葬身鱼腹。

如此,自焚未尝不可?

屈原不会自焚,"新沐者必弹冠,新浴者必振衣。安能以身之察察,受物之汶汶者乎?"在他潜意识里,沐浴可以让身体洁净。这浩浩汤汤的汨罗之水洁净如斯,可以洗去世俗的污秽。同时,这晶莹剔透的水不也正与屈原的高洁品性一脉相承吗?

所以,屈原之死与其说是殉国,不如说是理想抱负的覆灭,是对国家的抱恨。

孟子说:"生,亦我所欲也,义,亦我所欲也;二者不可得兼,舍生而取义者也。"在屈原心里,国家与理想抱负、信念与底线是比生命更重要的东西。那么,对于我们来说呢?

生命如此珍贵,我们当奋力活着,有希望,永奋进;有信念,有底线,活出自己的风采。

当然,如果国家需要,舍生取义,舍我其谁。

(黄艳铃,女,"80后",湖北大冶人,现居咸宁通山,中学语文教师。喜欢在课堂上和学生探讨些许可爱的问题,喜欢并热爱当前的工作。是一个爱运动、爱生活、爱写作的普通人。)

读懂屈子

◎李刘萱

在政治不昌明的时代,人想要好好生活太难太难了。想要好好生活,为国效力,又不违背初心,不放弃自己的人格和骄傲,这几乎等同于悖论。屈原,便是这一悖论的旷古践行人。他实在太有名了,任何时候我们看到他的雕像都是一副瘦骨清癯的模样,峨冠博带在他头上身上晃悠,似乎并不那么合适;给屈原换一副装束,你会觉得是另一种苦大仇深。他太有名了,以至于人们为了纪念他,专门在微风和煦的农历五月创造了一个盛大的节日:端午节。同时为了尊重和保护他的躯体,制作出了每位中国人都吃过并且无法忘怀的美食:粽子。但是这样一个人物他在愁苦什么呢?千年后的今天我们依然享不尽他的福泽,我们是否更应该关注他的灵魂,那个几千年前独自行吟泽畔的傲骨,举世皆浊,唯他独醒的智慧明灯?

年轻时候的屈原是什么模样?毕竟谁也不是生来就悲叹无路,屈子最希望我们记住的,一定是他最好的样子。他呀,白衣飘飘佳公子,独恋山鬼痴情人。他有洁癖,不愿与小人为伍,所以在他的《楚辞》里有非常重要的香草意象:"朝饮木兰之坠露兮,夕餐秋菊之落英。"多么高洁的一个人啊!

在他的绝命词《怀沙》和《惜往日》当中,我们可以发现,他有一种"臣妾意识"。楚王听信小人谗言,他只怨小人,而不怪楚王。他时时刻刻把自己代入一种"妾"的身份当中。这奠定了中国千年以来文人士大夫自觉的地位归置。在《楚辞》中,屈原使用"香草"的意象将自己和趋炎附势、奉承君王的小人区分。他多么高洁,却自比为美人,嗔怨楚王对自己的不上心。

我一直在想,屈子的《楚辞》可能是太难读了,相比起《诗经》来说,它好像是过于高深了。所以《楚辞》,大家都知道它的存在,却不免将之束之高阁。但是翻开《楚辞》,你会发现这里几乎蕴含了整个楚国的文化体系:占卜,巫祝,祭神,还有屈原。对呀,煌煌楚文明,屈子精神当之无愧可占半壁江山。换言之,《楚辞》如果仅仅收录《九歌》《九章》,那它仅是类似于《诗经》的时代画像,但是它有了《离骚》《天问》《哀郢》《渔父》……它就变成了中国文学史上前无古人,后无来者的一座高峰。它是后来的一切文学的滥觞。

就浅看一下屈原其人吧!在《离骚》中,他"长太息以掩涕兮,哀民生之多艰",这种强烈的忧国忧民之情怀直接影响了后来的杜甫和范仲淹。在《九歌·少司命》中,他"悲莫悲兮生别离,乐莫乐兮新相知",直接影响了《汉乐府》。在《天问》中他一系列不羁而天真的发问,《远游》中瑰丽而神奇的想象里,幻化出李白和李贺的影子。在《招魂》中,不惜笔墨的一系列铺排让我们仿佛看到了一篇精美绝伦的汉大赋。在走向生命尽头之前的屈原，半世坎坷却依然不断乐观自慰的屈原，很容易使人想到苏轼。而"朝饮木兰之坠露兮，夕餐秋菊之落英"的屈原又能使人不由自主地联想起陶渊明。

可是最后，屈子绝望地抱石自沉江底。那个黑暗的时代，没有什么能拯救他，再乐观的人，在看到自己为了挽回败局做出的一系列努力都依然没有丝毫作用的时候，都会心灰意冷吧。屈子是看着自己家族为之努力的人生理想彻底破灭之后，选择与之共同沉没在云梦大泽中，以身祭之，把自己抱成一个句点。

今人的共情能力很差，所以屈原早被幻化成了一个符号。我们总是会忘记人的血肉，而更愿意在某些特定的日子想起，去供奉一个神，然后心安理得地享受他的福泽。当我们选择翻开《楚辞》，放下一切世间繁杂纷扰，才是去了解他的开始。没有人是生来伟大的。想起电影《孔子》里南子的一句话，对于屈子仍然适用："世人也许很容易了解夫子的痛苦，但未必能体会夫子在痛苦中所领悟到的境界。"孔子与屈子，都是那个黑暗时代的失路之人，但他们的著作与理想在两千多年后的今天依然熠熠生辉。

《卜居》和《渔父》中，屈原以第三人称的角度，记载了这样两个小故事，这是楚国最后一颗明星泯灭前的两桩小事，或许能让我们读懂屈原痛苦的境界。第一桩是屈子找卜人问卜，他问："我是应该不顾安危，坚持正直高贵，还是应该随俗从流、苟且偷生？"卜人听了这话，扔了手里的卜策，对他说："用君之心，行君之意。"我们不知道屈子是否真的去问卜，但是这件事情告诉我们，屈子在坚持自我的道路上依然还有挣扎和迷茫。但最后他的选择伟大，并且义无反顾。第二桩便是屈子被流放江泽，见到一位渔父，渔父见他落魄，却又穿得整齐干净，像是一位贵族，问他："你为什么被流放了呢？"因为"举世皆浊我独清，众人皆醉我独醒。"渔父笑了，笑这位大夫是"一肚子不合时宜"，所以才活得这么狼狈。这也使人又想起苏东坡。屈子的灵魂高洁，洗涤了世世代代的文人。无数不愿随波逐流、坚持自我的人都受了屈子的慰藉，但屈子在那个时代，未免太过孤独。

读懂屈子，祭奠屈子，理解屈子在痛苦中所领悟到的境界在我们这个时代显得尤为重要。今天的我们不再关心与我们同在的花草，我们已与那个轴心时代相隔太远，但是我们愿意倾听更加伟大的灵魂，这是属于我们的最宝贵的精神财富。

读懂屈子，屈子将永存不朽。

（李刘萱，三峡大学文学与传媒学院中文系在读大二学生。）

屈原的突围

◎ 沈定坤

一个浑浊的人世间，怎经得住屈原的上下求索呢？当屈原还站在庙堂的高位之上，左手一挥，将圣、贤、忠、善、德、仁，摆在最上一位；右手一推，将邪、恶、丑、凶、煞、魔，贬至万里荒芜之地。再仰头，看向那安坐在王位上的年轻君王，想来这时的屈原，绝对不会吐出一口浊气，道出"举世皆浊我独清，众人皆醉我独醒"这般惊世骇俗之言来吧。

如果安于现状，那是多么完美啊！想必，屈原能完成他作为一个忠君爱国、渴望楚国一统天下的忠贞楚臣的心愿吧。可是世事便是如此无常，正如爱玲先生的三大遗憾，"一恨鲥鱼多刺，二恨海棠无香，三恨《红楼梦》未完"，古人所述的天意弄人，也是不无道理的。在那样一个分久将合的年代里，想来由楚国来一统江山，也未尝不可。如此的话，那么如今的始皇帝，就不是秦皇，而是楚皇了。但历史便是历史，不会随着后人的几笔假设，就将历史的洪流改道。想起历史上黄河的决堤、改道来，还是后背一阵发凉，更不要说来改变历史的河流了！

翻阅了历代文人的评论，屈原作为历史上有名的爱国诗人的形象，可能超过了其作为爱国臣子的形象，虽然说都是屈原，但却是缺了一角的。可能是后世的读者，受到如《水浒传》《红楼梦》《窦娥冤》等宋代以来兴起的市民小说影响，对于臣子的印象，更多止步于奸佞、市侩，总体是奸多于忠，对于臣子的态度，自然也好不了多少。对于屈原，这样一个高洁傲岸的形象，仿佛文人才更加符合他的气质，不能因为臣子的形象，"玷污"了他的名声。但不得不说，屈原一生的政治传奇，他在楚国的朝堂之上，口吐莲花、舌战群儒，在经历两次政治上的突围之后，魂归汨罗的过程中，尽显其忠贞不屈的气节。虽然这在他的文章中早已体现，但面对那深奥而富有浪漫笔调的文字，想来在他的政治突围中，更能让人们接受。

屈原与怀王的关系，可谓是知心之交。在怀王统治的初期，屈原得到了君王的默许，使得他初露头角，试图打击豪强，这也使他在朝堂上树敌不少。君王的偏爱，永远只是一时的，正如年轻的男女难以熬过"七年之痒"。在二人的"蜜月期"过后，君王的一念之间，便是天堂与地狱的区别。而屈原永远是那样高洁、傲岸，视怀王为知己，所以常常畅所欲言。可能是在那时，已经与君王埋下罅隙而不自知，还在向君王描述着未来楚国的蓝图。君臣之间，归于礼法，终究还是隔了崇山峻岭的，关系的破裂，也不是一朝一夕，一旦在小人的挑拨下，这积压的愤怒，就会向屈原倾泻而来。如此，屈原自然逃不过被贬的命运。

屈原迎来第一次包围的时候，正是触碰到了旧贵族顽固派的利益蛋糕，超出了贵族们

爱国先贤 屈原的突围

对于他的忍受限度,从而深深刺痛了他们的内心,看着他,如芒在背、如鲠在喉,恨不得生啖其肉,将其处之而后快。这时政治上的包围圈,还仅仅是来自于楚国内部,这便是以上官大夫、令尹子兰等为代表的旧势力。屈原与这派势力的矛盾冲突,可谓是到了水火不相容的地步。一者是此时的屈原官运亨通,深受怀王信任,官至左徒,让旧贵族们深深忌惮,害怕楚国出来一个铁血的商君;二者屈原主张彰明法度、举贤任能、改革政治、联齐抗秦,这严重妨碍了旧贵族集团对于楚国利益的榨取。

怀王终究辜负了屈原的情谊。公元前314年,屈原因上官大夫之谗而见疏,被罢黜左徒之官,任三闾大夫之职。次年,被贬汉北。只因极力劝阻怀王,不要轻信秦使臣张仪的花言巧语。但可惜的是,偌大的一个楚国朝堂,上至上官大夫、令尹,下至一些言官史臣,都被收买。这时的屈原站出来,阻止秦楚会盟,无异于是与整个朝堂作对,面临波涛汹涌的口诛笔伐,随之而来的,便是漫天的诬告。此时的屈原,一定会深感无力吧,特别是当楚王说出那一句,好了,屈原退下吧。绝望、窒息、压抑,纷至沓来。恍然间,屈原不认识这个朝堂了,也不认识眼前这个微微发福的君王了。

大局已定,屈原心如死灰地接受了这个既定的事实,而无能为力。这时,他已经在流放汉北的路上了。这也便是屈原第一次突围的结局,伤得他体无完肤,伤得他心灰意冷,伤得他留下"固时俗之工巧兮,偭规矩而改错"的愤慨与哀叹,只带走无尽幽怨,黯然离开郢都。

十五年后,他心存绝望又满心侥幸地归来了。然而此次的归来,却让他陷入一种尴尬的境地:朝堂之上,众臣孤立;君臣之间,早已离心。他只能眼睁睁地看着楚国步步走向衰亡,而无能为力。

一如当年,此时的屈原,竭力劝阻武关相会,依旧没能阻止怀王的步伐,换来的唯有三年后,怀王屈辱地客死他乡。和这消息一并迎来的,还有秦军的十万铁骑践踏。

顷襄王接位,子兰任令尹,楚秦邦交一度断绝。但顷襄王在接位的第七年,竟然与敌秦结为婚姻,以求暂时苟且偷生。屈原听闻,双目赤红,两手紧攥,牙关紧咬,大声斥责他们的可耻立场,大声呼喊"楚顷襄王不忘欲反",将积压了十余年的怒火释放,怒斥子兰的奸佞言行误国误民,讽刺道:"其所谓忠者不忠,而所谓贤者不贤也。"于是子兰又指使上官大夫,密谋在顷襄王面前造谣诋毁屈原,以致屈原再次被流放到沅、湘一带。这便是屈原的第二次突围了。

屈原走了,伤心绝望地走了,陪着他那朝思暮想的楚国,一起上路。公元前278年,当秦国大将白起攻破郢都之时,屈原万念俱灰,纵身一跃,投入了汨罗江的怀抱,这便是屈原一生两次的政治突围的最终结果。

至今,我们依旧很难判断屈原的两次突围是否成功。虽然,两次都以贬谪收尾,但在两场政治突围中,屈原自始至终坚持自己的立场,虽九死其犹未悔。即使垂垂老矣的楚国走到终点,他也要用生命来献祭,随着他一世效忠的国一同离去,离开这个布满污浊的世界。

屈原的突围，并不是毫无意义，更不是传统观念上的悲剧，所以不要用黛玉式的伤春、宋玉式的悲秋，来哀悼他。没有那两场流放，三湘大地不会具有如此灿烂的文明，汨罗河也不会具有如此的灵韵，后世的贾谊更不会有《吊屈原赋》这一惊世之作的问世……他的突围，不仅仅关乎他个人，更是植根于华夏这一文脉的源流中。屈原的两次突围，让其忠臣形象更加闪耀！

（沈定坤，湖南湘潭人士。大学汉语言文学专业，涉及面广阔。自少年时代，就喜爱文学著作，尤其受当地文学社团熏陶，阅览名人著作，参加各类学术讲座，聆听他们的创作历程，磨砺自身写作。曾有文赋、诗歌、散文发表。）

向一个人的自沉致敬

◎ 郑　鸿

一个人被自己挚爱的国家几番放逐,被自己所忠心的国君、深潜宫中的政治对手、敌国说客离间算计,或遭同僚小人嫉妒、身边亲信变节,终于被迫辞去官职,空有远大的治世理想、敏锐的政治眼光和一腔孤勇血气,"斯言谁告兮",该如何是好? 又何以为继……

偏安一隅、小隐于野? 万念俱灰、破罐破摔? 沆瀣一气、同流合污? 或是归隐山林,与鸟兽为伴?

他先是向故土的亲人们说了声再见,然后从郢都出发,上道独行。既放,便游于江潭,或行吟泽畔。从夏浦涉长江,经鄂渚,穿洞庭,渡沅水,奔辰阳,走溆浦,抵汨罗,住玉笥,他一路向南、披发行吟,迎着凄风、淋着苦雨,不时回望来时的方向。

离家的日子,几多艰辛。尽管过着颠沛流离的生活,面色憔悴、形容枯槁的他却众醉独醒,始终相信自己的正直与初心,坚定选择"发愤以抒情""抑心而自强"。"苟余心其端直兮,虽僻远之何伤?"他这样说,也这样做,上下而求索,至死也没有放弃对国家的责任和对使命的担当。

江南的孟夏四月,清晨略带几分凉意。一阵江风掠过,瘦骨伶仃、单衣傍身的他不禁打了个哆嗦。

汨罗江畔这片滩涂,有一种贫瘠的美,无论是沙还是草。如孩童能在一无所有的沙滩上找到无穷乐趣,他在这一无所有的滩涂上也寻得一丝短暂的慰藉。三十岁前仅存的那些美好记忆,都凝缩在这似曾相识的江畔。

生长于西陵峡归乡的他,自幼聪颖过人、过目成诵。饱受灵秀山水之熏陶,他重内美,爱整洁,好读书,喜欢民间山歌、渔歌。乐平里的濯缨泉、照面井、读书洞、颂橘坡、玉米田,滋养了他年少时的生活、安稳的光阴,也流传着他勤学上进的故事。

年仅二十岁,他离开乐平里,到楚国郢都担任文学侍臣。凭着过人的才智,不到二十五岁便擢升为"左徒"之职,位在大夫之列。平日里,他喜欢身着一袭别致的服色,佩着一柄长剑,戴着一顶高高的冠帽,制法度、参国事、宣号令、待宾客……那时的他,少年得志、意气风发、博闻强识、竭力勤勉,"登昆仑兮四望,心飞扬兮浩荡",楚王对他有知遇之恩,他对楚王抱着无比的忠忱,幻想着远大憧憬的未来与前途。

臣事明君,将遇良才,这是中国历代仕子所追求的昌明环境。奈何能力突出招嫉,个性鲜明招恨,这份"专惟君而无他兮"的信任太短暂、太脆弱、太匆匆……

立夏以来的第一场蒙蒙烟雨,浸润了江南大地。成千上万的细丝纷纷挣脱乌云的束缚,离开了天空的怀抱,密密地随风斜织在天幕上,淅淅沥沥,荡漾在半空中,然后争先恐后地落到地面上,跳下,绽开,盛放一朵朵雨花,随后零落一地细碎的光华。

一生,就做这样的一朵小小雨花,谁说这样不配伟大呢?

若是一场"唤之即来、挥之即去"的疾风骤雨倒好了,耐不住这缠绵细腻不断撩拨他滥觞的悲思。疾风知劲草,板荡识诚臣。可疾风,真知劲草?臣之诚,谁又识?

他索性停下走进江心的缓缓步履,闭上双眼,静静聆听夏雨的洗礼,也是最后一次品味夏雨的情调。

雨水落在江面上,窸窸窣窣,如同风过长林。此刻,他心田平静、思绪平和,感觉到这世上的一切烦恼惆怅、嘈杂喧嚣、尔虞我诈都消失不见,只留下一份从容庄重,心灵顿时清澈了。

国都当朝千疮百孔时弊丛生,政权昏暗腐朽摇摇欲坠,政治生态毫无清明正气可言……纵使他有生不逢时之感,但他仍反复告诫自己:"宁溘死以流亡兮","不能变心而从俗"。只是,他的真知灼见被君王视如草芥,弃如敝屣,就像岸边这几根孤零零的野草,微风拂过,远远望去,极似几根绿色的招魂幡在风中飘摇。那些含辛茹苦、随风摇曳、踏之不忍的野草,似乎给了他最生动的精神注脚,也预知了最悲剧的人生归宿。

其实,他爱好身旁诸多香草,兰花、蕙花、申椒、辟芷、木兰、杜若等芳香植物,皆是他的心头最爱。"朝饮木兰之坠露兮,夕餐秋菊之落英",这些葳蕤芬芳、烁金泛银的精美文字,像镜子一样照映着他那纯净的灵魂与高洁的思想境界,也寄托着他对美好事物的追求和对高贵节操的坚守。

他衷情喜爱它们圣洁的品德,他发自肺腑地歌唱、赞美祖国的草木,并且在他的诗里,从不吝啬将溢美之词,用来褒奖颂赞这些南国原泽的特产。

他曾住过郊外的原野,许多湖沼洲渚,曾是少年诗人最爱漫游独处的隐秘角落。

此刻,他多渴望回到那早已回不去的过去……

一语成谶,秦又来犯。

在一个仲春二月的甲日清晨,他被迫再次启程,忧伤地离别国都,去向更远的南方。他坐着船儿恋恋不舍地回望都城,想到入秦不返的怀王,再不能够相见了;望见那些高高的楸树,想到从此以后便离别了故乡,眼泪禁不住像雨点似的掉了下来。

"长太息以掩涕兮,哀民生之多艰。"离郢这些年,他的生活正如这片滩涂上的植被一般稀薄,但他依旧"眷顾楚国,系心怀王",为故主的罹难而悲愤,为不思进取、无所作为的新主而悲哀,更为新主听任满朝奸佞庸臣祸国殃民而愤怒,但最终只能接受"蹇侘傺而含戚"的无奈结局。

现实残酷。

受制于法令,被流放的他既不能回到江北,更不能返郢。

如果说被放逐"在路上"的生活,是孤军在与敌人的鏖战中爬雪山、过草地,那么他的流亡更像是一只单峰驼悄无声息地穿越漫无边际的撒哈拉。在这场单程的路途中,没有敌人的围追堵截,没有雪山草地的严酷考验,没有旅途尽头期待的久违重逢,也没有友邦高朋一众的美美与共,只有倾听自己呼吸的耐心,和把一只脚放下去之后再把另一只脚抬起来的孤寂。

那日,天空很静、风很清澈,他选择了异乡的江。

江,本身就意味着新生,是轮回的象征,是智者的去处,也曾是他少年立志和理想出发的原点。

一个人在抱石自沉前,心真的会安宁吗?

"宁赴湘流,葬于江鱼之腹中。安能以皓皓之白,而蒙世俗之尘埃乎?"他看到了楚国的末日,不愿接受强秦即将一统天下之势,在奋起与隐遁之间,做出了痛苦的选择,以身自洁、以死明志。

昂首挺胸,纤尘不染,纵身一跃。

逝水,终于漫过他的"切云"高冠……

这一跃,无疑是他最大的诚恳,以一己之净,换天下之洁。否则,他在逆境中的自处,就只能是一只永远空转的陀螺,变得毫无生气与意义。但他不知道的是,远在故乡秭归的小妹,日夜期盼哥哥魂归故里,天长日久竟然化作了一只啼血的小鸟,从此在峡江之上昼夜徘徊,泣血声声唤着"我哥回,我哥回……"

"鸟飞反故乡兮,狐死必首丘。信非吾罪而弃逐兮,何日夜而忘之!"观屈子所自沉渊,世人未尝不垂泪,他用生命将自己定格在中国的历史长河中,矗立起一尊令后人仰望千年万年的丰碑。由此,后人涌生敬意,在每年那个纪念他的专属节日,集体以民俗的形式向一个人的自沉遥祭,向他骨子里的那份"纯真"与"无我"致敬。

最早醒来的人,总是最先离去。

2023年,是他殉国整2300年,我们应该告慰他的,是他在后世得到了永生。

请让我们接受他的提前离场,原谅他所选择的和别人对他所施加的,像千千万万炎黄子孙一样,手赠粽叶幽香,高挂艾蒿菖蒲,痛饮驱邪雄黄,向着两千多年前那尊自沉者的伟岸身影深鞠一躬,然后,各有乾坤地去完成各自的此生使命。

心若兰兮终不改,誓以清白许人间。

他生前所爱的兰花,藏着他的初心、誓言和未了的心愿,将陪伴我们,岁岁又年年。

屈原的爱国心

◎ 许一跃

特殊时代特殊家庭造就了屈原一颗火热的爱国心,这颗爱国心为他存蓄了一生高远的政治抱负。司马迁的《史记》是这样赞扬他的:"博闻强志,明于治乱,娴于辞令。入则与王图议国事,以出号令;出则接遇宾客,应对诸侯。"楚怀王让他担任了朝中左徒、三闾大夫。

屈原为实现楚国的统一大业,付出了毕生的心血。他对内积极辅佐怀王变法图强,对外坚决主张"联齐抗秦"。不久,楚国便展现出一幅国富兵强、威震诸侯的美好宏图。然而,就在屈原大刀阔斧地推进国家内外强化的时候,楚国腐朽贵族集团与屈原发生了尖锐的矛盾,由于上官大夫等人的嫉妒,屈原遭到奸臣小人的诬陷,从而被楚怀王疏远。

尽管恶人行凶,小人当道;尽管国君善恶不明,邪正不分;尽管被谗言迫害离开了朝廷,落得悲惨结局;尽管最后被逼投江……屈原始终都没有忘记实施自己的政治理念,燃烧着自己的爱国之心。

屈原终其一生,都在为楚国的兴盛而奔走呼号,即便到了寸步难行之时,还要将自己的爱国心铸进《离骚》,以显示自己的爱国衷肠。

屈原的爱国心表现在:明君贤臣,共兴楚国;选贤任能,罢黜奸佞;民生第一,为民造福;修明法度,实现"美政"。

屈原始终坚信明君贤臣是治理好国家的先决条件。他献其一生于朝廷,一心帮助楚怀王安定江山,扩建土地。他"昔三后之纯粹兮,固众芳之所在";他渴盼楚国出现圣贤的臣子,能像他那样弃"余身之惮殃"于不顾,勤勉地奔走于国君前后,帮助国君跟随前代贤明君王,使楚国强大起来,而免遭败亡。他以奴隶傅说、屠夫吕望、商贩宁戚的历史事迹,劝诫朝廷不拘身份高低贵贱选拔人才,他盼望能够有能力更强大的人来为这个国家做出贡献。

屈原始终坚定执行选贤任能、罢黜奸佞的措施。他憎恶"竞进以贪婪兮,凭不厌乎求索"之流;他以史为鉴,通过桀纣放纵不检走上邪路,以致弄得寸步难行的史事,希望怀王能以史为鉴,为政以德,从而"乘骐骥以驰骋兮,来吾道夫先路"。

屈原始终坚持人民第一,为民造福。屈原无论在朝还是被逐朝外,都无时无刻不关心和惦念着祖国的人民,他"怨灵修之浩荡兮,终不察夫民心",想到"民生之多艰",他就"长太息以掩涕"。屈原对人民的爱,是他爱国心的主体。

屈原始终牢记"苗裔"使命,修明法度,实施"美政",从而振兴楚国。他多次规劝怀王

"抚壮弃秽",制定美政,要怀王"为政以德";他试图通过夏禹王、商汤王、周文王三位贤明君王"杂申椒与菌桂"的做法和尧舜的光明正大,在遵循古代治国正确轨道的基础上,开辟治国平天下的康庄大路。

屈原虽然无法实施自己的美政,展现自己的爱国心,但他把自己的爱国心寄托于《离骚》。《离骚》表达了他内心的忧苦;《离骚》愤怒地揭露了毁国小人的罪行。

屈原的爱国心感动一代又一代的后人。"屈原你虽作《离骚》,但你的愁字有谁能理解?屈原你的心中如果有怒火就燃烧吧,烧掉这个世界,烧掉这个战国,烧掉这些东皇太一,土偶木梗,大司命,少司命,燃烧吧,燃烧吧。烧掉这人间的一切邪恶。"屈原热爱自己的国家,希望能把危害国家的小人统统烧毁。

于是,以后的每年端午,富有爱国心的炎黄子孙都要祭祀他。

(许一跃,男,福建省作协会员,福建霞浦人,中学高级教师。有散文和小小说刊登于福建省内外报刊或参加全国比赛得奖。)

此路唯一

◎ 王　洁

汨罗江畔，轻风拂过芊芊杨柳，带来一声穿梭千年的叹息……不禁想起那魂牵梦绕的身影，不自觉吟出诵过千百遍的名字。

犹记当年青云壮志，意气风发的少年。一首《橘颂》一鸣惊人，一代天骄横空出世。屈子就在虎啸龙吟、万人瞩目之中走上了冥冥注定的那条路。

他一心求大楚朝廷如他的诗般星星点点散发馨香。他一心盼大楚子民安居乐业幸福安康。楚宫深院，淅淅沥沥下着小雨，青石板路沧桑斑驳，宫墙冰冷庄严，在这幽长幽长的路上。屈子手持帝王密旨，踏过一路泥洼，稳步徐行。"好一个屈原，才华横溢得君宠。""是啊，小小年纪不简单。"

奈何高处不胜寒，小人之妒，暗箭纷纷。一则诏书而下，屈子被君王厌弃流放边境，青石板路沧桑斑驳，宫墙冰冷庄严，淅淅沥沥又下着小雨。在这戚戚冷冷的路上，一抹沉重挺拔的身影出现，走过路上水洼，官服印上斑斑泥迹。"好一个屈原，忘恩负义废祖制。""就是，出身贵族却废贵族特权。"清风徐来，拂起屈子衣袂，夹杂着旁人的议论。屈子，稍顿，无豫，又继续前行。

官场沉浮复沉浮，一次次流放，又一次次召回。朝廷内斗，诡计阴谋，刀光剑影，乱世烽烟，屈子早已深陷这泽泥潭之中。

柔美的歌声缭绕不散，排箫清脆爽朗；柔滑的丝绸于大殿盘旋，炫花了大臣的眼，迷离了君王的雄心。倾国佳人回眸百媚，肱股大臣喜笑颜开，端樽互敬，弯着脖子笑红了脸。唯屈子一个正襟危坐，凝视着微醺的君王。是啊！众人于贪泉浮沉，唯君一人觉爽。众人皆醉君独醒，举世浑浊君独清。于甜润歌声的尽头你听见秦兵呐喊，在红艳的罗裙上你望见秦兵刀刃下楚民的鲜血，从丝滑的绸缎中你感到利刃的冷锋，你从郢城的歌舞升平中望见北秦的大漠烽烟。繁华祥和之外却早已危机四伏，而危险只有少数人嗅出。

秦军黑甲势如破竹步步逼近，怀王无能，大楚沃土寸寸割让……楚宫牡丹花又开，见证这一场血色杀戮，淋淋鲜血可曾灼伤冰刀利甲。

最后，一切尘埃落定……夕阳西下，余晖将一抹身影拉得很长很长。

耳畔……秦马嘶鸣，眼前……灯火阑珊，路上，秦军战车怎怜芳草，空留一片残乱。透过晶莹的泪珠，你看到大楚的大好江山于秦兵践踏下面目全非。你看到万千楚民于战火之中颠沛流离，人亡家破。这是你一心守护的大楚啊！这是养育你的故土啊！众人皆醉独醒，举世混浊唯清，可又有什么用呢？虽醒不能守故土，虽清不能护子民。这万人之家，泱泱大楚,你无力可保。男儿志,千古愁。于乱世,你无力允楚安宁啊!楚王一路逃离终无路可逃,君一路前行终无路可走。一滴清泪缓缓流下,你如断线纸鸢,一头栽进江河之中。层层涟漪泛起,最终,又回归平静,了无痕迹。

屈子啊屈子,你为何如此倔强?你一心为楚奔波流离,你已不愧于怀王,不负黎民。纵使楚国覆灭,纵使不降他国,你依然可以选择隐退,天大地大,怎无你的容身之所?可屈子啊,纵使天高地广,又有哪儿可以收容这样一颗残破不堪的心灵?而这样一个满腔忠义,满腔不甘,满腔执着,满腔愤慨的灵魂又可以栖息于何处呢?君若妥协,又岂是君。或许,泱泱河水才是你最好的归宿。

汨罗江畔,一路繁花似锦。人去,鸟去,空留一片静寂。

(王洁,三峡大学医学院大三学生。喜好文学,喜欢业余时间写些随笔、日记、散文等。笔名江离瘟,因为喜欢辛弃疾,故笔名随稼轩,自命为江离瘟。)

不屈的灵魂

◎ 郑 杨

"新沐者必弹冠,新浴者必振衣。"

拨开重重迷雾,我看见一位身形颀长、清瘦却精神矍铄的老人在滔滔江水边掷地有声道。

我走上前去:"先生仙风道骨,敢问先生姓名?"

"名余曰正则兮,字余曰灵均。"

竟是屈原!

想起这位先生的生平,我既生无上的敬佩,又感无限的悲凉。

出身贵族,天纵奇才,品性高洁,上天似乎要将世间所有的美好都赋予他,却唯独没有赋予他一个好的时代。他目睹百姓的愁苦,经历楚国的衰败,一心力挽狂澜,却被同僚嫉妒,被小人谗害,被君王疏远,颠沛流离。在郢都失守后,带着失望与决绝,于汨罗抱石自沉。

"先生,传说曾有位高人指点您,'沧浪之水清兮,可以濯吾缨;沧浪之水浊兮,可以濯吾足。'您为何不听?过刚易折啊。"

"后皇嘉树,橘徕服兮。受命不迁,生南国兮。深固难徙,更壹志兮。

年轻人,生命是什么?我们来自哪里又要去往何方?人又能活多久?生命伟大、美妙,我用一生来求索,是为了楚国的富强,是为了楚国百姓能安居乐业,不再受战乱之苦,而绝不是苟且偷生!

我何尝不知道过刚易折,但即便是折了又如何?

我生于三寅汇聚之时,为帝高阳之后裔,我生来就是肩负着重任与使命的。若这个时代需要发声,那一定是我屈原的声音;若这个时代需要人站出来,那一定是我屈原!"

他高昂着头,眼神坚定,没有丝毫犹豫。

"先生,您看这滔滔江水东去,犹如历史的长河,它埋葬了时间,埋葬了英雄,也埋葬了数不清的国家。您天纵奇才,为了不信任您的楚王,为了抛弃您的楚国,值得吗?"

"值得。为何不值得?我生于斯,长于斯,这里是我的家国啊!"

"可我为先生不平!楚王为何不信您,偏要信那小人的谗言?"

屈原长叹一声:"是啊,我也想问一句,为何?背弃齐国,与虎谋皮,竟又相信武关会盟之说。秦国虎狼,志在天下,又岂会与楚国共治天下。我楚国的王,竟死在了他乡。

若重来一次,我会更用心地去劝诫,让他不要去武关,让他不要相信秦国,哪怕是用我

爱国先贤　不屈的灵魂

的命。"

他的眼中有悔恨与不甘,他与楚王也曾有过一段君臣和谐治理楚国的时间,屈原力主改革,楚怀王全力支持。怀王之死,也让他万分伤心吧。因此,他才作了那首《招魂》:"湛湛江水兮上有枫,目极千里兮伤春心。魂兮归来哀江南!"读之伤心。但是,毕竟也是怀王罢黜了他,让他颠沛流离!

"为了他,值得吗?您的生命难道就不珍贵吗?"

"为了楚国,值得。年轻人,有的时候,活着的理由,比活着更重要。我是楚国大夫,这是我的职责。我是楚国人,这是我的使命。一己之身,有何可惜。"

"可是,如今连强大的秦国都不复存在了,您为了楚国做这些,还值得吗?"

"值得。即便楚国淹没在历史的长河里,我屈原也不愧天地,不愧家国。有些东西不会消失,它在史册里,在人心里。"

"在史册里,在人心里……"我喃喃。

是啊,先生自投汨罗,早已不存。但他对国家的忠诚,他的风骨,他的精神,却像是融入了中华民族的骨血,他从未离开。

遑跡古今,万古江河。滔滔历史长河从未停息,它看似无情,留下了无数遗憾,却也有情,让一个民族明白应该坚守什么。

是对国家的无限热爱,是对品性的无上追求。

在那个战火纷飞的年代,屈原就像是万古长夜中的一颗明星,他用生命呐喊,震荡了无数人的灵魂。每当这个民族经历磨难时,无数仁人志士都会抬头仰望那颗星星,那是希望与方向。

迷雾聚来,眼前屈原的身形渐渐模糊,他高歌的声音却萦绕于耳:"后皇嘉树,橘徕服兮。受命不迁,生南国兮。深固难徙,更壹志兮。"

也许,这不过是一场春梦。

人生,又何尝不是一场春梦。

大梦初觉,更壹志兮。

(郑杨,女,"90后",现供职于湖北省宜昌市财政局。)

永远的屈原

◎胡庆军

穿越两千多年的时光岁月,我依稀可见那个清瘦的身影,把记忆的愁绪、满腔的热血和理想诉诸笔端的先哲。沿着历史,你始终是那个佩带着一把熠熠的宝剑,吟唱那忧国忧民的诗歌的诗人。

你从水的天堂而来,在中国的历史长河里签上了自己的名字,然后乘着龙舟而来,襦衫已不再如往昔生辉,那尘封的佩剑,依旧在楚江岸边鸣不平。

你是那个头戴草环、身披花卉、几缕长髯、青须飘飘的儒气雅士;你是那个疾恶如仇、视忠如命、敢于直谏的三闾大夫。你上下求索,留下了千古绝唱——《离骚》。你如同天地间一棵孤傲的橘树,根深蒂固,热爱自己生长的一片土地。你心胸开阔,对祖国忠贞不屈。你是数千年来中华民族爱国主义传统的文化原型与精神典范。

无论从哪个角度看,溯寻中国文化的源头,都不能不端视你的身影。为了自己的国家,为了人民,你苦谏、你呼号、你抗争。风雨为你伴舞,雷电邀你同行,你慨然地面对沉重的命运,你用漂流的岁月演绎一种不屈的精神。苍茫的暮色里,你会仰天长啸;穿行于荒草蓬蓬的湖畔,你会低头苦吟。在你走过的道路上每一步都留下了坚毅和永恒,在你唱出的歌声中每一句都掺和着哀鸣和希望。

屈原身上集中体现的是个人魅力,也是民族文化和价值取向的不懈追求,因而灵魂不朽,永远闪烁着耀眼光辉。远古的风掀动你万丈波澜的笔,心头的万家忧乐在花开花谢之间,静听夜雨的叹息。风萧萧兮,耳边不时地传来民间疾苦;你摇首叹息,是为国、为民也是为自己。历尽沧桑而伤感了,汨罗江水漫过你的躯干。

你唱响的是不屈、是爱国、是抗争,残月当空,我又一次看见你,依然是那身破旧的长衫,只留下了一声声令人断肠的哀叹,你无望而不绝望,寻找自己的归宿,江水滔滔,你是一种永恒。

公元前278年,秦国攻破了楚国国都郢都。当年五月五日,屈原在绝望和悲愤之下怀抱大石投汨罗江而死,从此屈原一直被世人缅怀纪念。虽然悠悠岁月历经两千多年的变幻沉浮,端午节成为始终保持着浓烈特质的传统节日。跳江而亡,彰显着屈子一种愿舍身不惜命为信念的品质风貌和高尚的价值取向,是正直刚毅的化身,也是不屈不挠意志的体现。

你的尊严与忠心,千百年来感动着上苍,感动着国人。虽被流放,依然执着,那被石头所压的身躯啊,是一种精神,一种永垂不朽的精神!

爱国先贤 永远的屈原

你是浪漫的,那一篇篇不朽的文章,开浪漫主义的先河。你追求美丽,把自己美美地打扮,把自己化为香草美人。即使屡遭放逐的境况下,你仍然能用不一样的情趣,让浪漫的骨骼溢于纸上。

你是痛苦的,你心系楚国君民,如果说浪漫是你的文风,那么痛苦便是你人生的伴侣。你把痛苦的情愫用浪漫倾泻,更要忍受几倍痛苦。你是"先天下之忧而忧,后天下之乐而乐"的先祖。

你是傲岸的,"举世皆浊我独清,众人皆醉我独醒。"你不随波逐流,你在有生之年,竭尽全力,死而后已。这是一种可以投江而不可容忍党人的傲骨。

如今,想起汨罗江,就想起那位悲壮的诗人。想象三闾大夫的纵身一跳,惊撩起难以平息的心情,让所有的水里都寄寓了感伤。

汨罗江能读懂《楚辞》吧,让醉和浊、醒和清交错,还是一样的心情吧。那些理想和抱负演绎了千年,汨罗江的水也流了千年,汨罗江两岸的村舍在历史的河流中也沐浴了千年。

当年,当秦兵攻破楚都,你的寄托已不能代替那份透彻心扉的绝望。你用无奈的眼光望着破碎的山河,你用蔑视的眼神望着只有罪恶和黑暗的朝阁。你用哀怨的《离骚》,祭神的《九歌》,韬略的《九章》,多情的《山鬼》,在大地写满真理和正义。

那是怎样的心痛和悲壮!也许你知道,路漫漫兮、苦求索兮,咆哮的江水和奔涌的热血一同汇入你的血管。从此,你的血脉奔涌不息,汨罗江水更加清澈而有灵性。

如今,那片土地上依旧民风淳朴,为四季带来灵气,那些残留在记忆中的片段,能穿透深邃的江水。汨罗江畔,述说着飘忽凄怆瑰丽的神奇故事,将平静的江水荡起汹涌波涛,先人走了,留给后人一路的芳草。

传说会比历史更远,在某个日子,龙舟把上游寻成蓝墨。如今,记忆在日子之外,芳香飘过山野了,清新泥土的气息卷过田园,汨罗江两岸,日新月异的改变如阵阵春风与夏雨,让城乡处处充满隽秀,景色早已经淹没了所有的往事,这条让《离骚》之水洗涤过的河床上正流淌着千古缤纷的神韵,连同岁月,让生活和愿望一同飞翔。

日子在飞动的乐章中传承,汨罗江畔村庄伴着时代的文明。在思绪的边缘,隐约的旧事,粘贴、复制在记忆的空间,汨罗江在时光跳跃中舞动衣袖,伸展她温暖而温柔的臂弯。让目光,在汨罗江的景物间游走,风是从两千年前吹来的,侧起耳朵,仿佛有人高声吟诵。隔着两千年茫茫岁月,细细品味静静流淌的汨罗江,然后让自己站成风里一处风情。

穿过漫漫长空,你的身影和精神永远定格在人民心中,如同一幅大写意的画。如今,每到端午,很多人会把泪和传承挂在思绪的边缘,用一片安宁包围日子,回望颠簸的岁月,足迹被压得咯吱咯吱地响,满地落叶,让民俗在画卷里泛黄。

一个人与一个节日、一种民俗关系如此之紧密,中国历史上唯你一人。一声鸟鸣,也能打破山野的寂静;一盏灯火,也能照亮憧憬的芬芳。顺着时光的走向,淋湿的思绪安逸如初。你看,屈子正站在汨罗江边的山坡上,夕阳的斜光照射在江面上,清流河水涌动,恍惚他的脸庞在波纹中浮现,他的泪水正要与汨罗江水连成一片,成为千年不朽的永恒诗章!

　　浸洇了两千年的记忆,如今让艾草和粽子,装点起多彩的色调。让历史和传说,在时空里弥漫着浓郁清香。一些旧事远了,一些旧事近了,我们让一种思念成为高高挂起的习俗,然后让爱温暖日子,然后让思想明亮故土。

　　也许不仅仅因为某个节日,也许归去的灵魂可以为文字疗伤。那一份思念,让心很痛吧。那雄浑的《楚辞》,你也知道吧。在庙堂与江湖之间,在记忆和故事之间,一位伟大的诗人,正挥洒一部浪漫一份悲壮。

　　拂去历史的云烟,掸落鏖战的尘埃,一尊伟岸的独行者身影从遥远的两千多年前渐行渐近,你是中华民族的一根铁骨。在《天问》的余韵里空嗟着《哀郢》,那单薄的身躯,历史的深处,你一跃,便让云也哭泣水也悲凉。

　　水柱擎天,英气断流,屈原用生命在中国的历史长河上,矗立起一尊令后人仰望千年万年的丰碑。

　　(胡庆军,笔名北友。1969年12月出生。河北黄骅人。中国散文学会会员、中国诗歌学会会员、天津市作家协会会员。主任记者职称。曾出任多家刊物、网站编委、副总编、总编。)

端午追思

◎ 袁传宝

"虎符缠臂,佳节又端午。门前艾蒲青翠,天淡纸鸢舞。粽叶香飘十里,对酒携樽俎。龙舟争渡,助威呐喊,凭吊祭江诵君赋。

感叹怀王昏聩,悲戚秦吞楚。异客垂涕淫淫,鬓白知几许?朝夕新亭对泣,泪竭陵阳处。汨罗江渚,湘累已逝,惟有万千断肠句。"

读罢北宋著名词人苏轼的《六幺令·天中节》一词,心底深处无限感慨。冥思遐想中,伟大的爱国诗人屈原披着一身青衣,在两岸长满青绿的芳草,点缀几许野花的汨罗江中依稀走来。饱经风霜的脸上蕴蓄着几许喜悦,几许无奈,他轻声吟诵着《离骚》,向路人诉说着。

两千多年来,尽管屈原已逝,然而他的高尚品格、不屈精神并没有烟消云散。随着岁月的流逝,中华民族人文思想的复起,屈子的名字与他的不朽诗篇,连同爱国主义豪情、浪漫主义情怀,在源远流长的中华历史长河中越发地灿烂,璀璨夺目熠熠闪光。

屈子的灵魂没有消失,他的思想,如浩瀚天空澄澈明净,如广袤大地厚德载物,如苍茫海洋孕育生机。千百年来,每逢端午时节,屈原就会从宇宙的另一方起步,在清香的粽叶中踏浪而来,回访故园,足迹踏遍中华大地每一个角落。

屈原的足迹走过公元前278年。楚国。汨罗江。

这年,秦国大将白起带兵南下,攻破楚国国都,屈原的政治理想破灭,虽有心报国,却无力回天,同年五月五日悲愤交集,投汨罗江自杀,以死明志。

屈子,你的灵魂离开身体的那时,你高高地居于天空,俯瞰大地。你可见,当地百姓闻讯马上划船捞救,一直行至洞庭湖,始终不见你的尸体?你可见,五月五日恰逢雨天,湖面上的小舟汇集于岸边的亭子旁,当人们得知是为了打捞你——楚国的贤臣屈大夫时,再次冒雨出动,争相划进茫茫的洞庭湖?

屈子,你可知,从那时起,为了寄托哀思,人们荡舟江河逐渐发展成为龙舟竞赛?你可知,百姓们怕江河里的鱼吃掉你的身体,纷纷回家拿来米团投入江中,以免鱼虾糟蹋,后来演绎为吃粽子的习俗?

屈子,你的宁为玉碎不为瓦全的纵身一跳,给后人无尽的哀思。从此,你的名字,你的精神,与端午节息息相关,人们吃粽子、赛龙舟,在泪水与哀愁中无声地把你纪念。

屈原的足迹走过公元143年。东汉。浙江上虞。

几百年来,屈子,百姓将你的名字铭刻在历史的纪念碑上,铭刻在人们的心灵深处。

你俯视苍茫大地，笑看芸芸众生，当人们纪念东汉孝女曹娥救父投江而死，将曹娥五月五日投江之日定为端午节的来历时，你并不生气，如同你生前已知的端午节为纪念伍子胥之日一样。

在山野村寨，在市井坊间，在庙宇殿堂，你胸襟坦然地与你的前人伍子胥、后人曹娥并肩于享殿之上，从不把自己抬得多高，能与古今名贤孝女比肩而立，在氤氲的祭香中，屈子，你深为中华美德的传承而自豪。

屈原的足迹走过唐宋。

此时的端午节，已是千百年来汉族人民的传统节日，每年五月五日，吃粽子、赛龙舟、挂菖蒲艾叶、薰苍术白芷、喝雄黄酒，已成为民间必不可少的活动。

屈原，为了纪念你，人们画额、佩饰艾虎、系长命缕。挂艾草、菖蒲、榕枝。庙里，人们点香烛，烧纸钱。江上，龙舟竞渡，百舸争流。

广阔的中华大地，各地的端午风俗尽管不尽相同，但是，你——屈原，是纪念的主题。

屈子，你可听见，唐代文秀低吟《端午》诗："节分端午自谁言，万古传闻为屈原。堪笑楚江空渺渺，不能洗得直臣冤。"你该看到，宋代梅尧臣感怀而作《五月五日》："屈氏已沉死，楚人哀不容。何尝奈谗谤，徒欲却蛟龙。未泯生前恨，而追没后踪。沅湘碧潭水，应自照千峰。"

时光荏苒，光阴似箭。

屈原的足迹走过一九六一年秋。中国。

屈子，你可知，解放后，在莫斯科，世界和平理事会将你列为"世界四大文化名人"之一，号召全世界人民纪念你；你应见，毛泽东充满豪情地作《七绝·屈原》一诗："屈子当年赋楚骚，手中握有杀人刀。艾萧太盛椒兰少，一跃冲向万里涛。"高度将你赞赏；你更知，祖国曾把端午节定名为"诗人节"，以纪念你。

然而，2005年的端午，中华民族却一反常态地愤怒、郁闷、无奈而又悲哀。你的名字、你的端午、你的精神，被一衣带水的邻国据为己有。这一年11月25日，韩国申报的"江陵端午祭"，被联合国教科文组织正式确定为"人类口头和非物质遗产代表作"。

你意想不到，你莫名惊诧，你怒发冲冠，你慷慨悲歌。

你已成为异国他乡传统文化的符号，连同所谓的"江陵端午祭"。勤劳善良的中国人民啊，是否已将你遗忘，遗忘。

山重水复疑无路，柳暗花明又一村。

2009年9月30日，经过漫长而又艰难的申报历程，"中国端午节"与南京云锦、安徽宣纸等22项新添项目列入世界非物质文化遗产名录。端午节业已正式成为国家法定节假日之一。

感谢为这一目标而不懈努力的政府、民间组织、爱国民众。

端午节，这个民间节日已成为中华灿烂文化的标志之一；成为中华民族精神的象征；成为一种无形文化遗产，供人类享受；成为外界认识中华历史的一个窗口。

屈原，你在天有知，一定会笑意粲然。

屈子，请你放心，中华历史、优秀传统文化在祖国高度文明的今天，一定会发扬光大，一定会璀璨辉煌。

端午时节，读着《离骚》，书卷中，屈原走过。

（袁传宝，男，1972年生，汉族，大学本科，中学语文高级教师，江苏省作家协会会员、江苏省散文学会会员、江苏省诗词协会会员、南京市作协会员、南京市浦口区作协副主席。多篇散文、诗歌发表于中国作家网、《青春》、《太湖》、《上海文学》、《躬耕》、《回族文学》等网站、报刊。）

用酒泡诗歌钓屈子魂灵

◎ 尹　展

　　长江三峡,我以一坛老酒浸泡的诗歌作诱饵,用糯米和芦叶做成的粽子,还有橘子和诗句,随着流年乌篷船上的渔火漂泊,顺着长江的涟漪婆娑,平平仄仄,一枚一枚,一颗一颗地散开,馥郁盈芳,一直飘到公元前278年农历五月初五的汨罗江,去钓那个学富五车、才高八斗、怀才不遇屈子一颗涅槃的魂灵。

　　这一天,纤风徐徐,一声小鸟啁啾,衔一朵浪花的文字,噙一颗星子的符号,叼一束月光的诗情,掠过我的头顶。远方,一个吟诵《离骚》的磁性声音把一个真实的幻影喊到了江面上。我拨开雾霭的朦胧:看见身躯颀长的屈原捻动髯须,仙风道骨,衣袂飘飘,在风中猎猎作响。他手提故乡一盏原生态词语的桔灯,驾一叶涉江的小舟,拨亮篝火词性,寻嗅酒香的诗歌鼻祖,步履轻盈,乘风破浪而来。

　　屈原,你就是一滴酒,是一滴与众不同、不随波逐流的水酿成的,但这滴晶莹之酒却隐藏着大山,隐藏着江河,隐藏着沧海,隐藏着宇宙和日月星辰。你用智者深邃的目光审视历史,你以酒的甘醇酿造历史的厚重!

　　觥筹交错,酒过三巡,你扶着微醉的星子,不料摔了一跤,天宫三千含玉的修辞纷纷跌落江中。浪,荡成一棵巨大的玉树,盛开你前世的圣洁和高贵。孤寂和愁绪坠落在身后的波澜,你的血液、诗心和执念追溯向上,《楚辞》的浪花拍打长江岸边的鼻峰,散落成兰幽蕙芷的花瓣。前一瓣是忠贤,后一瓣是忧心;左一瓣在社稷,右一瓣在民间。

　　楚国昏君挥霍你的忠贞、睿智和抱负,暴殄天物。底层的愚蠢、无知和麻木,与君王的话音和意志保持高度一致,冥顽不灵,盲目得一塌糊涂。再高度的酒,只能醉倒昏君和市侩,不可能醉倒你这个诗神。你喝得越多,越让你比宫殿檐椽之上飞翘的龙头清醒百倍。醉,你也是一个清醒的醉人!你胸怀骀荡春风,锦绣河山。酒幡摇曳,我与你跨时空饮酒;摆开棋局,你我用弈语在天地间对弈,"蓖蔽象棋,有六簙些"。双方刀光剑影,杀得天昏地暗。壮士断腕,英雄自戕。博弈中你我明察秋毫,心照不宣。一个风雨飘摇的宫殿隐藏佳丽,宠爱商女成亡国的绝唱。早已是危如累卵的线装空中楼阁,即将分崩离析……无数的逗号最后在这儿缩成一个断篇的句号!

　　旷世冤魂,江中潦草着辽阔的状纸,舫中倒映出转动的旋涡,像瓦亮的镣铐,企图将你的满腹经纶锁在楚国的郢都,你却把脊梁在江中挺直,手握长江之长缨,甩响赋辞的妙句,天雷在宇宙炸响阵阵天问:家邦与高危有关;缠绵悱恻与黎民百姓有关;禁锢与舌头有关;桎梏苦难与樵苏喝醒有关。你用酒和泪水将诗赋和逆耳的谏言,磨炼得十分尖锐,闪电般的措辞铸成一把匕首,飞掷,将混浊天空捅出一个巨大窟窿,昏暗的乌云淌出雨和血来。你以嶙峋瘦骨,高擎民族的图腾,用饱含酒之醇美的画笔,在玉帛之上点睛悲壮诗魂!

这世间,除了一些诗歌与酒是纯净的,到处是雾霾在空中流连,浑浊霸占水域,金钱膨胀,物欲横流;精神缺钙,信仰堕胎。世俗们在物质中苍白,荒谬地活在甜蜜的果酒里,且油盐难进。奇形怪状的瓶子透明地包围语言和行动,瓶颈般限制出入。让人适应削足适履的疼痛。还有瓶塞,朽木不可雕也。

你掏出体内的血肉和骨头泡酒,思翼的碎片在外表沁凉、内心火热的酒中缓缓舞蹈,慢慢沉淀。你醍醐灌顶,给思想贫血和麻木的凡夫俗子送来精神食粮,可红楼门前呆若木鸡的石狮,竟比楚王和渔夫还要昏庸和愚钝。

屈子清癯脸庞微醺,心如灌铅,仰天长啸,一滴酒融入诗人的风韵,苦不堪言地浓缩在无言的酒中。你失重的阴灵离殇,再次坠落江中,踉踉跄跄而去。可那孤独的忧思仍在黑色非人间的江底从一滴滴江水的缝隙,挣脱出芬芳和光明……

满面上,而我心不甘,以老酒浸泡的诗歌作诱饵,不断把钓竿抛向江中,钓屈子你那颗涅槃的魂灵。可当我蓦然回首,你那充满滢澈的思想顺着我的钓竿,系着江中的波光,衔接苍穹的银辉,放飞满天游弋的词语……清冽而浓厚的酒香,我想只要心中明亮,一尾翘起的月亮鱼,就以诗歌形式,仿佛一道炫目的光芒在长江三峡腾空而起,高悬在长空,天穹徜徉的浊云,也遮挡不了你灵魂的光辉!

(尹展,男,湖北省作家协会和影视家协会会员,当阳市作家协会和影视家协会副主席,1985年以来在《诗歌报》《诗歌月刊》《星星》《北京文学》《长江开发报》《未名诗人》《中国环境报》《世纪行》等各级刊物发表诗歌、散文等近百万字,著有诗集《踏上初恋的青苔》《故乡的异乡感》等,并有多首诗歌获大奖。有影视作品搬上银幕。)

告慰屈子魂灵

◎田桂香

　　江水汤汤，岸草沁香，有位美人，生于宜昌，忠魂为衣，骚辞为裳，志在安邦，未遂投江，忧国忧民，千古流芳……

　　这位美人就是我们伟大的浪漫主义爱国诗人——屈原，"举世皆浊我独清，众人皆醉我独醒"，是屈子感到的最大孤独和悲哀，是他感到的最大无奈和愤慨，也是他感到的最大忧伤和绝望。没有知音、没有支持、没有赏识、没有信任，纵使踌躇满志、文韬武略亦无用武之地，更难酬其美政、富国强民和一统天下的伟大理想。这也是坚守初心、洁身自好、决然守正、宁死不苟的屈子追蹈彭咸的直接原因。从古至今，滚滚长江，鼓波逐浪，仿佛是在不停地吟咏叹唱："国无人莫我知兮"；"既莫足与为美政兮，吾将从彭咸之所居！"

　　作为屈子故里宜昌的子民，无不为您的矢志不移、特立独行衷心景仰！无不为您的生不逢时、屈遭贬谪扼腕神伤！无不为您的忧国忧民感佩敬仰！无不为您冠绝创新的诗情风华口齿留香！无不为您在楚文化上的奠基和开创，让中华文明世界留芳倍感骄傲和欢畅！您的美德与日月同光，您的气节高山仰止，您的悲愤世人同忾，您的忧伤感恸衷肠，您的风骚是宜昌人最诗意的信仰……

　　峡江两岸，一年一度的端午节，岸上游人如织，江上彩舟如梭，人们通过吃粽子、划龙舟、赴庙会等形式寄托着对您的哀思和缅怀！也不乏风雅同志和知音者，寻踪觅迹，临迎峡风，唱和江涛，行吟江畔，默以祷告：我们炎黄子孙、中华民族，从秦皇汉武、唐宗宋祖，直到今天我们的泱泱中华，在漫漫路途中，虽时遇黑暗艰险，屡遭磨难和欺凌，时有内忧和外患，历尽坎坷和沧桑，但是，因为有了您先祖们那忠贞爱国的基因和传承，因为中华子民骨子里的血性和刚强，因为长江后浪推前浪，江山代有才人出，历史的阴霾和乌云终被晴阳取代，政治的狂风暴雨终于晴明祥和。您所追慕和崇尚的三皇时代，在之后的两千年来时有复兴；您所期望的治国明君，代有人出；您所贬斥的庸政小人和卖国奸贼，亦如螳臂当车，被滚滚的历史车轮碾轧齑灭。千百年来无数仁人志士已继承您精忠为国的家国情怀，本着复兴强国的精神，对外，我们赶走了外夷、八国联军等，捍卫了国家主权和安全！现如今，我们正在倡导和实施着"一带一路"等世界交融、互惠互利国策，我们的国家一步一步地强大起来：人口世界第一，经济世界第二，国土世界第三；对内政通人和，人民安居乐业，神州大地已发生翻天覆地的变化，沃野千里，禾黍遍地，五谷丰登，六畜兴旺，科技兴隆，文化开放，一派祥和。在新冠肆虐威胁人类的当今，我们与病毒进行了独特的中国式捍卫之战，取得了举世无双的战绩。秉承着中华民族天地人和的哲思，倡导天地人和谐相处、尊

爱国先贤　告慰屈子魂灵

重生态平衡的思想,倡导全民健康加小康,用现代化方式科学探索和利用大自然。为拓展人类的生存空间,现在,我们发扬了您的天问精神,进行着宇宙间天地人的各项科学探索和研究;以您的《天问》篇名命名的天问等航天器,已经成功进行了外星的探测等试验。海陆空和人文哲理等的研究都在不断开发和深入,各行各业的发展取得了巨大的成绩。我们的祖国正在不断前进,不断强大,以骄人的姿态雄屹于世界的东方……

万里长江,源远流长,昼夜不息,蜿蜒流淌,葳蕤着两岸的生物和花香,而您的魂灵犹如浩浩江水、精神的源泉,把我们一代一代的华夏人滋养……

宜昌因您与诗歌结下两千多年的不解之缘,您创作的楚辞,以卓然的才情,将斑斓的色彩、诡谲的意象、雄奇的思索和苍茫的忧思融合在一起,为我们开创出一条浪漫主义的长河;您创造的骚体,给华夏文坛以丰富的给养和浸润。历史上无数风雅之士得到楚辞骚体的启发、感召、哺育和滋养,为激情澎湃的长江,巍峨壮丽的三峡,楚地独特的物产,宜昌旖旎的风光,留下丰富的诗词歌赋,灿烂着中华文明,也助推了我们宜昌现代中国诗歌之城桂冠的撷取。诗祭屈原,端午龙舟、灯光秀、夜航游,屈子高祠与巍峨三峡大坝隔水相望,形成了"中华辞祖"和"大国重器"的完美结合,成为历史与现实的精彩对话。屈原祠的山门上摇曳多姿的"水芭蕾",长袖善舞,仙乐飘飘……高峡平湖中,影映着三峡大坝的灯光,穿越2000多年时光,把您笔下精彩绝伦的浪漫,从典籍中照进了现实。盛世三峡与璀璨的楚文化深度融合,魅力无限,美轮美奂,引人神往! 如今,加持着中国长江三峡国际旅游节、中国宜昌长江钢琴音乐节、宜昌艺术节等,和着古老的骚韵,押着现代的节拍,把当代宜昌闪亮唱响……

您的《橘颂》传颂至今,"后皇嘉树,橘徕服兮。受命不迁,生南国兮……"被您嘉赞的橘树,生生不息两千多年,如今的宜昌,漫山遍野,四季常青,绿叶白花,其实圆黄,每到秋高气爽时,山坡丘陵,一片绿的海洋中亮闪着万点星黄!秭归的橙子,品种多样,四季不断,除了品种继承,还不断改良翻新,高洁甜美的品性一脉相承,和着您的诗韵遐迩闻名……

路曼曼其修远兮,吾将上下而求索。未来的道路山高水长,我们将秉持您的求索精神,继承您伟大的家国情怀,崇尚勤劳实干兴邦的理念,发扬艰苦奋斗勇于探索的精神,保持不屈不挠的自强传统,坚持和平和谐合作融合的互助精神,争取创造五方之民共天下的交融格局,将华夏神州建设成山清水美、天空澄明、江海澄净、人民康乐、万物和谐而欣欣向荣的人间乐土。

(田桂香,女,三峡大学附属仁和医院副主任护师。)

屈原之殇

◎ 施　谦

那一年,你从纪山之南愤然离去,沿着悠悠夏水,渡过滔滔大江,一直走到洞庭湖边、汨罗江畔。

这一路,你憔悴枯槁,步履蹒跚;这一路,你忧心忡忡,愁肠百转。这一路,你一步三回头,把郢都龙门久久凝望;这一路,你慷慨高歌,让行吟的诗篇在楚天浩浩回荡。

你知道,楚国已不是当年的楚国,五霸七雄早已成为遥远的梦幻。楚怀王——那个一鸣惊人的庄王后裔,早已失去昔日的雄才大略,被秦国的说客、朝中的佞臣,玩弄于股掌之上。还有那些贵族、那些宠妃、那些奸宦,他们、她们,用花言、用巧语、用诽谤、用中伤,用最无耻的谎言和欺谩,使你被疏远、贬谪、流放;将怀王诱骗到异国囚禁,直至客死他乡。继位的顷襄王昏庸无能,楚国从此一蹶不振,国势日殇。于是,你愤懑、你悲伤,你忧民之无安、忧国之将亡。于是,你上下求索,何惧路修远而漫漫;于是,你苏世独立,横而不流而坦坦。于是,你仰天长啸,赋《离骚》、发《天问》;于是,你俯首哀吟,唱《九歌》、咏《九章》。

你无力回天,设想的"美政"只是憧憬中的向往;你太过浪漫,"香草美人"再也不会执政朝堂。只因你已被排挤、被放逐,朝中哪里还容得下忧国忧民的忠良。

于是,你走啊、走啊——走到汉北,走到沅湘,走到可以濯缨濯足的江潭。你回眸,你遥望,你的心还系在长江之滨、纪山之南。

楚国啊,楚国!悠悠将近八百年的楚国!何以变得如此羸弱,如此萎靡不堪?你知道,秦国已经派出了虎狼之将;你知道,郢都——纪南城即将毁于一旦。你知道又有何用啊?!你只能眼睁睁看着楚郢之都被拔,看着纪南城在白起的大火中烟消云散。国已破,家已亡。所有的理想,所有的抱负,所有的期盼,都被这把灭国的大火烧光。纪南再也回不去了,郢都成为南郡,成为秦国的城邦。于是,你唯有以身殉国,怀石自沉于幽幽汨罗江。唯有这样,你那颗高洁的心,才会不受侮辱,不再受摧残。可是,你知道吗,知道吗?你沉江的那天正好是五月初五,一个再也不会平凡的端阳。善良的人们从四方涌来,划起渔舟,要让你从江中升起,高贵的灵魂岂能沉冤于渊潭。一笼笼滚热的包子,一扎扎飘香的粽子,丢进江中、丢进水底,为了不让蛟龙鱼蟹毁坏你的忠肝义胆。

你就这样走了,告别这个污浊的世界,让生命作了一个永恒的了断。从此,屈子走进永远的汨罗江;从此,屈子载入永远的五月五——端阳;从此,屈子登上永远的中华民族先贤圣坛。

当历史翻过——翻过2300页之后,你昔日眷念的楚国——祖国,早已地覆天翻。中国迈入新时代,复兴的征帆正在高歌远航!你爱国的情操,已经成为一面不朽的旗帜;你浪漫的情怀,在中国文坛永远璀璨。

你啊,屈子!伟大的屈子!魂兮归来,魂兮归来,国人在把你深情呼唤。归来兮,屈子,看我泱泱中华屹立世界东方!

(施谦,湖北省荆州市荆州区人民政府办公室退休干部。)

刀笔史诗铸精神

◎张玉东

蘸一墨滚滚江水,续浩浩华夏文脉。溯流而上,驻足"三峡门户",独立"川鄂咽喉",置身宜昌这座历史文化名城,不禁令人思接千载,澎湃万里。在宜昌,自然绕不开屈原这一精神标识,拜谒屈原祠,不仅收获优秀传统文化的洗礼,更能寻觅那份精神境界的升华。

前不久,了解到关于张载的一点东西,这位留下震古烁今"横渠四句"的理学大家,曾被人评价是北宋的"鲁迅",为历代后人所称道。对于鲁迅,人们常常用"民族脊梁""民族魂"等词汇来赞誉这位近代民主革命斗士。那么,这就不禁引发了我的思索,中华民族这种爱国求索的精神起源在哪里?此时,屈原的名字牢固地占据了我的脑海。这位立功、立言、立德三不朽的伟人,真正践行了"为天地立心,为生民立命"的箴言,也似乎映照着他一生的价值追求。有人会说,对于出身楚国贵胄名门世家的屈原而言,入仕立功自然并非难事。然而,屈原却以其挺拔的人格,道劲锋利的刀笔,镌刻恢宏的民族史诗,铸就千古流芳的伟大精神,终能彪炳史册,立德、立言著称于世,这可不是一般权贵官宦所能企及的。

功绩卓著的"学者型官员"。屈原虽出身楚国贵胄名门世家,但并非一般意义上的纨绔子弟,他自幼受过良好的教育,博闻强识,胸怀远大志向抱负。早年深受楚怀王信任,历任左徒、三闾大夫,并兼管楚国内政外交大事,对内主张举贤任能,修明法度,对外力主联齐抗秦,颇具政治智慧和能力,为楚国发展做出了应有的卓越贡献。但后因遭其他权贵诽谤、排挤,先后被流放至汉北和沅湘流域,在楚国郢都被秦军攻破后,悲痛不已自沉于汨罗江,以身殉国,结束了自己光辉的一生。纵观屈原的政治生涯,可以称得上是"学者型官员"。正如《人民论坛》评论所言,"学者型官员"具有年轻化、专业化、知识化的特点,以及"官念"淡薄且事业感强烈的优势,值得推崇和借鉴。

独领风骚的"楚辞之祖"。屈原是中国浪漫主义文学的奠基人,也是"楚辞"的创立者和代表作家,屈原作品的出现,标志着中国诗歌进入了一个由大雅歌唱到浪漫独创的新时代,对后世诗歌产生了深远影响,因而被后世誉为"楚辞之祖"。前不久,拜读《叶嘉莹说初盛唐诗》,书中在开篇前言中就对屈原的文学贡献做出这样的评价:《楚辞》中的"骚体"和"楚歌体"对后世影响最大,"骚体"诗因其句法特征,逐渐有了散文化的趋势,发展为赋的先声;"楚歌体"则成为后世七言诗的滥觞。无论"骚体"还是"楚歌体",语气词的间用,平添了一种飞扬飘逸的姿致。到了汉朝,还出现了刘邦的《大风歌》、项羽的《垓下歌》等模拟篇章,这种"情动于中而形于言"的即兴抒情之作。由此可见,屈原这位独领风骚的"楚辞之祖"无愧为中国文学史上的璀璨明珠,称得上"逸响伟辞,卓绝一世"的美誉。

"上下求索"的爱国志士。中国文人对美人迟暮之感的抒发，代不乏人，历久弥新，而屈原那深厚执着的爱国热情，在政治斗争中坚持理想、宁死不屈、追求真理和对现实大胆批判的精神，面对大自然的四季变换，冷峻的生命意识和紧迫的时间感，由衷地发出"路漫漫其修远兮，吾将上下而求索"的感叹，成为千古绝唱，铸就了不朽的"求索"精神，成为后世所信奉和追求的一种高尚情操。汉初贾谊作文《吊屈原赋》表达敬仰，司马迁更是在《史记》中为屈原立传，正确地肯定了屈原的历史地位。唐代大诗人李白藐视权贵、反抗现实的精神，无不是对屈原精神的继承与发展。此后，中国历代仁人志士，在直面黑暗政治时，总能坚持理想，坚持斗争，在遭遇民族压迫的关头，总会写出慷慨激烈的壮美篇章，为中华民族抗争史增添了不少光彩。

鉴于屈原在世界文化史上的卓越影响，1953年，在屈原逝世2230周年之际，世界和平理事会通过决议，确定他与波兰哥白尼、法国拉伯雷、古巴何塞·马蒂为当年纪念的世界四大文化名人。可以说，屈原是中国的，更是世界的。当然，关于屈原还有很多值得后人借鉴学习的地方，还有许多有待挖掘和认知的领域。常言道，读万卷书，行万里路。有时候，案牍劳形之际，不免怀念那些静下心来读读书的时光，畅想放下烦琐杂务，到处走走看看的快意。我想，如果可能，不妨将文化名城宜昌纳入行程之列，在这里抒展目极千里的伤怀，在这里体味恐美迟暮的无奈，在这里感念天地比寿、日月齐光的豪迈……

（张玉东，男，汉族，1989年8月生人，安徽师范大学教育学硕士，安徽省阜南一中思政课教师。）

作　　者:宋卫东
作品名称:草书《乘骐骥》
作品尺寸:136 cm×68 cm
释　　文:乘骐骥而驰骋兮,无辔衔而自载。乘氾(泛)泭以下流兮,无舟楫而自备。背法度而心治兮,辟与此其无异。屈原《惜往日》句 宋卫东书
钤　　印:绿窗人静 宋氏之印 卫东

乘骐骥而驰骋兮无辔衔而自载乘泛泭以下流兮无舟楫而自备背法度而心治兮辟与此其无异屈原惜往日句宋卫东书

屈子之歌

◎ 烟　花

"节分端午自谁言,万古传闻为屈原。堪笑楚江空渺渺,不能洗得直臣冤。"屈子的故事总是令人哀悼的,然而在这哀悼之中总能体味到一些哀悼之外的意味,这分意味使得屈子的故事不完全成为一个悲剧,而且具有悲剧以外的其他含义。传说般的故事便以此为基点,由一艘驶向大楚边境的破旧渔船开始了它的旅途。让我们跟着这艘渔船前去吧,在那凛冽的寒风里,一位圣徒将完成自己的演变。

且看彼时的河畔,渔人遥望苍蓝的天际,日出而作,日落而息,好似一片太平气象。想必前线的战报还并未刻印进民众们的内心,楚国在他们的心里仍是征伐四方、无所不胜的,并未露出些许颓唐的气象。

随着流水的声音,一位身着镣铐的人穿着粗麻制成的囚衣上场了。他的气度和其他被放逐到流放地的人似乎完全不同,虽然戴着镣铐,但他隐隐有挣脱镣铐的力量。这种力量并不来自身体的强健或者是长期犯案的经验,虽然曾经身为贵族的他的确体魄强健。在历经折磨之后,这种强健的体魄并没有一个合理的呈现方式或者说是生活土壤,他的脊骨曾被摔到地下,狠狠地摔在大地上。那时的人在他身上踩、踱步。他早已经遍体鳞伤。

但一种更为特殊的力量支撑了他,澄澈的,洁净的,并且仅仅能感受到的力量。那种力量并不算强大,但很坚韧,极其坚韧,折不弯,打不烂,断不了。

一种源于大地和苍天的力量,在长沙的惊涛里,他似乎看见了明月的疏朗中,所有曾为这个国家付出过力量的天才和志士们在这里说出的滔滔言语。

怒涛似的言语,暴怒的言语,痛斥着现实里的一切苦难,一切疼痛,一切不公。

他当然深有同感,身为大夫,他也曾为这个国家竭尽全力,变法、强军,但他认为此时的抱怨并不算有用,因为他认为,楚国还有一丝救赎的机会。于是,他反倒是一腔热泪洒了空,向先祖们讲述着自己的救国之道,一句,一句,恰是如同鲜血铸成一般,江水仍然滔滔不止,而风,渐渐止息。

但,现实比他想象的更严峻,楚国的衰弱,已是显而易见地摆在了他的眼前。拘役的路上,有不少逃兵被送上这条长长的放逐之路,许多人已经被吓破了胆,失去了拼搏的信念与力量,甚至失去了好好生活的希望。有不少人失去了自己的躯体,而那伤口,并不是敌人的利刃所铸成,反倒出于他们自己的手笔。

唉,不去想了吧,旅途的终点,已经渐渐地明晰了。

这里是偏远的江南,彼时的江南,粟米未生,草莽初醒,全然是一派原始社会的景象。

没有阡陌纵横的田亩，丛林倒是生长得茂盛。

但却有另一种奇妙的感觉。

正如我们在开篇提到的那样，他和一位渔夫成了挚友。此时的他身处边境，对于都城的政事自然也影响不了半分，管理者倒也放任他不管。

渔樵于江渚之上，吹着微微泛起的湖风，确实能感到一种由衷的欣喜。

有时还能翻阅古籍，这样说来的人生，应当是无憾的吧，至少比都城的明争暗斗要好得多。

不必猜忌，不必提防，只需寻觅自己的本真即可。要是换作其他任何一个诗人，怕都是迷醉在这风华奇景的雨雾中，这夜晚多么瑰丽。

可屈子，他并不单是一个诗人啊。

他仍然在忧惧着楚国的未来，他一封一封地写着永远不会被递送到京都去的谏言，双手都磨出了血。

他帮渔人补网的时候，常常也会望着那个方向。

渔人常常给他讲些颐养天年的道理，看起来，这渔人大抵是黄老的信徒。

"你历经波折磨难，究竟是为了什么？世事如此，你怎能更改？不如遵循自然之理吧。"

"自然之理，当然亦要人来参透；社稷宗庙，也是如此。若放任自流，岂无异于纵狼入室？"

"但你真的能改变吗？"

"有些人，会值得改变的。"

他似乎明白了一些事情，于是一有时间，便收集整理些古籍，写一些文章。彼时的文字，更订改变极大，参看起来也极困难。

但他又何尝是一个害怕困难的人呢？

并不会去惧怕什么洪水猛兽，只管实现自己的抱负吧。

他倒是从那些对话里体味到了属于自己的真正价值。

于是便有了一首接一首的佳作和着古老的声韵而出，细细品看，这些诗作可不仅仅是精妙绝伦的艺术品。宏大的而且切中时弊的议论，镌刻于人内心中的鸿鹄之志，亦挺立于那苍翠的竹简之上，升腾着烟火一般的强健之气。

写吧，带着深沉的笔触，写吧，带着怒火，带着心跳。像钢铁一样击碎铁笼那正义的声音便和沉重的编钟一起和鸣。

于是渔人亦洒出了眼泪，如同远海的鲛人。

他终于不仅是楚国的屈原，更成了中国的屈原，乃至于世界的屈原。

他凭依与鸣唱的歌者，正是他自己。

都城被攻破的消息传来，他选择了赴死，看起来好像背离了自己已然寻找好的道路，但这道路并不完全正确。

恰如他最初的选择,他仍然未忘记自己的归属。

他是楚国人。

于是他决心用自己的生命写下一首更具有现实意义的诗。

此即谓之:屈子之歌。

(金力,笔名烟花。现在湖北大学就读。)

屈原诗歌中的廉洁思想

◎徐爱清

屈原是战国时期楚国诗人、政治家,是中国历史上伟大的爱国诗人,中国浪漫主义文学的奠基人,被誉为"中华诗祖""辞赋之祖"。以屈原作品为主体的《楚辞》是中国浪漫主义文学的源头,对后世诗歌产生了深远的影响。公元前278年,秦国大将白起挥军南下,攻破了楚国都城郢都。农历五月初五,极度苦闷、彻底绝望的屈原选择了以死明志,写下绝笔诗《怀沙》之后,抱着石头投入了汨罗江,以身殉国。沿江的百姓怕屈原的身体被江里的鱼吃掉,纷纷划着小船去打捞,往江里投入米粮。这些做法慢慢地就演变成了赛龙舟、吃粽子的习俗,以此来纪念伟大的爱国主义诗人屈原。

人们对屈原的纪念,其实质就是对廉洁文化的一种崇拜。据郭沫若考证,"廉洁"一词最早出现在屈原的作品《卜居》和《招魂》中:"宁廉洁正直以自清""朕幼清以廉洁兮,身服义而未沫"。

司马迁在其所撰写的《屈原列传》中这样描述屈原:"正道直行,竭忠尽智……其志洁,故其称物芳;其行廉,故死而不容。自疏濯淖污泥之中,蝉蜕于浊秽,以浮游尘埃之外,不获世之滋垢,皭然泥而不滓者也!推此志也,虽与日月争光可也!"可见,屈原是我国历史上最早倡导廉政的人。

《招魂》是屈原最伟大的作品之一,作于其被流放之后。全文采用楚国民间的招魂形式,极写上下四方的险恶,极赞故乡音乐、饮食、居室之美,抒发诗人流放他乡而不忘欲返的爱国情怀。"朕幼清以廉洁兮,身服义而未沫"作为首句,以自叙开篇,坦诚诗人自己从来不接受他人馈赠的钱财礼物,不让自己清白的人品受到玷污,以清廉、服义自许。

《橘颂》是屈原的代表作之一,也是中国第一首文人咏物诗。此诗前半部分缘情咏物,后半部分缘物抒情,用拟人的手法塑造了橘树的美好形象,借以表达自己的追求和坚定意志。"苏世独立,横而不流兮。闭心自慎,不终失过兮"。诗人表达的寓意就是:"为人处世,要头脑清醒,勤于思索,不同流合污。为官要谦虚谨慎,节制私欲,光明正大,廉洁自律,才能保守节操,不犯错误。"

《卜居》是《楚辞》中的一篇,文题的意思是占卜如何处世。诗人用问句的形式对比正反两方面的人生之路,用比喻和象征的手法区分强调善恶美丑的水火不容,表达诗人对美善的坚执和对丑恶的弃绝。《卜居》中所流淌的情感,正是屈原选择的痛苦和选择之后的痛苦。"宁廉洁正直以自清乎？"展现了诗人对廉洁、正直、清白的理想人格的执着追求。

屈原的诗词提倡了公正廉洁的思想。他开辟了"香草美人"的传统，他以鲜花、香草来比喻品行高洁的君子；以臭物、萧艾比喻奸佞的小人。这种"香草美人"的比兴手法，使现实中的忠奸、美丑、善恶形成鲜明对比，表达了诗人廉洁公正的思想。

屈原的诗词表达了廉洁奉公的情怀。既有"背绳墨以追曲兮，竞周容以为度"，是以规矩绳墨比法度纪纲，有表达谦虚谨慎的"尺有所短，寸有所长；物有所不足，智有所不明；数有所不逮，神有所不通"，有提倡道德修养的"善不由外来兮，名不可以虚作""闭心自慎，不终失过兮。秉德无私，参天地兮"，也有脍炙人口的"路漫漫其修远兮，吾将上下而求索"，屈原的诗词传递了浓浓的正能量，激励了数辈的人们。

屈原不仅在诗词中表达了"廉洁"，而且也以实际行动诠释了"廉洁"。屈原是楚国重要的政治家，早年受楚怀王信任，任左徒、三闾大夫，管理内政外交大事。他提倡"美政"，主张对内举贤任能，修明法度，对外力主联齐抗秦。因遭贵族子兰等人的强烈反对，屈原被排挤毁谤，遭逸去职，被赶出都城，先后流放至汉北和沅湘流域。屈原被放逐后，"游于江潭，行吟泽畔，颜色憔悴，形容枯槁"，这时他遇到了渔父，屈原抒发了"举世皆浊我独清，众人皆醉我独醒"的悲愤，渔父则以"沧浪之水清兮，可以濯吾缨；沧浪之水浊兮，可以濯吾足"来安慰屈原。然而屈原就是这样一个英雄，铮铮铁骨，信念坚强，不畏强权，他既有"长太息以掩涕兮，哀民生之多艰"中那样忧国忧民，又有"亦余心之所善兮，虽九死其犹未悔"中那样坚贞不屈。

每逢端午，无论风雨，不管磨难，祖祖辈辈都怀念祭奠伟大的爱国诗人屈原，颂不完的千古名句，道不完的思念情，说不尽的廉洁心。人们之所以纪念屈原，其实质就是对廉政文化的一种推崇。屈原身上所表现出来的爱国、勤政、为民、廉洁这些品质，正是端午节文化的核心内涵。

我们在缅怀伟大诗人的同时，要时刻将"廉洁"二字深深地铭刻在心间，学习屈原修明法度、德政惠民的民本思想，修身励志、廉政清明的高尚品德，要从"一念入微处"做起，明察之、慎思之、勤改之，做端午廉洁文化的传承者和以芷兰之香抵御污秽之风的品格的继承者。

两千多年来，每到端午节，人们仍保留着赛龙舟、吃粽子等古老习俗。粽子所代表的已不仅仅是一种食品，更成为重要的民俗文化。包粽子非常讲究，必须选用上好的糯米、宽宽的蓼叶，在糯米中间放上一颗红枣，把粽子包得有棱有角，然后再缠上细细的五色丝线。棱角分明的外形，象征着屈原刚直不阿的品格；雪白的糯米，则象征着屈原廉洁清贫的一生；而那颗红枣，则既象征着屈原对楚国的赤子之心，又包含着乡亲们对屈原的崇敬和眷念。

"有棱有角,有心有肝。一身洁白,半世熬煎。"端午节,在缅怀伟大诗人的同时,让我们将"廉洁"二字深深地铭刻在心间,用清廉的思想、清白的操守、清正的品行来告慰屈原,让屈原廉洁之精神世代相传。

(徐爱清,山东省莱阳市融媒体中心编辑记者,爱好文学。2014年至今,已在《人民日报》《中国应急管理报》《检察日报》等各类报刊发表作品三百余篇。)

屈原出生地——湖北宜昌秭归乐平里　　　　　　　　　　　　　　　　　　　摄影：张天一

浪漫诗人

明 徐渭《驴背吟诗图》

浪漫源头寻屈原

◎ 韩永强

作为一位杰出的政治家和爱国志士,屈原爱祖国爱人民、坚持真理、宁死不屈的精神和他的人格,千百年来感召和哺育着无数中华儿女。但是屈原不仅是一位杰出的思想家、政治家,更是一位才华卓绝的文学家、诗人。他的出现,标志着中国诗歌进入了一个由集体歌唱到个人独创的新时代,他所开创的新诗体——楚辞,突破了《诗经》的表现形式,极大地丰富了诗歌的表现力,为中国古代的诗歌创作开辟了一片新天地。后人因此将《诗经》与《楚辞》并称为"风、骚"。

"风、骚"是中国诗歌史上现实主义和浪漫主义两大优良传统的源头。以屈原作品为代表的楚辞还影响到汉赋的形成。他留下的作品计有《离骚》《天问》《九歌》(11篇)、《九章》(9篇)、《招魂》等,凡23篇。其中,《离骚》是屈原的代表作,也是中国古代文学史上篇幅最长的浪漫主义政治抒情诗。《天问》则是中国古今罕见的奇特诗篇,它以问语结句,一连向苍天提出了172个问题,这些问题涉及天文、地理、文学、哲学诸多领域,这些问题,让后人看到了他立体的学识以及追求真理的科学探索精神。

屈原善于从民间文学中吸取营养。《九歌》就是他在民间祭歌的基础上加工而成的一组祭神乐歌。诗中创造了大量神甚至鬼怪的形象,而且绝大多数是人神恋歌,其想象之诡谲、形象之浪漫空前绝后。

屈原将对理想的热烈追求,融入了艺术的想象和神奇的意境之中。他在《离骚》中写自己御风而行,先叩天宫,帝阍闭门不纳;又下求佚女,佚女恰巧不在那里;他去向宓妃求爱,宓妃却对他无礼;他欲求简狄和二姚,又苦于没有好的媒人去通消息。他可以头戴花冠与山鬼约会,他可以身佩花环骑虎驱豹去巡游。这种上天入地的幻想与追求,反映了屈原在现实中对理想的探求和苦闷,其想象之大胆、丰富,古今罕有。

除想象奇特、浪漫铺排之外,屈原的作品还擅长以一系列比兴手法来表情达意。他以鲜花、香草来比喻品行高洁的君子;以臭物、萧艾比喻奸佞或变节的小人;以佩戴香草来象征诗人的品德修养。这种"香草美人"的比兴手法,使现实中的忠奸、美丑、善恶形成鲜明对照,产生了言简意赅、言有尽而意无穷的艺术效果。屈原的作品形式上参差错落、灵活多变;语言上采用了大量楚地方言,极富于乡土气息;其方言土语又大都经过提炼,辞藻华美,传神状貌,极富于表现力。

作为"中华诗祖",屈原的骚体诗,不仅开创了中国诗歌创作的浪漫主义先河,还把诗歌的种子播种在民间。在屈原诞生地乐平里,家乡那些地道的农民们,至今还世代传承着屈原创造的"骚体诗"。由乐平里的农民们自发组织的"骚坛诗社",从唐宋以降延续至今。屈原家乡的农民们,农闲季节总会邀约三五好友,以诗相会,大家在吟诵唱和之间确认佳作。在每年端阳节农民们举办的"骚坛诗会"上,他们纷纷登台,把用骚体诗体例创作的诗作拿出来诵读。这些作品或缅怀屈原大夫,或颂扬屈子风骨,或讴歌山川风物、世俗新风。因为承袭时代久远,因为佳作纷呈,因为根植民间而格高韵雅,"骚坛"不仅有"中国第一农民诗社"的美誉,还成为世界非物质文化遗产"端午习俗"中极为重要的组成部分。

屈原的浪漫主义情怀,从诗歌创作漫溢开去,对民间文学也产生了巨大而深远的影响。在屈原故里秭归,最有浪漫色彩的民间故事是"我哥回"。传说屈原以身殉国之后,他的妹妹屈幺姑闻讯来到楚王城下的香溪宽谷河边,面对滔滔江水噙着热泪,声声呼唤:"我哥回哟我哥回!"江河闻之呜咽,山川闻之泪下,飞鸟闻之敛翅,有大鱼闻之不远千里向汨罗而去寻找屈原。

在奔腾的峡江之滨,屈幺姑"我哥回哟我哥回"的呼唤感天动地,数不清的乡亲们也来到江边陪着屈幺姑一起呼唤。呼唤中,大鱼精神大振,变身神鱼,奋力来到汨罗江,驱散意欲吞噬屈原的鱼虾,张开巨口把屈原吸入自己腹中。闯险滩,越激流,奋力搏击风浪,历经千难万险,一路追寻着"我哥回"的呼唤,终于让屈原"魂兮归来"!

乡亲们把屈原归来的地方叫作屈原沱,还在屈原沱的江边修建了屈原祠,安放屈原的魂魄。哥哥回来了,屈幺姑的呼唤却不能终止了,于是她便化作了一只叫"子规"的鸟,一直绕着屈原沱盘旋,呼唤着"我哥回哟我哥回"!

每年五月初五屈原的忌日,秭归人一定要抬着龙船的龙头,来到屈原祠,恭恭敬敬祭祀屈原之后,用朱笔给龙点睛。鞭炮轰鸣声中,大家簇拥着龙头来到屈原沱,江边早已一字摆开了十多条颜色各异的龙船。人们把在屈原祠祭祀过的龙头,端端正正地安置到领头的龙船上。领头的长者一声令下,所有的桡夫子们跳上各自的龙船,在领头龙船的带领下,逶迤几百米,齐声唱起《招魂曲》,巡游在屈原沱的江面上。《招魂曲》雄浑而悲情,一声"屈原哟大夫哟,回故里哟"刚刚唱响,锣鼓手把鼓和锣敲得震天动地,桡夫子们一起大放悲声,深情应和:"回故里哟,嗨吙哟"!刹那间,呜咽的江水用力拍打沙滩,神鱼应声而出,或者尾随着龙船激浪而行,或者游到江边抬头摆尾,或者穿行在龙船队伍之间。桡夫子们看到神鱼会停下手里的桨,同岸上的老百姓一起,把早已准备好了的粽子,纷纷抛入江中,让神鱼享用。天上数不清的鸟,跟随子规鸟贴着水面盘旋着,大放悲声"我哥回哟我哥回"!夹江而立的秭归人不要人指挥,齐声应和着桡夫子和子规鸟的呼唤:"回故里哟嗨吙哟"!

除此之外,"灵牛耕田""玉米三丘""井水照面""帘滴珍珠"等民间故事,都运用屈原浪漫主义手法,演绎出一个个催人泪下的故事,充分体现了屈原浪漫主义的无穷魅力。

从古至今,中华民族都有划龙船、吃粽子的习俗,但是因为屈原的操守和文学成就的深入人心，人们把这样一种根植于人心的习俗，加载到了屈原的名分上。古人的《续齐谐记》这样解说五月五日端阳节的来历："屈原五月五日投汨罗水，楚人哀之，至此日，以竹筒子贮米投水以祭之。汉建武中，长沙区曲忽见一士人，自云'三闾大夫'，谓曲曰：'闻君当见祭，甚善。常年为蛟龙所窃，今若有惠，当以楝叶塞其上，以彩丝缠之。此二物，蛟龙所惮。'曲依其言。今五月五日作粽，并带楝叶、五花丝，遗风也。"《隋书·地理志》的记载是："大抵荆州率敬鬼，尤重祠祀之事，昔屈原为制《九歌》，盖由此也。屈原以五月望日赴汨罗，土人追至洞庭不见，湖大船小，莫得济者，乃歌曰：'何由得渡湖！'因而鼓棹争归，竞会亭上，习以相传，为竞渡之戏。"这些记载显示，中国民间五月五端午节包粽子、赛龙舟的习俗，源于人们对屈原的纪念。

人生自古谁无死？死了几千年还让人年年岁岁、岁岁年年划着龙船悲情"招魂"的人，只有屈原。这样的民俗深刻昭示了一个亘古不变的真理：你热爱自己的国家，热爱自己的人民，人民就会深切缅怀你，他们会用自己最本真的表达方式，以最具有庄严仪式感的习俗，把你永远追思和怀想。

（韩永强，屈原故里秭归人，生于20世纪50年代中期，教过书，当过公务员，在媒体奋斗过二十多年，高级编辑。工作之余热爱散文写作，先后在《人民日报》《光明日报》《文艺报》《北京日报》《湖北日报》《长江日报》和《长江文艺》《长江丛刊》《知音》《芳草》《散文百家》《朔方》等一百多家报刊发表散文一百多万字，出版有个人散文集四部，主编和参与主编散文集六部，作品被中国作家协会选编的《散文精选》及《散文选刊》等三十多个选本选用。）

走进乐平里

◎ 甘茂华

江上荒城猿鸟悲,隔江便是屈原祠。
一千五百年间事,只有滩声似旧时。
　　　　　　——陆游《楚城》

一直为没有去过屈原诞生地秭归县的乐平里而感到遗憾。常常想象诗人故里该是一个长满奇花异草的世外桃源。等到与诗人相隔两千三百年后,才终于有缘踏着端午节龙舟的鼓响,走进乐平里,走进心仪已久的诗乡。

此情此景,犹如少小离家老大回。

乐平里不是我想象中的浪漫梦境,而是一个美丽的现实的存在。乐平里像个脚盆,群山环抱之中,谷底是一块种满水稻的绿色坝子。小小村子落在山地最底层,属于峡江流域地质结构上最基础的部分。有条小溪穿过稻田经七里峡汇入香溪。小村背后的五指山云缠雾绕,山坡上的柑橘林掩映着一座座青瓦白墙的农家小屋。这样的地方实在是与写诗相宜的地方。它沉在底层,面向民间,同时又有十八弯山路和九连环溪流与外面的世界相通,因此不仅生长五谷杂粮,而且生长文学艺术。屈原生在这里,也只能是缪斯女神的唯一选择。看那山谷间缓缓飘散着的淡蓝色炊烟,似乎岁月在此飘逝了上千年,而诗人的人间烟火气仍未消失,如歌如吟地,仍在袅袅着。

那么,乐平里就是中国诗歌的背景了。

当代诗人余光中说:有水的地方就有人想家,有岸的地方楚歌就四起。从上个端午到下个端午,屈原就在歌里,风里,水里。我想屈原也一直没有离开过峡里,山里,乐平里。当我去拜谒位于乐平里钟堡山上的屈原庙时,站在初夏的跨过小溪的吊桥上,仿佛嗅到了汀芷浦兰的流芳,还有那溪水,也依稀流淌着诗人行吟泽畔的忧伤和悲怆。

记得曾经读过许多画家的屈原像,无论是纽约大会博物馆收藏的元代画家张渥的水墨纸本《屈原像》,明代画家陈洪绶的木刻版画《屈子行吟图》,还是现代著名画家张大千的《九歌图》和尹瘦石的《屈原像》,屈原都是满面忧苦、一身寒凉。这正是屈原抒忧国之志、哀民生之艰的真实写照。乐平里的屈原庙为解读屈原及其作品做了最好的注释。

这个泥土般质朴的小庙,屈原庙。

当地人介绍,屈原庙建筑面积仅264平方米。但在乐平里任何地方,一眼就能看见这个地标性建筑。沿着山间小路上山,从山地平台上拾级而上,一脚踏进庙里,心跳频率就加快了。其实屈原庙是按照清代民居式建筑设计的,只能算是小青瓦砖木结构的传统农家的格局。它坐北朝南,飞檐高翘,由山门、配房、大殿组成。庙门前有一对石狮,正殿内有屈原塑像。青瓦粉墙,淡雅素净,颇具民间寺庙风格。屈原在青史上留下一片洁白,这样的质朴和简洁,与他的人格正好相配。"子兰的衣冠已化作尘土,郑袖的舞袖在何处飘舞?"而屈原,"你的死就是你的不死:你一直活到千秋万世!"余光中在淡水河边吊屈原的诗句,如今在屈原庙回响,在我心里如龙船竞渡般擂鼓声声。屈原身上那些看得见和看不见的忧苦和哀伤啊,如今都藏在屈原庙的哪个地方?

为什么,让我如此苦苦地寻寻觅觅?

我想起那个自愿为屈原义务守灵的老诗人。他原来是屈原村小学的语文老师,退休后住进屈原庙义务守灵。15年来,他没有离开过屈原,以至于一人在家的老伴只好隔三岔五地走两里多山路来看看他。屈原庙是他心灵的花园。屈原的道德文章具有难以抵挡的诱惑力。他爱那些线装手抄诗歌的淡淡幽香,也为整理当地农民组织的骚坛诗社所写的作品而沉醉其中。他这个寂寞而又快乐的守灵人,在庙里日日夜夜,听飒飒远去的风声,遐想中国文化的气脉。屈原的忧苦和哀伤就藏在守灵人的心里。

我又想起这次在乐平里邂逅的那个清纯如水的姑娘。她生于斯,长于斯,后来出门读书,现在是一家报社的记者。每个端午,她都要回到故乡,走进屈原庙跪拜屈原。她那天穿着一件红花衬衫,一条黑色的宽脚裤子,大大方方地走上台,用普通话为我们朗诵她写的诗:"站在端午那一天,只能遥遥地怀想,怀想遥遥的汨罗江。只能期待,那高贵的灵魂,记得回乡的路程。"她的容颜和她的身材就是一枝站在家乡的端阳花,朴素中透着诗人的灵气。特别是我们离开乐平里那天,下雨了,汽车在陡峭的泥泞山路上抛锚了,只好步行抄小路上山。她跳下车,挽起裤脚,脱了鞋提在手上,光着脚板,在雨中带头朝山上走去。走了几步又回过头来,笑着招呼大家。雨水顺着她乌黑的头发像露珠一样流成一串儿,清秀的脸上写满了脉脉的温情。我想她应该属于正宗的屈原的诗族诗裔,是她的光脚板踩出了一行又一行散发乡土气息的诗句。屈原的忧苦和哀伤就藏在她的诗里。

这个端午,在雨中,我来到乐平里又离开乐平里。在屈原故里,我不断想起我爱读的余光中的诗,他说,蓝墨水的上游是汨罗江。而我要说,中国文学的根在忧苦的民间,在乐平里。那天在屈原庙,我明白了屈原为什么一生忧苦。原来,屈原庙前那棵高大挺立、枝繁叶茂的苦楝树,不仅叶苦皮苦,连根也是苦的。回家后,我又不断想起屈原庙守灵的老诗人和那个读诗的姑娘,想起饱经磨难而仍然诗心不改的老诗人曾卓先生的话:如果诗不能养活诗人,诗人就应该用自己的血肉去养活诗。

乐平里,一本诗人的圣经。走进乐平里,走进远去的诗魂。

(甘茂华,土家族,籍贯湖北恩施,定居湖北宜昌。知名散文家、词作家。中国作家协会会员。历任湖北省作协理事,湖北省流行音乐艺委会理事,宜昌市炎黄文化研究会理事,宜昌市作协常务副主席,宜昌市散文学会名誉会长。已出版小说、散文等各类文学著作16部,获得湖北文学奖、湖北少数民族文学奖、湖北屈原文艺奖、全国冰心散文奖、文化部群星奖、全国"五个一工程"奖等重要奖项。有作品收入大学声乐教材和中学语文乡土教材,《三峡文学史》列有专节评介。)

《河梦远游》（中国画） 97 cm×180 cm 2013

杜大江（湖北周韶华艺术中心画家）

乐平里的雨

◎ 温新阶

几乎每年都要来乐平里，来这里感受这一片山水的灵气，来这里体味少年屈原阔大的胸襟和宏大的气象。

今年，是在霏霏细雨中走进乐平里的。

雨水洗濯，苍山如黛，几片薄云在山腰游动，屈平河的汤汤水势增添了几分雄浑，水色依然清明。柑橘树叶洗掉了灰尘，墨绿更甚，高高低低的房子，瓦更黑，窗更亮。

香炉坪是每次必去的，一定是步行而去。绵绵细雨中，撑了雨伞，沿着山路攀登。要是有一顶斗笠，箬叶做的，再配一件山棕连缀的蓑衣，也许我们的身心离屈子又近了许多。

爬上香炉坪，雨似乎停了，经过雨水的洗涤，于立群先生题写的"楚三闾大夫屈原诞生地"的石碑字迹格外清晰，一栋白墙黑瓦的房子静卧在核桃树下，不知道这里是不是2000多年前屈原诞生的屋场，门前屈原犁过地插过秧的玉米三丘已经改成了旱田，播种了苞谷，成了真正的"玉米三丘"。葱绿的苞谷叶片上挂着雨珠，呈现出勃勃生机。

从香炉坪来到照面井，棵棵古树苍翠如盖，藤蔓攀附在古树上，生出一种沧桑悠远的意境，井水清澈，如镜如璧，相传为屈原幼年照影梳洗之处。井水汩汩溢出，经一条暗沟引入一个大水池，然后顺着路边的溪沟流走了。这股水原来还灌溉着一坡水田，还有人修过一个鱼池，引水养鱼，可见井水有着不小的流量且常年不涸。

沿着石条铺就的步道，我们从照面井来到读书洞，这里曾是屈原读书的地方。我想，少年的屈原，是何等钟爱大自然，又是何等自由和快乐，他背着竹简越过响鼓溪来到这里读书，那是怎样的一种情景，风摇绿树，水溅石岸。晴日，岩屋可以遮住阳光，雨天，石壁可以挡住风雨，宽阔敞亮的洞口又让洞内十分明亮，屈原在这里读书，没有升学压力，没有做不完的考卷，读自己喜爱之书，读启迪思智之书，累了，抬眼皆是青山，倦了，闭目但闻水声，岂不快哉？

走出读书洞，来到响鼓岩，贴近岩壁，訇然有声，如千军齐发，似万马奔腾。在这里，屈原感悟到指挥千军万马的慷慨激昂，又或许他把这轰鸣之声听成了警醒自己畏惧艰险勿敢奋然前行的警钟。

走过响鼓岩，是纪念屈原的碑廊，有历代文人的名作，有宜昌本土诗人的佳构，还有秭归骚坛诗社社员们的作品，虽然地势有些逼仄，内容却很丰富。

雨又开始飘落，乐平里在雨幕中一片安静祥和。

屈原，在乐平里度过了一个少年的诗意时光。他在这里领略了天地人生的至要之学，他在这里酝酿了指点江山的满腹韬略,他也在这里体味了黎民百姓匍匐在土地之上的坚韧和艰辛。

他要走向更大的舞台,去施展他的政治抱负,去展露他无尽的才华!

他出七里峡,出香溪,沿长江东去而至郢都。

他在郢都走向政治中心,他的才华像月光一样点亮郢都的夜色,他的美政理想像彩虹一样闪亮璀璨,但是,这颗从乐平里升起来的星辰明明灭灭,最后熄灭在汨罗江的波涛之中。

屈子离开了他心爱的楚国,再也不可能回到乐平里,他那"身既死兮神以灵,子魂魄兮为鬼雄"的爱国志向,"哀民生之多艰兮,长太息以掩涕"的平民情怀,上下求索的探索精神,一直激励着他的诞生地的人们,他们永远不会忘记这个从乐平里走出去的伟人,他们以各种方式纪念他,赞美他,赓续他的血脉,延绵他的精神。

乐平里人对屈原的景仰,是发自内心的,在照面井,我们看到了刻在青石上的碑文:预告遐迩人等,此系屈公遗景,特遵神教,重新整顿以后,切勿荒秽,倘若故违,定遭天谴。但此株青树永世勿得砍伐。三闾合坛弟子同修,皇清咸丰十年七月十二日立。为纪念屈原,乡人还自发修建了屈原庙,屈原庙最早建在香炉坪,后在青龙寺、墓岭等地重修,1983年,在现在的降钟山重建,不论建在哪,都寄托了乐平里人对屈原的崇敬之心。

说起屈原庙,都会想到徐正端先生,他1990年从乐平里小学退休之后,就住在屈原庙,当义务守庙人。每天除尘、燃香、洒扫庙宇、开门纳客、吟唱诗歌、抄写屈原作品……有人来访的日子,他就与访客谈论诗祖,传承屈原文化与精神;无人来访,他就静静地坐在那与诗祖交谈。多年的虔诚相守,他和屈子搭起了心灵的通道,静坐晤谈,宇宙、山河、诗歌、人生,无所不说。有一次,他似乎看到屈子坐在自己对面,他给屈子奉一杯茶,茶杯落地,一摊茶水,几块瓷片,他才想到,屈子永在高处,不在近前。他走出庙门,看到黄连树沉默不语,看到响鼓岩的雾气弥漫……

徐老国学功底深厚,书法造诣很深,尤其精于楷书。庙门口的《屈原庙记》,是他的文字,也是他手书的,记述了屈原庙的修建历史,文字简练,用词准确,字里行间,可见殷殷之情。大堂里的《屈原列传》也是由他手书,工匠镌刻的。他还抄写了很多屈原的作品,每抄写一篇,他的心跟屈原又近了一分。他也写了不少歌颂屈原的诗作,每一首都是从他内心流淌出来,都是他情感的结晶。

徐正端,是乐平里人的一个代表,他对屈原的景仰,是乐平里人的一个缩影。

赓续屈原的血脉,除了高举屈原精神的旗帜,还要用心培植屈原钟爱的诗歌丛林。乐平里的骚坛诗社便汇聚了这样的一群人,他们写诗,吟诗,唱诗,让乐平里成为一片诗歌的沃土。

骚坛诗社成立于明清时期,后来中断,1982年恢复成立,社员基本上是农民,现在还有60名社员。从1982年诗社恢复以来,他们共创作诗歌近8000首,出版诗集10多本。他们写的不是打油诗,不是顺口溜,而是格律诗、骚体诗,很多诗作得到过专家的高度评价。屈原庙新的守庙人黄家兆先生就是骚坛诗社的社员,我们在屈原庙拜谒时看到了他的诗作手抄本,看到那些高水平的诗作,你实在不敢相信他是个农民!

离开屈原庙,我们在绵绵细雨中来到屈原小学,学生们身着古服,正站在巨幅竹简的背景墙前背诵《橘颂》,郎朗童音,穿过雨幕,越过柑橘林,传得很远很远……徐正端先生健在时,就在屈原小学开设了"骚坛径园"的校本课程,诵读屈原的作品,了解屈原的传说,幼小的心灵里就种下了景仰屈原伟岸人格的种子。

雨,还在下,整个乐平里笼罩在朦胧的烟雨之中,屈原庙,在细雨之中更加肃穆庄严,庙门口的那棵黄连树愈发高大苍劲。

乐平里的雨,浇开了屈原文化艳丽的花树,等待明朝的初阳,在漫山遍野绽放。

(温新阶,男,土家族,湖北长阳人,1989年加入湖北省作家协会,1997年加入中国作家协会,湖北省宜昌市教育科学研究院高级教师。现为湖北省作家协会散文委员会副主任,宜昌市散文学会会长。出版散文集、小说集多部,散文集《他乡故乡》获全国第七届少数民族文学骏马奖,散文集《乡村影像》获湖北省第七届屈原文学奖,散文集《典藏乡村》获湖北省第九届屈原文学奖。)

凤凰山联想

◎ 李华章

  山以凤凰而名,无非是因山形似凤凰;或者投其象征祥瑞之意。我曾两次留连于湘西沅陵的凤凰山,那是抗日名将张学良被蒋介石软禁的地方。至今念念难忘。而三峡大坝坝首南岸的秭归凤凰山,更因其独具的楚风民俗而日渐显露出迷人的风采。

  屈原魂归故里以后,曾跟随父老乡亲数次移民搬迁。新建的"屈原祠"坐落在凤凰山。山不在高,有仙则名。我们怀着对伟大爱国诗人屈原的崇敬,对凤凰山的神往之情油然而生。

  春天的一个夜晚,我们披着山月的银辉,坐在山下的江边,一次又一次地仰望隐约而迷蒙的凤凰山顶。轻轻荡漾的平湖水,似应和着诗人的泽畔行吟;大坝耀眼的灯光,像为屈原上下求索开辟一条光明大道。今夜的凤凰山十分寂静,今夜的三峡月格外皎洁。我们的谈兴也愈来愈浓厚,从《离骚》到《橘颂》,从《天问》到《涉江》,思绪起伏,千丝万缕……

  凤凰山毗邻三峡大坝,近在咫尺,仅600米,是观三峡大坝、看高峡平湖的最佳区位。江南的凤凰山和江北的坛子岭,他们的脉搏在同时跳动,他们眼望着眼,手牵着手,身上同过着电。今夜的凤凰山似乎无眠,我们也难以入睡。

  次日,我登上凤凰山,眼睛为之一亮。传说中的凤凰是百鸟之王,她不仅羽毛美丽,而且象征吉祥。眼前的凤凰山,真的美丽如画,周围橘树成林,青翠欲滴,雪白雪白的小橘花,飘来悠悠的清香。已经复建的明清古民居,风韵独具。早在青滩即将淹没之前,那里保存完好的古民居,一栋一栋地拆迁,一栋一栋地编出序号存放,现在又照原样复建于凤凰山,成为三峡民居的集锦园。据专家介绍,这是典型的明清建筑风格,整体形状为四合院,屋墙系清一色的青砖所砌,白粉勾缝,井然有序,美观气派。环顾之间,悦人眼目,这十余栋古建筑,错落有致。漫步其间,仿佛走进300多年前的历史深处,令人发思古之幽情。

  当我们留连在一栋古民居内,全部为木柱木架木梁结构,室内都是板壁,桐油油漆,窗棂雕花,花鸟虫鱼,典雅精巧,浓墨重彩耀眼,文化内涵可触。尤其是那一口四方天井,石板铺地,几棵小草从砖缝中长出,绿意盎然,让人感受着生命的活力;因有这方天井,光线为之明亮,好似一栋民居的天窗,仿佛一首古诗的诗眼,一幅国画的留空,给人以无限想象的天地。

  凤凰山上还复建了庙宇二座,宗祠二座,牌坊一座,教堂一座,计20多处文物建筑。那座教堂虽小,屋顶为西式建筑,墙壁却是中式结构,典型的中西合璧,可视为文化交流之结晶。更可观者,乃"江渎庙"。大门上的黑底金字横匾,令人肃然。庙里正堂供有一尊高大威武的水神塑像。这是三峡地区专门祭祀水神的庙宇。在人类尚不能驯服洪水的古代，只有祈求于水神来保佑平安。两侧供奉着王母娘娘、龙王爷等塑像。始建于宋代，重修于明代，其文化内涵丰富而深厚。

坝首的凤凰山，雄伟的屈原祠，已成为三峡文物地面保护的一个示范区，被列入国家重点文物保护单位。

拜谒过新"屈原祠"后，伫立门前，面临宏伟的三峡大坝，它不是远古时堵塞三峡的孽龙，而是功在千秋、造福人民的降龙卫士；是架在长江上的一座金桥，连接着江南江北逐梦奔跑。那一字排开的泄水闸，像大气磅礴的一张张诗页，泛着绿意，字里行间记载着屈原同江水密切相连的生命史话。屈原生在长江、长在长江；屈原放逐于湘江、流放于沅江；屈原投身于汨罗江；最终屈原又葬于长江的怀抱。他的一生与江河同生死、共患难；与百姓共艰苦、同吟唱。他是三峡的伟大儿子，是黎民百姓的崇高歌者。

我走下高高的石阶，心潮同江涛一样起伏。屈原哀民生的魂魄好似依旧附在碧波上，坝下苍茫，坝上苍茫，飘浮着屈原诗韵的顿挫抑扬……

伟大而瑰丽的屈原文化，萌生于三峡乐平里，沉淀于荆楚华夏，她的魅力永存，将与江水长流，与日月同辉！

（李华章，男，中国作家协会会员。出版散文集《湘西，我的梦》《江河长流》《情满绿水青山》《李华章文集》等数十部，有的作品被译成韩文。多次获省级、全国性文学奖项。）

楚辞的江山之助

◎ 彭红卫

在文学史上,文人往往借助具有鲜明地域特色的自然山水,成就其文学史地位,如永嘉之于谢灵运,襄阳之于孟浩然,永州之于柳宗元,瓦尔登湖之于梭罗。

多年以来,我每每经过三峡,云蒸霞蔚的天空,湍急汹涌的江水,蜿蜒陡峭的山峰,常常引起我对这片山水的思索:三峡的山水之于屈原或楚辞,究竟意味着什么?

我想起了余秋雨在《三峡》一文中所说的话:"从三峡出发的人,无论是男是女,都是怪异的。都会卷起一点旋涡,发起一些冲撞。他们都有点叛逆性,而且都叛逆得瑰丽而惊人。"余秋雨这段话主要是从四个人物的命运遭际概括出来的,他们分别是:巫山神女、屈原、王昭君和李白。这是四个不走寻常路的人。

在宋玉《高唐赋》中,巫山神女主动投怀送抱,与楚王夜夜云雨,这开放程度确实够怪异和叛逆的;屈原,大家更熟悉,举世皆浊我独清,众人皆醉我独醒,在"黑屋子"一样的楚国,唯一的清醒者是屈原,说他怪异、叛逆自然没问题;王昭君,进入汉元帝的后宫多年,未能承受恩泽,侍奉皇上,心中郁积悲怨,为了改变命运,主动要求远嫁和亲,成了匈奴呼韩邪单于的阏氏,这当然多少也有些怪异和叛逆;李白,一身傲骨的诗仙,金樽清酒、玉盘珍馐、高官厚禄都牵绊不了他,说他怪异、叛逆,更没问题。

但问题在于——巫山神女、屈原、王昭君是土生土长的三峡人,他们是"从三峡出发的人",三峡的自然山水、民俗风情对他们的性格和行为有影响,这是说得过去的(严格来说,巫山神女是神不是人)。而李白是四川人,只是三次经过三峡,时间都不长,在此写过将近20首诗歌,硬是要说三峡的自然山水、民俗风情对他性格和诗风有多大影响,我是看不出来的。余秋雨早期散文感性的东西多,说"从三峡出发的人,无论是男是女,都是怪异的……有点叛逆性"云云,恐怕还需要更多的样本来统计归纳。

余秋雨这段话在逻辑自洽上是有瑕疵,但暗含着一个理论命题,即人物个性和地理空间的密切关系,在中国古人那儿,这一理论命题被称为"江山之助",它是由刘勰首先提出来的。在《文心雕龙·物色》中,刘勰说:"然则屈平所以能洞监《风》《骚》之情者,抑亦江山之助乎。"这句话大意是说,屈原之所以能够深切地领会楚地民歌的情感,是因为被贬谪放逐后的屈原,在楚国的自然山水、民俗风情中汲取了创作灵感,他的作品也呈现出与众不同的意象、意境与风貌。更进一步讲,地理环境对作家的个性、创作心理、创作题材和风格等是有影响、有帮助的。

刘勰《文心雕龙·辨骚》赞词又说:"不有屈原,岂见《离骚》?惊才风逸,壮志烟高。

山川无极,情理实劳。金相玉式,艳溢锱毫。"意思是,假如没有屈原,哪能出现《离骚》这样的杰作呢?他惊人的才华像飘风那样奔放,他宏大的志向像云烟那样高远。山高水长,浩茫无际,伟大作家的思想感情也同样无边无际,因而为文学创作树立了很好的榜样,字字句句,光彩艳丽。在这里,刘勰进一步指出,无论是屈原的个性才华,还是他创作的辞赋,都得益于楚地的山川风物,三峡地域诡谲的风烟云雾、陡峭的崇山峻岭、汹涌的江河波涛、辽阔的楚国江山,赋予屈原和他的作品金玉般美好的品质、惊采绝艳的美感。

宋代黄伯思《翼骚序》说:"屈宋诸骚,皆书楚语,作楚声,纪楚地,名楚物,故可谓之楚辞。"这段话说明"楚辞"是指以具有楚国地方特色的乐调、语言、名物而创作的诗赋,在形式上与北方诗歌主要是《诗经》有明显的区别。特别是《九歌》,直接继承了楚地民歌或祭祀乐歌的特点,具有神奇迷离的浪漫精神,在创造性传承中,又有创新性发展,这再一次说明楚地自然山水和民俗风情,对屈原诗歌风貌的巨大影响。

成语中有"钟灵毓秀"一词,意思是山川凝聚了天地间的灵气,自然孕育出优秀的人物。可以这么说,每位作家的生命原色里都或多或少携带着不同地域的自然图谱和人文基因,不同的自然条件对人们的精神气质与心灵陶冶是不同的,而不同自然条件导致生产方式、生活方式、文化风俗与传统又是不同的,作家生长或者因为流动迁移到特定地理环境中,这种地理环境就会对作家的创作产生影响。但地理环境对作家的创作在哪方面产生影响,有多大程度的影响,恐怕这种人与地域空间更真实的关系是需要更细密地展开的。

晋代袁山松在注释《水经注·江水》一段涉及屈原故里"归乡"时说:"抑其山秀水清,故出儁异,地险流疾,故其性亦隘。"儁异,是指才智特异的人;隘,心胸狭窄。

袁山松这段话是值得深究的,难道山清水秀之地就一定比穷山恶水之地出人才?地势险要、水流湍急之地的人就一定心胸狭隘?袁山松是著名地理学家,断不至于说出这么没逻辑的话!

我是这么来理解的:这里的"性亦隘",是指空间的容受能力较小,也就是说屈原受长江三峡山川地理的影响,禀性方正、正直、有棱角,干干净净,堂堂正正。因为不随波逐流,不肯与世俯仰,做不到圆融自如,他目下无尘,就如俗语所说的"眼中容不得沙子",所以显得"心胸狭隘",用犬儒乡愿的价值观来衡量屈原,自然会觉得屈原"心胸狭隘"。

也正因为如此,我对司马迁《史记·屈原列传》篇末太史公对汉代贾谊《吊屈原赋》的批评非常认同。司马迁说:"及见贾生吊之,又怪屈原以彼其材,游诸侯,何国不容,而自令若是!"如果像贾谊一样,把屈原与苏秦、张仪等唯利是图、见风使舵之辈相提并论,是很难理解屈原的行为方式的,更难理解屈原选择投江自尽的决绝。屈原的早期作品《橘颂》曾写过:"后皇嘉树,橘徕服兮。受命不迁,生南国兮。深固难徙,更壹志兮。"在屈原笔下,橘树枝繁叶茂,硕果累累,忠贞不贰,雄姿英发,具有蓬勃的生命力,可以说橘树之美是屈原之美的人格化,屈原对于自己的国家,对于自己所生长的环境,是决不愿意离开的。明白了这些,我们或许才能懂得屈原为何不出走他国,而选择自沉汨罗这样一种决绝的姿态。

　　总之,楚国山川,特别是长江三峡,既雄奇壮美,又变幻无穷,多姿多彩,给骚人墨客以创作的对象和触媒。在这里,花草树木丰富多样,烟雨风云诡谲奇异,民俗风情巫风炽盛,这一切,使屈原和楚辞作家既具有丰富的想象力,又具有深邃绵渺的情感,因而香草美人的比兴寄托,天神地祇的比附象征,使《楚辞》在《诗经》之后,有着汪洋恣肆、惊采绝艳的浪漫特质和坚毅个性。

　　(彭红卫,男,三峡大学文学与传媒学院教授,发表过《屈原的文化人格研究》等论著多种和论文多篇,现任三峡大学屈原文化研究中心主任。)

作　　者：金强
作品名称：行书《制芰荷》
作品尺寸：136 cm×68 cm
释　　文：制芰荷以为衣兮，集芙蓉以为裳。不吾知其亦已兮，苟余情其信芳。高余冠之岌岌兮，长余佩之陆离。芳与泽其杂糅兮，唯昭质其犹未亏。屈原《离骚》选抄 岁次壬寅小雪节气健哉金强于不舍轩
钤　　印：健哉五十以后作 半月山人 金强之印 不舍轩

製芰荷以為衣兮集芙蓉以為裳不吾知其亦已兮苟余情其信芳高余冠之岌岌兮長余佩之陸離芳與澤其雜糅兮唯昭質其猶未虧

屈原離騷選句
歲次壬寅小雪二京氣健於金匱樓於石倉軒

拷问乐平里

◎张学元

一

走进乐平里,正午的阳光正吟哦美妙的篇章,路边盛开的野花,弥漫着无边的诗意。山峰峻峭,柑橘林立,乐平里的牌坊仿佛一位巨人,正鸟瞰着这方平常但不平凡的土地。我感觉,狭小的冲里,早已容不下这许多的肃穆与庄严了。

嗅着丝丝缕缕的橘香,我仿佛看见了那个风华正茂的小青年。此时,他正背负着一个简陋的行囊匆匆行走在曲曲绵绵的乡间小道上。他,就是那个名叫屈平字灵均的人。两千多年前,说不定就是这样一个灿烂的金秋时节,他义无反顾地把稚嫩的背影留给了乐平里,而且永远地离开了这片生他养他的土地!我无法计算,那个时候从乐平里走出三峡、走到郢都的路程,但我可以想象,正值青春年少的屈灵均该是怎样的风尘仆仆,又该是怎样的壮志凌云。

二

稻香弥漫,在山涧的伴奏下,由小镇向大山深处走上几里路,就到了读书洞。从史料看,屈原不仅从小聪颖过人,而且过目成诵,更不用说下笔千言了。史书说,无论正史经典,还是杂言野史,凡当时能够搜集到的书,他几乎都读过。真是难以想象,一个狭小的乐平里,究竟是怎样造就了这样一个广阔的空间!

"朝饮木兰之坠露兮,夕餐秋菊之落英。"对了!他就诞生在这灵山秀水之间,他就是这秀丽山水间的精灵。直面高山,使他品格孤傲,性质高洁;俯瞰流水,使他文思泉涌,百折而不回。环顾这里的菲菲野草和郁郁松柏,我们就不难发现他好奇服、爱花草的雅兴了。

三

香炉坪在读书洞对面山上,远望去,好一派葱郁,好一派秀美。虽然相隔一道山涧,但仍然可以清晰地发现山巅上那片坪地,而且还呈月牙形。坪地中间凹两端凸,远看去极像个剖开的巨型香炉。

据庚仲雍《荆州记》和袁山松《宜都山川记》记载,这里就是屈大夫的出生地。香炉坪正中曾经还有"屈平故宅"。屈原宅基早已随历史远去,可以看见的只有片片柑橘林和金光灿烂的稻田,还有那茂林修竹和潺潺溪流。

汲日月星辰之菁华,孕山川花木之秀美。可以想象:在那紫气东来、万象更新的正月,暖融融的太阳照耀着喜洋洋的香炉坪,屈氏屋顶上袅袅升起的香烟,在朝阳一片的金辉里,霞蔚云蒸。就在那一阵振奋人心的啼哭声中,一个民族的精英呱呱坠地。就是这阵稚嫩的啼哭,延伸了后来气势磅礴的金石之声;就是这阵生命最初的呐喊,铿锵了后来震耳发聩的醒世之言。

四

屈原庙就坐落在集镇边山梁上。山脊蜿蜒伸展,道劲犹如静止的舞蹈。当地人都说,这山脊是条龙,屈大夫的庙沾着龙脉呢。

仰望,庙宇在一片橘林的馨香里静逸而安详。往来于阳光下的五彩蝶儿,仿佛就在演绎着屈大夫那丝丝缕缕的英灵和思虑。庙很小,是两厢一间的小天井。正房里供奉着屈大夫的大理石雕像。轻轻迈进这间多少有些阴暗的房间,在湿润的空气里,我仿佛早已嗅到一股泪水的味道。阳光从瓦缝隙之间洒落下来,我看见屈原清瘦的脸上尘埃翻飞。我情不自禁拜倒在雕像前,在那缕缕升腾的焚香里,久久抬不起头来。此时此刻,屈原正低头凝视着我,他那满是沟回的面容,写满了几千年的沉郁和沧桑,一缕倔强的胡须直指上苍,忧愤若有语,慷慨似有言!

小人离间,流言中伤,屈原内心深处的痛苦和哀伤与日俱增。面对怀王客死他国的莫大国耻,屈原义愤填膺,肝胆欲裂。面对子兰郑袖一伙奸佞,他拍案而起,诅咒黑暗政治,斥责旧贵族势力,质疑和暴露统治阶层的罪行,在愤怒的呐喊声里充分表现了他大无畏的批判精神。然而,无情的悲剧还是焚毁了他梦寐以求的美政理想。

<u>尘土些些</u>,野草丛生,庙已冷落。年逾古稀的徐老先生一直生活在这里为屈大夫守庙。这天他刚刚输完液,虽然有些气喘,却为我们翻开了一帧帧正史的厚重和一页页野史的飘逸。

五

屈原祠脚下是一湾浅浅的溪水,水流潺潺而缓缓。伫立在溪水边,我发现自己的倒影是那么清瘦,那么单薄。山上的鸟声携风而过,屈原祠已经淹没在一片树荫之中。再看面前的那一片稻田的金黄,我止不住眩晕阵阵,如梦茫然。

我相信,公元前二百七十八年夏历五月初五的那个日子和今天一样平静无异。也许那天的乐平里鲜花盛开,晴空万里。也许那天家家户户门前的端阳花正泛滥着幸福的容颜,也许我面前的这一条溪流正高唱着盛夏的旋律……也许那茫茫洞庭的周遭还没有嗅到战争的硝烟,也许美丽的汨罗江畔正呈现出一派农忙的景象。

可是,已经漂泊十年之久的屈原却早已听见了刺耳的喊杀声,他正泪流满面地远眺那战火焚烧着的郢都。屈原的生命即将跟随楚国的灭亡而陨落。也许,他面色枯黄、衣衫褴褛地夹杂在一群跟跟跄跄的难民之中。也许,他在难民的议论里准确地知道了眼下的情况:虎狼之师已席卷南疆,秦军的长剑已经洞开了郢都城的大门,君臣怆然辞庙,嫔妃仓皇鸟散,百姓流血漂橹……

　　看那浩浩荡荡、无动于衷的汨罗江水,屈原耿耿的忠心碎了,满腔的热泪干了。他颜色憔悴,形容枯槁,披头散发,踽踽独行。最终,那一声震天撼地的长啸终于化作滔滔的汨罗江水!

六

　　当我们重新审视皇皇穆穆的大部头历史之时,那份儿答案似乎就在每一个王朝的兴衰里。屈原,这个从乐平里走出去的伟大人物,终其一生都没有跳出悲剧的厄运。类似屈大夫的每一个爱国者或者是改革家,也都没有走出这个令人伤心落泪的历史怪圈。这样看来,屈大夫的悲剧,也是整个历史的悲剧,更是一种邪恶吞噬正义的悲剧。

　　然而,真正的悲剧是有其崇高价值的。虽然,顽固与邪恶毁灭了他的一生,但是,他忧国忧民和行廉志洁的人品却成了中华民族的万世楷模!"屈平辞赋悬日月"。屈原,他是文学殿堂里一颗瑰丽夺目的星辰!屈原,他是文明史里一盏气魄恢宏的明灯!

　　走进乐平里,我把一掬热泪倾泻在这方曾经养育了屈原的土地上。走出乐平里,我把一腔激情深深地埋藏在心灵底层。无论是那呼唤着"我哥回呦!我哥回呦!"的子规鸟,还是那端午佳节香甜的粽子,我的缅怀之情就仿佛是这已经回溯到乐平里的长江之水,浩渺苍茫。

　　(张学元,湖北省作家协会、书法家协会会员,湖北省宜昌市兴山县人大常委会副主任、县文联主席。)

屈 原 庙

◎ 周凌云

屈原庙是孤傲的,它挺立在钟堡之上。

钟堡是乐平里小小盆地边缘的一个山包,这是乐平里地理的中心,也是屈子故里思想的中心。

屈原庙,飞檐高翘,雄峻壮美,就像屈原端戴的冠冕。

屈原庙,如果勾勒一下,是这样:一个天井,一个大堂,两个厢房。外有飞檐,四角高翘,白墙黑瓦。斜山顶,假斗拱。是峡江典型的仿清代民居建筑。坐北朝南。大门之上,"屈原庙"三个字为郭沫若所书,古拙,苍劲,是力透纸背的力量,置于庙门之上,熠熠闪亮。之下是高大宽阔的庙门,两扇大门为朱红色。门厚重如铁,守庙人推门与关门发出的声音,像雄鸡鸣唱。庙门两旁,蹲着两个大石狮子。威武,忧愤,又像在咆哮。我仿佛听到了《离骚》的声音。站在庙门之下,感觉我特别渺小。

我走进大堂,屈原的形象巍然屹立,需仰视才能看到他的高度。白色塑像,高4米。白色耀眼夺目,屈原的洁白之躯是出淤泥而不染的。头戴高冠,衣袍飘飘,他在空中、在风中、在我的目光中行走。

带长铗之陆离兮,
冠切云之崔嵬。

他身佩长剑格外引人注目。曾有一位游客问:屈原是一位诗人,怎么还佩剑呢? 我认为剑是他高贵身份和地位的佩饰,是正义的象征,是楚人勇武精神的象征。剑是屈原的武器,他要时时与奸佞作不屈的斗争。

但屈原面容是憔悴的,双眼忧戚,神情黯淡。这正是司马迁为我们记述的"颜色憔悴,形容枯槁"的屈原。是失意和愁苦? 是忧国还是忧民? 我听到了他发出的低沉而忧郁的声音——

长太息以掩涕兮,
哀民生之多艰。

陈洪绶为我们描绘的是一个愁眉锁眼、忧郁寂苦、行吟泽畔的屈原,也是一个矢志不渝、追求光明和真理的屈原。傅抱石为我们描画的是面容清癯、眼窝深陷、双目迷茫的屈原，绝望中还残存一线希望的屈原。我还读过赵孟頫、门应兆、张渥、顾洛等用画笔描绘的屈原，也都独具风格。这些，就像电影画面在我的脑里闪过，不停地跳动。其实，每个人的心中都有一个屈原。成千上万的人为他写诗、画画、雕塑，他的高大形象都挺立在各自的想象之中。我是一个唯美主义者，我不希望人们将他的形象随意雕琢和绘画，因为一旦展示，总会有遗憾。

守庙人为我讲述着屈原庙的历史。

乐平里先后修建过四座屈原庙。它们在历史的烟尘里总是兴盛和衰亡，建了毁，毁了建。或保留几十年，或上百年、几百年。屈原庙是乐平里人精神的大庙。修建屈原庙就是延续这种脉络。最早的一座为明代所修，不是建在钟堡，而是建在玉米三丘的山坡之上。玉米三丘是屈原故宅旁的一处粮田。这座屈原庙建得格局非凡，气度不俗。一山门，一天井，一阁楼。过天井拾级而上，是大殿，宽阔敞亮。左侧是一口丈余高的大钟，敦厚古拙。右侧安放有一面龙凤大鼓，气势轩昂。天井两旁是两间宽大的厢房，内有楼梯，登梯而上便到达阁楼。阁楼里供奉着一尊屈原金像，它成为房子的主人。它灼灼其华，放射金光，就像乐平里五月盛开的菜花。金像的光芒，像无数的箭镞射在你的眼里，让人却步。光芒挡住了一切的欲望，它也使众多神像黯然失色，它的地位高高在上。屈原金像一尺余高。旁立长明灯，终年不灭。守庙人青衣玄冠，天天在阁楼焚香礼拜，几乎不离屈原金像左右。是虔诚礼拜还是日夜守候？这尊金像没有放置在大厅而放在阁楼，增加了它的神秘。因为它是金子铸造的？因为它要放到更尊贵的龛位？旧时，每年五月初五端午节，屈原金像像一只巨大的喇叭，翻山越岭地广播，它召唤芸芸众生。周围的人来了，几十里外、几百里外的人也来了，或几十人，或上百人。有的抬着屈原的木雕像，敲锣打鼓，有的扛着陶冶的屈原塑像，吆吆喝喝。这些浩浩荡荡的队伍，当地人称为"会香"。"会香"之意大概是聚庙放鞭焚香，在金像前许愿，保佑家人康健，多收庄稼，平生福禄。这是劳苦人民最朴素的愿望，屈原岂不佑护吗？他所做的一切都是为了人民。平时清清冷冷的屈原庙，白昼黑夜喧嚣不止，嚷嚷闹闹，也水泄不通。大晴天，庙前就像一个大市场，卖水果、麻花、包面，也卖酒，很像一幅小小的《清明上河图》。如遇雨天，便都挤在庙里，挨个儿去屈原金像前叩头。守庙人起个头，"招魂词"便在整个庙宇里面唱起：

东不可逝兮，东有弱水无底，归来，归来。
西不可向兮，西有流沙千里，归来，归来。
北不可去兮，北有层冰万尺，归来，归来。
南不可往兮，南有朱明浩池，归来，归来。

朴素的人们对屈原是怀着深厚感情的，他们来为自己祈福，也来为屈原招魂。乐平里自古以来，在重要的日子都唱这"招魂词"。当地人叫"小招魂"。

屈原庙曾修葺过几次,屈原金像却一直供奉在屈原庙里。它放射的光芒照耀着一段又一段的历史。兵荒马乱的年代,流氓地痞将这尊金像偷走,卖掉了。自屈原金像被偷走后,屈原庙就失去了魂灵。

我眼前的这座屈原庙是重建的。264平方米,土石夯就,但是它威仪自显,神韵自现。

钟堡上只建了这座屈原庙,没有农户,很宁静,注定了好像就是屈原居住的地方。屈原庙是人们精神聚会的场所,它建筑在世俗的生活之外,建筑在楚辞的精神世界,它的高度已经是世界的高度。

(周凌云,男,中国作协会员、湖北省宜昌市秭归县文联原主席。)

屈原沱

◎ 韩玉洪

长江三峡秭归县旧州河墓地,坟头都朝向西北归州,唯有我家祖坟端直朝着江北的屈原祠,因此感觉朝向是歪的。长辈告诫,祖坟是用罗盘正了的,朝向好。

旧州河下游南北两岸各伸一道石梁到江中,中间只留百米宽的江面,形成一个石门。石门上游就有了大片水域,这片水域叫作沱。因为北石门上游的水域有个屈原祠,所以这里自然就叫作屈原沱。

旧州河老城即老归州江边,还有一个叫马鞍石的石梁,石梁前有一阵小回水。江南旧州河一带包括青滩南岸在内的居民要到县城归州,只能到旧州河老城马鞍石上游的镜子碛乘坐木帆船过江。枯水季节,帆船会停靠北岸屈原沱上游的罗家碛,居民进城就近了几里路。汛期,罗家碛江中的屈原三洍非常厉害,木船难得近身,只能在屈原沱上岸。

放暑假我回老家去玩,一天乘坐木船过江到外婆家,在屈原沱上岸。木船过江时,向着屈原祠移动,祠门一直是大开的,黑洞洞的,越近门越大门里越黑。走近了才看清,原来屈原祠叫清烈公祠,为独立建筑,硬山顶,坐坡朝江,面对旧洲河锁场坪楚王井跟前的楚台山。木船就在祠门口的小路边停靠,这条随山势上下左右弯曲的小路,从香溪镇直到归州镇。

我上了岸,被祠门里的黑洞引力吸了进去。

也许清烈公祠在背湾避风处,祠里是一个灰尘的世界。堂中间一巨型莲花台,烛光融融摇晃,香烟袅袅升腾。台桌红布上的墓志铭被灰尘蒙蔽,依稀看得到刚劲的毛笔字。我给屈子敬上一炷香,跪到灰尘里对着墓志铭虔诚念道:"大夫名平,字曰灵均。太岁在寅,诞生乐平。皇考伯庸,帝高阳之苗裔;始祖屈瑕,以封邑而为姓。水回千里,墓室蒙泽。择地迁葬,永慰忠魂!"

听见吱呀一声,从头顶传来,站起一看,一副棺材赫然吊在头顶,顿吃一惊:"装有人么?"静下心想,外婆早就说过,这就是屈原的衣冠冢,等屈子的尸身回来才会下葬。棺材也叫寿木,这个寿木是红色的,大头朝内。寿木两头密密麻麻地绑了许多粗麻绳,中间只有三分之一的地方没有缠绳。粗绳被灰尘遮盖,只有从寿木的底部望上去,凭想象才能知道寿木的周身大部缠满了粗绳。红色寿木吊在祠堂中间的梁上,安静得出奇。

厚厚的灰尘掩埋了屈子,其思想似在灰尘里闪光,这里何尝不是屈子最好的归处?

白居易在《哭微之二首》中写道:"文章卓荦生无敌,风骨英灵殁有神。哭送咸阳北原上,可能随例作灰尘?"我在此时,亦有如此感叹。

轻轻步出，生怕惊动了屈子的灵魂。清烈公祠门前的屈原沱江浪滚滚，回旋东去。对岸旧州河山上的楚台山，橘林遍野。陆游曾经在楚王台吟诗："江上荒城猿鸟悲，隔江便是屈原祠。一千五百年间事，只有滩声似旧时。"到了现在，应该是两千多年的事了，人们始终秉承屈子精神："路漫漫其修远兮，吾将上下而求索！"

　　外婆常常说道，由于这一带水域的特殊，旧州河和屈原沱还是秭归县划龙船的地方。几十艘龙舟从屈原沱出发，到旧州河镜子碛登岸抢红，观者人山人海，好不热闹。

　　桡工号子传来，声声击石穿浪。三峡纤夫拉着柏木帆船从北石门顶端的洒金台弯过来，纤夫头上包着白布帕，帕头吊在右肩以便擦汗挡水。如果是走亲访友，纤夫五尺长的白布帕缠头三转打结，帕尾从右边竖过头顶一截，显得英俊潇洒。船工包头帕是祭奠屈原投江而流传下来的，此时在屈原祠跟前，更要慎重缠紧，以示尊敬。

　　纤夫们拉纤一定是顺肩，纤绳要顺着缆绳，不能把身体夹在中间。平水时，纤夫们的手臂有规律地前后一致摆动。遇到激流，弓箭步弯身，食指和中指轻轻点地，木船周身，激起五厘米高的麻花儿浪，似木船使力奋进流汗。遇到滩水，则双手掌撑地，全身打直，用力蹬行。无论什么水势，纤夫们的姿态形象都优美高尚，配上桡工号子，演戏一般，令人赏心悦目。

　　屈原沱是三峡少有的回水区域，木船可以自动上行。此时纤夫们一阵风爬上船，端起碗先喝酒再抢饭。木船上行，一天大致开七餐饭，下行开五餐，顿顿有酒有肉，但只能吃个半饱，吃多了反而容易打瞌睡，不能下力拉纤撑船。

　　我时常梦见儿时在长江三峡香溪宽谷屈原沱外婆家游玩的情景，那一阵阵小叶蚊母淡淡的苦香和小溪泉水微微的甘甜味，即使醒来，也久久不能离去。我总是想，如果把三峡的每一座大山都比着一个个峡江妹子，那么，她腰下部分，就是绚丽多姿的彩裙。

　　飘落到屈原沱江边的山裙，时刻都接受着江水的洗礼。三峡山裙是生育养育数百万三峡儿女的地方，每一座山裙，都是一首古老的诗，一幅古色的画，永远咏不完，永远看不够。

　　上个世纪七十年代，儿时的我每年都要回湖北秭归屈原沱过年。冬天，山裙变长了，伸到江边的裙脚是大片大片洁净的青沙，山裙的褶皱是一些从山上斜伸到江中十来米高的山梁和切开沙滩奔向长江的小溪。青沙上，成片的麦苗和豌豆尖儿在微风中轻轻摇摆，与江中的细浪相连，构成一幅峡江迎春图。我们走在沙田间的临时沿江小道上，爬上山梁时，我们总要歇息一会，望着外婆的农家，想象她看见我们高兴的样子；过小溪时我们时常要捧水喝个够，然后洗净手脸好见外婆。

　　沙道靠山的泥石坎上，是两尺来宽的正式山路，山路的上边点缀着各式农舍，农舍的上边便是成片的果园和农田，农田靠后的最上边，是只长草和石头的山的上半部分，最高峰常有白云缠绕。

　　清晨，我常常被江中的轮船汽笛和船工号子喊醒。有时出了门，看见江对岸旧州河山坡的上半部盖着厚厚的白雪，山裙却是绿油油的田庄，错落分布在山坡上的农舍大多已冒起了做早饭的炊烟。

　　汛期,江水涨到山路边,浑浊的江浪用力拍打着屈原沱山裙的脚边。江中的涛声震天介响,水也汹涌得很。我们小孩只敢在江边水中戏耍。大水淹了一些果树,我们就游到树上啃水中的蜜桃、李子和葡萄,有时还到溪沟捉鱼摸蟹,玩得天昏地暗,不知道回家。

　　三峡工程蓄水至175米,美丽的三峡山裙全都沉没在记忆的深海。每当我从做着三峡屈原沱山裙的睡梦中醒来,摸摸眼角,总是挂着一些泪水。

　　(韩玉洪,男,宜昌港务局从事宣传、管理和服务。湖北省作家协会会员。发表作品500万字,出版有长篇小说《鸽子花开》等。报告文学集《让阳光照亮星星的世界》获湖北文学奖提名奖。)

屈 原 赋

◎ 熊 平

　　丹阳世家，南国名门。楚侯原是同宗，因近王室而称望族；先祖本为熊氏，缘食采邑而改屈姓。意法上天之公道，名平亦名正则；思效大地之厚德，字原又字灵均。眉目清秀，气宇轩昂；天资出众，聪敏过人；"学而不厌，博闻强志；明于治乱，娴于辞令"。

　　先生入郢，怀王召见，试以笔墨，入职宫廷。初任文学侍臣，已有诸多建树；后迁左徒伴驾，更显治国才能。胸藏联齐妙策，六国倚重；腹隐抗秦奇谋，外敌怀恨。正道直行，口若悬河，议案触及权贵；竭忠尽智，笔似投枪，奏章耸动朝廷。

　　怀王密授旨意，起草国家《宪令》，指望肃清贪腐，希图革除弊政。

　　先生奉诏，笔走雷霆，苦心孤诣，令稿初成。

　　朝堂靳尚，即生恶念，于是谣诼顿起；王室子兰，随萌歹意，由此毁谤骤生。乱臣贼子，或言先生排挤群僚，目空一切；奸党佞人，或谓先生架空君王，独断专行。郑袖枕边告状，怀王偏听偏信。更兼奸细重金贿赂，上下其手；又加贪官朋比勾结，内外诟病。《宪令》怀王不曾亲览，竟被付之一炬；先生贬作三闾大夫，不许再问朝政。

　　千言莫辩，先生胸怀治国之宏图，无由上达；万语难诉，先生心藏理政之伟略，不可下行。"出则接遇宾客，应对诸侯"，已是明日黄花；"入则与王图议国事，以出号令"，即成今时泡影。

　　不能联齐，何以抗秦！先生论断，事实明证。因之齐楚生隙，连横即告破裂；由是秦国得势，合纵战线形成。秦攻楚，楚军大败而溃退，弃城失地；秦伐齐，齐师全输而窜逃，折将损兵。

　　一计既遂，一计又生，秦君来书：武关会盟。

　　既吃一堑，不长一智，怀王作答：克日成行。

　　先生力谏：秦君不仁，此去武关，恐入险境！

　　斯言并不逆耳，怀王厌听，数语之间，即动雷霆。

　　先生当驾：王请三思，定要赴会，先立储君！

　　此语确实刺心，怀王震怒，放逐先生，令离郢城。

　　正义蒙冤，邪恶称心。先生呼天抢地：大王不识忠臣！人去也，但借吟诗作赋，不忘怀民忧国；心在焉，写罢《离骚》，再写《涉江》《天问》。

　　先生预言，果然不妄，怀王入秦，即遭软禁。囚徒日月，痛不欲生，客死咸阳，骤成冤魂。噩耗传来，举国震惊，先生遥祭，泣撰《招魂》。

顷襄王继位,昏聩更甚,帮凶助恶,迫害先生。名为令迁封地,实是流放终身。

　　茫然四顾,再别郢城。经夏浦以过鄂渚,渡长江而泛洞庭,辗转辰阳溆浦之野,徘徊沅水汨罗之滨。寒来暑往,四时轮替,先生苦楚,一言难尽,形容枯槁,唯有精神。

　　是日端午,天朗气清。先生早起,踽踽独行,登堤上岸,慷慨高吟:举世皆浊,而我独清;众人皆醉,而我独醒!渔父与辩,反坚其心:宁赴滚滚湘流,葬于江鱼之腹;不以皓皓之白,以蒙世俗之尘!难民纷至,凶信频传:白起拔郢,火烧夷陵!先生心碎,眼泪流尽,破庙辞祖,愤书《哀郢》。诗成大呼,四壁回音:蕞尔秦国,何以骄矜!离庙再拜,复诵《怀沙》,举身汨罗,应声而沉。乡民奔集,望江呼号,不闻人应,浪卷悲声。划船掷粽,祈求湘君:勿令鱼虾,伤及先生,望送故里,以安忠魂……

　　先生归去,留下诗文,光耀日月,朗照乾坤!

(熊平,男,湖北省作家协会会员。作品散见于《长江文艺》《百花园》《布谷鸟》《萌芽》《湖北日报》等报刊。新诗《金桥》曾入选初中语文课本和《中国文学》,出版作品集6部。)

第一诗人

◎ 朱白丹

2013年9月,"火炉"武汉的酷热还未消退,秋天就踏着它稳健的步伐如约而至。

这个秋天,注定是文化界的一个丰收季节。我国唯一的国家级、国际化、综合性期刊交易博览会——首届中国期刊交易博览会在武汉拉开帷幕。40多个国家和地区的近千家出版单位,用一年或多年辛勤收获的果实,为读者献上了一场文化盛宴。余秋雨、梁晓声等著名作家到会签名售书,把活动推向高潮。

博览会现场人山人海,我费了九牛二虎之力才寻找到余秋雨签名售书现场。前面的演讲环节,秋雨老师在台上就中国文学几千年发展中最高等级的生命和审美潜流侃侃而谈,嘈杂的环境,使演讲效果差强人意。不过没关系,许多读者原本就是冲着见他真人和签名来的,何况还有他的著作《中国文脉》可以慢慢品读。

终于到签售环节了。读者早早地就排起了长队,绕了会场几周,这应该是我见到的排队最长的签售现场了。有读者帮家人、朋友、同学购书,手拿几本甚至十几本《中国文脉》让余秋雨老师签名,直把秋雨老师签得手抽筋。轮到我时,我说:"余老师好!我写过一篇《余秋雨与湖北》的散文,发表在一家文学期刊上。"余秋雨老师立马起身,主动跟我握手致意。秋雨老师开创文化散文先河,签售的又是《中国文脉》,我原本想与他聊聊我的宜昌老乡、世界文化名人屈原的,因等候签名的读者实在太多,根本不允许。果然就有工作人员上前礼貌地示意我离开,只得作罢。

《文化苦旅》是余秋雨老师的代表作、成名作。拙作《余秋雨与湖北》是我阅读《文化苦旅》后,对秋雨老师在《道士塔》《三峡》《三十年的重量》和《后记》里涉及湖北的人和事而创作的一篇文化散文。遗憾的是,《文化苦旅》中没有世界文化名人屈原的篇章,实在有些说不过去,仅在《三峡》中一笔带过:

船外,屈原的故里过去了。

也许是这里的奇峰交给他一副傲骨,这位比李白还老的疯诗人太不安分,长剑佩腰,满脑奇想,纵横中原,问天索地,最终投身汨罗江,一时把那里的江水,也搅起了三峡的波涛。

好在,余秋雨老师在继《文化苦旅》后的又一部重要著作《中国文脉》中,设专章《第一诗人》介绍屈原,算是弥补了遗憾。

打开书,顺着《中国文脉》《笔墨历史》《猜测黄帝》《感悟神话》《发现殷墟》《老子和孔子》《黑色光亮》《稷下学宫》一路走来,就是《第一诗人》了。开头即是结论:"我们的祖先远比我们更亲近诗","远祖的精神起点很高。在极低的生产力还没有来得及一一推进的时候,就已经'以诗为经'了"。

学习过中国历史的人们,都知道《诗经》是"中国最早诗歌总集"。《诗经》是谁创作的?余秋雨在《第一诗人》里给予了回答:

应该是散落在黄河流域各阶层的庞大群体。这些作品,不管是各地进献的乐歌,还是朝廷采集的民谣,都会被一次次加工整理,因此也就成了一种集体创作,很少有留下名字的个体诗人。这也就是说,《诗经》所标志的,是一个缺少个体诗人的诗歌时代。

这是一种悠久的合唱,群体的美声。这是一种广泛的协调,辽阔的共鸣。这里呈现出一个个被刻画的形象,却很难找到刻画者的面影。

结束这个局面的,是一位来自长江流域的男人。

这位来自长江流域的男人,就是三峡宜昌秭归人——屈原。

余秋雨认为:如果说《诗经》首次告诉我们,什么叫诗,那么,屈原则首次告诉我们,什么叫诗人。《诗经》把诗写在万家炊烟间,屈原把诗写在自己的身心上。屈原的《离骚》《九歌》《九章》《天问》等诗歌,开创了由大雅歌唱到浪漫独创的新时代。以屈原作品为主体的楚辞登峰造极,是中国浪漫主义文学的源头之一,对后世诗歌影响深远。余秋雨称屈原是中国"第一诗人",实至名归。否则,世界和平理事会不会授予屈原"世界文化名人"称号。其诗句"亦余心之所善兮,虽九死其犹未悔""路漫漫其修远兮,吾将上下而求索""长太息以掩涕兮,哀民生之多艰""诚既勇兮又以武,终刚强兮不可凌。身既死兮神以灵,魂魄毅兮为鬼雄"被人民领袖习近平频频引用,寄情言志,勉励无数中华儿女奋然前行。

屈原之所以取得如此巨大的文学成就,余秋雨归结于他身边的江流、脚下的土地:

山险路窄,交通不便,很难构成庞大的集体行动和统一话语。那儿树茂藤密、物产丰裕,任何角落都能满足一个人的生存需要,因此也就有可能让他独晤山水、静对心灵。那儿云谲波诡,似仙似幻,很有可能引发神话般的奇思妙想。那里花开花落,物物有神,很难不让人顾影自怜、借景骋怀、感物伤情。那里江流湍急,惊涛拍岸,又容易启示人们在柔顺的外表下志在千里、百折不回。

屈原身边的江流、脚下的土地,就是长江三峡西陵峡畔的宜昌这片热土。不过,如今的宜昌,今非昔比。航空、高铁、高速公路四通八达,三峡大坝在屈原的家乡拔地而起。随着高峡平湖展现在深山峡谷,余秋雨笔下的"山险路窄,交通不便""江流湍急,惊涛拍岸"的状况早已不复存在,变成了名副其实的"宜居之城,昌盛之地"!

精神层面的世界文化名人"第一诗人",与物质层面的国之重器"三峡大坝"汇聚于此——

　　放眼全世界,唯我大宜昌!

　　(朱白丹,男,中国作家协会会员、中国作协第十次全国代表大会代表。作品散见于《文艺报》《电影文学》《短篇小说》等报刊,出版小说集、散文集、电影文学剧本13部200多万字。)

浩荡之宇宙，悠悠之一人

◎黄家勤

看他乘风而去，看他游历天际，怎敌得过那一回眸。

"陟升皇之赫戏兮，忽临睨夫旧乡。仆夫悲余马怀兮，蜷局顾而不行。"

屈原在《离骚》中驾着玉龙神游天际，但他离我们一点儿也不遥远，当我看见他衣带飘飞之时，他的目光虽然很远，但那一回眸后再也走不动时，他离我们是那样的近。我们把他视作一个飘逸而伟大的浊世里的苦难承担者，一个独绝的自我，一个宇宙独立的诗人形象，这样的他或许是孤高的。但我们可以靠近他，屈原虽然是一座高峰，但他不可能就这样被立在江边，吹几千年的冷风。

这样一个诗人，屈原携带着还未经过充分人类社会发展而洗去的巫文化的诡怪与神奇，创造一个既神之又神人神世界，又还原了俗之又俗的民间神话与传说。他将天空、河海甚至宇宙都包揽其中，又将神性和人性融合在一起。"驷玉虬以桀鹥兮，溘埃风余上征。"屈原就这样驾驭着四条无角玉龙拉着的凤凰车，瞬间依托旋风向天际奔驰。在这个过程之中，他不断探寻，就是一个生命的过程，像每一个生命过程，想抓住的都是极其美好的，似乎是我们每个人出生都应该寻找的那一部分。他寻找的是能够与他相配的高度契合的拥有美好质地和品质的神女，因为他认为自己是极其无暇、极其纯净的那一部分。"朝饮木兰之坠露兮，夕餐秋菊之落英。苟余情其信婷以练要兮，长颇颔亦何伤"充分代表其洁净的内质，只能用香花香草和美人才可以与之相配。他遇见了什么呢？第一次求洛神宓妃，可是"纷总总其离合兮，忽纬繣其难迁。夕归次于穷石兮，朝濯发乎洧盘。保厥美以骄傲兮，日康娱以淫游。"宓妃虽美而无礼。二求之于简狄，又因为媒人佻巧而不可求。三求"虞之二姚"，依旧求之不得。而求女也并不是真正求女，而是通过求女来指自己的理想抱负、追求美政和贤君贤臣。在浪漫的神话想象中，投射着自己的理想和对生命意义的追寻，充满挫折，极其曲折，极其沉重。但屈原驾驭神龙，驰骋于四海，上下求索的精神一直回荡在天地之间。

为什么要问天呢？屈原问天、问日月星辰、问鲧禹治水、问历史人事，对于这些神话传说，屈原真的相信吗？如果相信，他又为什么会问天呢？屈原的《天问》灌注了屈原的理性意识，他不能真正地去回答人类和历史起源问题，但是他大胆询问，用的是反问句，说明他对于这些荒谬的传说充满着怀疑。人类一直都在向天发问，而向天发问正是人类最可贵的精神追求，这包含着人的初心和对自己的疑问、对世界的疑问。屈原最初的探天之问，变成了中华民族的文化基因。在探天之问中，他好像给了我们一个大胆的设想，让我们去探索宇宙和万物的奥秘。虽然如今的天问已经不再是当初他问天的目的,但是他作为一个开端,给了我们无穷的启示和感发。屈原问天的气魄,回荡在中华民族的精魄里,流传下去,为我们开了先路,让我们不断探索下去,保留那一份最初的浪漫和执着的追寻。

而最惊心动魄的还是屈原的那一个回眸,最打动我们的也是那一个深情的回眸。那一回眸注定要在未来的几千年里,成为士子心头永远的羁绊,成为一座高峰,成为中华民族无尽的思乡之情、家国之情。一个人怎么舍得下羁绊自己的旧乡呢?屈原永远不屈就于世俗,他清醒地知道自己内心的声音,"忽驰骛以追逐兮,非余心之所急。"多数人汲汲于名利,罗织构陷别人,甚至不惜损毁国家的利益,而屈原看见其污浊,通过个人的自持来抵抗其污浊。他的形象不能局限于单单的忠君爱国,而是浓郁的家国情怀。家国之情永远割舍不了,成为他内在永恒的斗争和徘徊。他本来可以自我疏解,做一个庄子那样遗世独立、极其自由的精神个体,去寻找无拘无束的自我,但是他知道他自己永远放不下自己的家国。在内心驳杂而激烈的矛盾中,他清楚地听见了内心的声音,因此他已经非常清楚自己的命运和走向,就这样他一次次对自己说,追随彭咸吧!追随彭咸吧!彭咸"谏其君不听,自投水而死",屈原就跟随彭咸,怀着巨大的忧愤和对楚国的热爱、眷念和忧心而赴水,和沦陷的国家一起消亡,实现了他最终的愿望。他的死唤起的是人们的醒悟,他永远鲜活地活在人们心中,他变成了一个永远守护着我们的神。

千百年来,人们凭吊屈原,是因为每一个人心中都有一个屈原。贾谊深深有感于屈原,在他笔下,时代动荡,黑白颠倒,而屈原作为一个忧国的君子,却只能被埋没,如贾谊自己坎坷而可叹的命运;司马迁有感于自身之遭遇,受屈原之悲而"发愤著书";韩愈称屈原不平而鸣;苏轼几次凭吊屈原,在《屈原塔》中写道:"楚人悲屈原,千载意未歇。精魂飘何处?父老空哽咽。""屈原古壮士,就死意甚烈。"一直到今天,屈原从来都被我们铭记着,在当代的诗人作家心中,他依旧那么鲜活。余光中在他的诗中无数次向屈原致意,在《淡水河边吊屈原》中他写道:"青史上你留下一片洁白,朝朝暮暮你行吟在楚泽。江鱼吞食了二千多年,吞不下你的一根傲骨!"《水仙操——吊屈原》里,将屈原的高洁的形象写得那么美丽:"把影子投在水上的,都患了洁癖/一种高贵的绝症/把名字投在风中的/衣带便飘在风中/清芬从风里来,楚歌从清芬里来……"屈原楚辞里浓烈的抒情特质,翻涌成湘江水,在我们心里翻涌出不尽的浪花。人们祭奠他,热爱他,爱他的壮烈,爱他的高洁,爱他的博大,爱他"虽九死其犹未悔"的不屈。

(黄家勤,三峡大学文学与传媒学院学生。)

寻访千年诗魂

◎ 林文钦

一

纵观伟大而寂寞的灵魂,总有一条河流为之安放。

二千多年前,楚大夫屈原溯青弋江和南流河入池州陵阳,他站在桥头看水波激荡,北望郢都、忧国思乡,抒写了沉郁古今的《九章·哀郢》。

二千多年后,一位后生顶着端午烈日,满怀崇敬地走进东山湾,寻访屈原入陵阳后的足迹,拜谒这位泱泱中华的诗祖。

"当陵阳之焉至兮,淼南渡之焉如?"伫立南流桥上,我怀想着三闾大夫的皖南羁旅,感念落寞又浪漫的诗祖神韵。细品"陵阳"二字,有着古意情怀,有着阳刚气质。陵阳的南流河,漂泊过屈原的孤舟,留连过谢朓的诗屐,而且还酷醉过李白的诗魂。二千年之间,三颗诗坛巨星相继辉耀天宇,朗照在陵阳的灵山秀水间,这是千秋历史的机缘巧合,还是上苍造化的格外垂青?

正是黄昏,我站在南流桥上。眼前的南流河怡然自得地流淌,露着处子般的纯净与天真。溪边有若干美院学生,全神贯注地作着风景写生,伴着此起彼伏的蛙声。洗菜的村妇,洗脸的少女,濯足的孩童,无不在水面倒映出唯美画面。此时河水呈现的表情娴静优雅,透出清静脱俗的气质。

自古以来,脉脉淌流的南流河,滋养着当地百姓。她从西边的九华山而来,曲折蜿蜒十余公里后,往南经东山湾注入太平湖。这一路漂来,她执着淡定、与世无争,并不因自身盛名而改变一颗南流的初心。这一河淡泊带着深深禅意,我想只有云水禅心的人,才读得懂她的内涵。

在被誉为"楚辞源头之一"的陵阳,四处可见屈子的印记。望乡台、三闾庙、迎屈亭、郢爱石、青铜铙……陵阳的古迹,陵阳的神话,陵阳的玄想,激发一代又一代文人墨客的灵心妙想,他们或访古探幽,或凭吊先贤,或赋诗作画,为陵阳这方山水增添了幽秘的色彩。

屈子何处寻?到南流河畔。

在屈子身后,谢朓、李白、杜甫、李贺等文人骚客相继寻河而来,在此留下数以万计的诗文名作,让古朴的南流河成为"流淌着诗意的河"。

二

屈原坎坷多舛的人生,注定和一方山水维系。

陵阳之美，美在山水的天人合一，美在南北的毓秀交融。这里地处"吴头楚尾"，北临长江，东依黄山九华；北可虎视江淮，退可守长江之险，偏安江南一隅，是徽商通往苏宁杭的必经之地。二千年前，陵阳山水以一腔宽广的胸怀，接纳了流客屈原的到来。陵阳百姓纯朴的关爱之情，使屈子孤傲受伤的心得到了慰藉。

客居陵阳的九年中，屈子沿着南流河去了哪些地方做了哪些事，文史家已很难考证。但"流"字在他生命里的位置，无疑是湿漉漉的。这"流"寓意"流放"的苦楚，意即沉浮人生的流徙奔波。"冬有突厦，夏室寒些。川谷径复，流潺湲些。"他在《哀郢》里自叙，渡过庐江我朝南渡，要找故友陈述一片赤心。在《招魂》里，他又提及皖境江河的宽阔："魂兮归来！西方之害，流沙千里些。旋入雷渊，麇散而不可止些。"屈原的其他名作如《大招》《悲回风》《远游》，字句里皆含"流"。

伫立南流河边，千年前繁荣的码头早已不再，河边的古碑刻不知其踪。在千年的烟尘散去后，唯有那座依然默立的石桥，守望着一湾清澈河水。在种有瓜果蔬菜的河边田地里，石头上还未完全风化的字迹、耸立的黄色高墙已是一垣断壁、苔痕斑驳的明清时期建筑处处可见。临河而建的徽派民居，一幢幢风雅别致，造型优美，排列有序。这让人在赏心悦目时，仿佛也置身当年那集市攒动的火热氛围中。

人与山水风物之间，有着不言而喻的默契，有着与生俱来的感应。

二千多年之间，陵阳镇理解了屈原的初心和苦心，以各种形式绽放着他的风采。静静流淌的南流河，为我们打开了认识徽文化的一扇窗子，升华了皖南文明的层次与深度。

自屈原离后的千年之间，陵阳备受世人关注，明朝名士黄观曾如此评价："《九章》著成后，此地多赋才。"纵观其后的陵阳，无论政权如何更迭，也不管"独尊儒术"还是崇尚理学，屈原精神已渗入世代陵阳人的血脉。历经千年的繁重耕作和战乱苦难，陵阳人始终不忘以读书为本。到了明清时期，中央政权和这里的联系日渐紧密，罗尚忠、周馥等一拨陵阳学子通过科考入仕，登上了国之庙堂。

三

或许因屈原以来千年诗赋的熏陶，陵阳镇的山山水水特显灵气。

在深厚文化中滋养的陵阳人，民风淳朴，尊教好儒，秉承士商，创造出富足的村居生活与鲜明的地域文化。

在方圆二百多平方公里的陵阳镇域，竟藏着多个省级以上历史文化名村。走进文韵流彩的所村，这里展开了一幅耕读文明的画卷。

坚持日出劳作、日落读书的传统，需要一个相对与世隔绝的环境，既要远离喧嚣，又要保持一定的社会联系。在这片山水灵秀的沃土上繁衍生息，村人如愿以偿地改变了自己的命运，也水到渠成地改变了村庄的命运。仅宋朝年间，就有十二个进士走出了村庄。就像风筝一样，无论他们飘得多远，所村总是握着这根风筝线。于是村庄有了绫罗绸缎的大富大贵,有了典雅气派的古典建筑,有了方圆二千亩的沃野田畴。想象久远年代的丰收年景,各地庄屋交租的粮食达三十三万担之多。想象这个分布于山梁、呈南北走向,长三华里的村庄该是何等热闹,该是何等殷实。

村中的"太平山房"系明代建筑,凝结着江南的智慧匠心。若说院中天井沟通了人与天空、雨水的自然关系,那么民居内的砖雕、木雕、石雕则沟通了人与万物之间的审美关系。这些雕刻内容涉及人物、山水、花卉、禽兽、虫鱼,无不错落有致,玲珑剔透,栩栩如生。彰示着一个房子就可以拥有一套独立完整的审美体系,彰示着房子主人高雅的审美趣味。与这些雕刻相互辉映的,是那些悬于铭恩堂、树德堂正厅左右的楹联。楹联的内容有"教子孙两行正路,克勤克俭:继祖先一脉真传,惟读惟耕""溪山揽胜怀先哲,门第添辉望后昆"……这些楹联无不彰示着儒家伦理和对诗书、自然的崇尚与喜爱。

相比徽州建筑中的教益类楹联,所村楹联内容的内涵层次丝毫不逊色。中国传统文化对于儒家伦理的重视,决定了亦农亦商的民居主人,在衣食无忧的情况下崇尚诗书的理念。这些本质上的陵阳文人,他们在读书之余耕种,"既耕亦已种,时还读我书"。文致典雅的居舍与周围的田野都镌刻下了他们的身影。他们怀着陶渊明式的"南山情结",成就了中国传统"学而优则仕"的知识分子梦想。

四

从太平山房来到陵阳老街,我一路寻访陵阳商人的历史踪迹,解读着徽商精神与屈原文化的因果源流。

"富贵陵阳镇,风流谢家村。"当年革命元老董必武的这句点赞语,富含了陵阳品格的多少深意? 遥想明清时代,陵阳商人从南流河码头起身,经新安江南下宁杭苏等大城市,他们务工、经商或办厂,以其勤劳与智慧逐渐发展成富商和资本家。而"斯商,不以见利为利,以诚为利"的儒道商训,使得陵阳商人驰骋在尔虞我诈的商场,依然能够不改儒雅本色。他们通常引聚宗族来壮大经营,建宗祠、立会馆、筑书院,培养士子,亦商亦儒。陵阳商贾"富而思进,富而怀乡",带积赚的钱财回乡买田造屋,既享受生活,也造福子孙,视为自身事业成功的标志。为此陵阳的村落建筑,都具有聚族而居的特色。尽管外地再怎么繁华,陵阳古镇八姓富商在大城市购置房产后,仍秉持"慎终追远""叶落归根"的兴乡传家观念。只要有急难大事,陵阳人不用家乡的召唤,会就尽其所能来反哺故土。

像谢家村的儒商曹维广,其家族精善经营、根系庞大,旗下"源盛"商行经世济危、敦睦乡里,由此积累了巨额财富。1948 年解放前夕,青阳县地下党找"源盛"商行倡议捐款,掌柜曹沛云顶着危险、担着困难,毅然捐出三千担大米和二万折款,迅速推动了青阳的解放。曹沛云因深明大义、泽被桑梓,被当地政府树为"开明士绅"的典范。而今一走进村里的曹氏"怀德堂",中堂的一副楹联瞬间跃入眼帘:"怀诚立本心须厚,德义传家世泽长;怀仁济世人为本,德厚施贫义必先。"据史载,仅清末至民国的七十年间,陵阳镇像曹沛云这样的儒商就涌现出上百名。

陵阳商人的"富而不骄为贵,风雅不纵成流",正对应了董老所指的"富贵"和"风流",正是"以德治商,富而雅贵"之徽商品质的具体映射。而细读陵阳人的从商理念,不正与屈原文化的感恩情愫和家国情怀一脉相承?四百年来,陵阳商人打造的徽商"贾而好儒、雅好诗书"品牌,至今仍发出"义利人和"的儒雅之光。

五

"登石峦以远望兮,路眇眇之默默。"在夏日的陵阳漫步,耳边传来南流河的涛声细语,似在回旋《九章》的经典音韵。

千年屈子,何处可觅?他在陵阳庙宇,在古石桥畔,在青山秀水间,在粽子的清香中。

千年诗魂,何处安放?他在竞发的龙舟上,在打开的课本中,在诵读的诗行里,更在你我的心间。

聆听千年河涛的陵阳子民,在不断解读屈原,理解并传承他。或许尚有部分乡民,并不知屈原之名以及他与端午的渊源,却在世俗节日仪式中默受他的影响,或如采粽叶的郊野山民,直接受惠于他的诗泽。

看这山灵水秀的陵阳,因融入屈原之魂而恢宏大气,在世代景仰中拥有了"屈原第二故乡"的品牌,为此成为民众的骄傲。

而今,这陵阳的色彩不再是单一片面的,而是富含底蕴、丰姿多彩的。一个地方要让人流连忘返、永远铭记,必须把地域文化精髓注入文旅开发当中,必须渗透到科学谋划的点点滴滴中。可喜的是,陵阳镇在古建保护开发中融入屈原、徽商、徽剧等文化元素,展开了一幅"两山一湖"的文旅开发蓝图。其中,屈原陵阳遗址、"天下粮仓1949"、明清徽派古建群、曹氏宗祠、黄石溪文旅园等景观,展现了古镇陵阳的新时代风采。

夕阳西下,看着古镇上似曾相识的一草、一木、一庙、一桥,我真怀疑自己和陵阳的投缘是否就是前世的约定?

行走在青苔漂洗的石板路上,听着远处悠悠怀旧的古曲,那郊野山坡漫溢着花香,亦禅亦诗、亦诗亦禅,像是经年如水的约定。在石桥下,浣衣姑娘们的欢声笑语,与弯曲的河面波光构成一幅水彩画。河流下游翠竹幽幽,秀色可餐,那木屋、石桥、河水、人家,多么秀美的田园画境哪。

凝视陵阳,风骨巍然。这千年风骨,系由自然与人文融合而成,凝聚成一种精神、一种气韵、一种风情,常常凭借四季的风霜雨雪,在百姓厚重的情感世界里激荡不已。而这样的质朴感情,是多么需要珍惜啊。这陵阳风骨中,有着关于历史、民俗、故乡、生存、发展的复杂记忆。想来,陵阳之所以入列中国历史文化名镇,那是靠岁月留下的沧桑痕迹,那些保存在典籍内、浸染在风情里、蕴含在传说中的故事,为古镇的千年古韵作了最坚实的印证。

回眸陵阳,我不由为这座千年古镇而留连,为她古石桥一样的淡定儒雅,为她南流河一般的温情婉约。耳边飘过那句经典之诗:天上飘着些微云,地上吹着些微风,教我如何不想她?

(林文钦,男,在《人民日报》《文艺报》《中国作家》《长江文艺》《散文》等报刊发表作品,获老舍散文奖。系中国作协会员。)

浪漫诗人　屈子精神千秋不朽

屈子精神千秋不朽

◎李　新

先秦楚国伟大的浪漫主义诗人屈原,以其高尚的爱国主义情操和忧国忧民、正直高洁的人格品质,对后世的文人士子产生了深远影响,正如闻一多先生所说:"最使屈原成为人民热爱与崇敬的对象,是他的行义,不是他的文采。"(《人民的诗人——屈原》)

屈原的爱国情怀,充分表现在他对故土的热爱,对国君的忠贞,和对振兴家国的责任感上。楚国远离中原,君主仅为子爵,长期受中原各国歧视,甚至被视为落后的"蛮夷"之邦,然而诗人倾其一生,以国事为重——在朝时,竭忠尽智,辅弼怀王,正如《史记·屈原贾生列传》中所载"入则与王图议国事,以出号令;出则接遇宾客,应对诸侯",并在作品中一再声称"乘骐骥以驰骋兮,来吾道夫先路""忽奔走以先后兮,及前王之踵武"(《楚辞·离骚》),以期"存君兴国",引导、辅佐楚王追赶先贤,实现强国之愿;而被逐之后,他仍将个人得失置之度外,唯将君国的命运系于心中,"岂余身之惮殃兮,恐皇舆之败绩"(《楚辞·离骚》),"虽放流,眷顾楚国,系心怀王,不忘欲反,冀幸君之一悟,俗之一改也。"诗人"信而见疑,忠而被谤",却不灭报国之志,其忠君爱国之情是何等坚贞!

并且,诗人还在其作品中,热情地讴歌那些为捍卫国家疆土而战死的楚军将士,如《国殇》一篇,赞美了楚军将士同仇敌忾、慷慨赴死的刚强性格——"诚既勇兮又以武,终刚强兮不可凌。身既死兮神以灵,子魂魄兮为鬼雄。"(《楚辞·九歌·国殇》)悲壮的诗句,既是对为国捐躯的将士们英雄气概的歌颂,同时也寄托了诗人的爱国情思。而在《橘颂》中,则对"受命不迁,生南国兮。深固难徙,更壹志兮"(《楚辞·九章·橘颂》)的橘树予以礼赞,借橘树赞美坚贞不移的品格,其与诗人屈原的抒情形象之间有着紧密的联系,从中体现出了诗人忠于楚国、至死不渝的精神。

当屈原得知楚国郢都被秦军攻陷、楚怀王受辱于秦,百姓流离失所之后,诗人则以十分沉痛的笔触写下"鸟飞反故乡兮,狐死必首丘""羌灵魂之欲归兮,何须臾而忘反"(《楚辞·九章·哀郢》)的诗句,表明了自己那颗眷恋祖国的赤子之心。诗人虽曾在被放逐后蒙生过"远逝以自疏"的逃逸意向,但"仆夫悲余马怀兮,蜷局顾而不行"(《楚辞·离骚》),那沉淀于诗人心中的爱国感情千丝万缕,束缚得诗人寸步难行;最终,诗人选择了投江汨罗,更是鲜明地表达了他不愿离开故土的爱国情怀,这在楚材晋用、朝秦暮楚的战国时代,是何等的难能可贵!这也是千百年来屈原一直能够得到后世文人士子敬重和效法的根本原因。

屈原作为战国时代一名高瞻远瞩的政治人物,对当时的社会现状了如指掌,然而"众人皆醉我独醒"(《楚辞·渔父》),楚国君臣对潜在的威胁视而不见,依旧沉醉于丝竹管弦、声色犬马之中。诗人忧心忡忡,希望楚国统治者从沉醉中醒来,励精图治,以民为本,重用贤臣,以实现其所追求的"美政"理想(《楚辞·离骚》)。

而实现"美政"理想的核心内容,就是要求统治者以民为本。民本思想早在春秋战国之前已出现并得到了发展,儒家"五经"之一的《尚书》中提出了"民为邦本,本固邦宁";孟子则更鲜明地提出"民为贵,社稷次之,君为轻"(《孟子·尽心下》)。而屈原在其作品中也多次提到了民本思想,如"皇天无私阿兮,览民德焉错辅。夫维圣哲以茂行兮,苟得用此下土""长太息以掩涕兮,哀民生之多艰!"(《楚辞·离骚》),从中可以看出他以民为本的精神思想,并且敢于对忽视民生的君主给予批判——"怨灵修之浩荡兮,终不察夫民心"(《楚辞·离骚》);即使在他被放逐的时候,所想的依然是人民,"愿摇起而横奔兮,览民尤以自镇"(《楚辞·抽思》)。这些正是古代儒家民本思想的继承和发展。并且,屈原在诗中称:"亦余心之所善兮,虽九死其犹未悔""既莫足与为美政兮,吾将从彭咸之所居"(《楚辞·离骚》),表达了愿为"美政"理想而献身的执着精神!

而为了"存君兴国",实现"美政"理想,屈原则反复强调修身作用,将修身提升到关乎国家兴亡的高度。"民生各有所乐兮,余独好修以为常。虽体解吾犹未变兮,岂余心之可惩。"(《楚辞·离骚》)而在他作品中大量出现的"制芰荷以为衣兮,集芙蓉以为裳""高余冠之岌岌兮,长余佩之陆离""佩缤纷其繁饰兮,芳菲菲其弥章""余既滋兰之九畹兮,又树蕙之百亩。畦留夷与揭车兮,杂杜衡与芳芷"(《楚辞·离骚》)等细节描述,则是诗人高洁人格的艺术化表达。在屈原看来,修身是治国的前提,这也是同先秦儒家"修身、齐家、治国、平天下"(《礼记·大学》)的人生价值观相一致的。

然而,当时面临的社会现状是"世溷浊而不分""众皆竞进以贪婪兮,凭不厌乎求索。羌内恕己以量人兮,各兴心而嫉妒""众女嫉余之蛾眉兮,谣诼谓余以善淫"(《楚辞·离骚》),"屈平正道直行,竭忠尽智以事其君,谗人间之,可谓穷矣",终至"信而见疑,忠而被谤"。诗人忧心如焚,痛恨小人祸国殃民的乱政行径,并反复申诉自己不同流合污的高洁情怀——"举世皆浊我独清,众人皆醉我独醒"(《楚辞·渔父》),他坚持自己的个性,坚持做一棵"香草",正所谓"屈心而抑志兮,忍尤而攘诟""虽九死其犹未悔"(《楚辞·离骚》);甚至称"伏清白以死直兮,固前圣之所厚"(《楚辞·离骚》),"清白既指自身高洁的品格,更指不动摇、不妥协、不退缩的韧性战斗精神",足见这种对于高洁品质的坚守是何等的难能可贵!

屈原以其高尚的爱国情操和忧国忧民、正直高洁的人格精神,对中国古代知识分子品格的形成产生了深远的影响;在二十世纪五十年代,屈原被世界和平理事会推选为"世界文化名人",他那高尚的精神品格,必将成为世界人民所共同拥有的精神财富!

(李新,出生于1980年,男。文学博士、保定学院文学院副教授。 兼任中华诗词学会高校诗词工作委员会委员、河北省诗词协会校园工作委员会副秘书长。)

春风初度访"屈原"

◎ 曹宗国

那是1982年春天,湖北省委宣传部副部长、著有长篇小说《平原枪声》的老作家李晓明同志到宜昌地区搞调研。时逢屈原故里的"骚坛诗社"恢复开大会,李部长觉得很有意义,要到会祝贺。宜昌地委宣传部领导就叫我陪他去。

可是去秭归屈原故里谈何容易!这个地方深藏在长江三峡西陵峡一个很偏僻的山谷里。当时不通公路,吉普车只能把我俩送到香溪河边,然后就要下车过河步行。李晓明同志已经是六十多岁的人了,却毫不犹豫地带着我上了路。

时间已经是下午了,阴晴不定的春天好像要下雨。我们一老一少来到香溪河的一个渡口,喊来一只乌篷渡船,上船过了河,就按照摆渡船驾佬的指引进入了"七里峡"。这"七里峡"是进入屈原故里的必经之路,虽然当地人说只有七华里,却是深山峡谷里曲折幽径,乱石坎坷,十分难行。

开头,我还觉着第一次这样近距离跟自己心仪已久的大作家独处很有意思,边走边问他一些写作《平原枪声》的情形。他也有问必答,说只不过是把自己的亲身经历和听说的故事如实写出来罢了,也问我读过什么书、写过什么作品。他特别有兴致地向我打听屈原故里的风土人情、民间传说,我就尽我所知讲给他听,什么传说中屈原住过的老屋啊,当地耕牛不用上鼻索啊,两人一路交谈着。

可是走到中途,我发现这阴森的峡谷里两边悬崖峭壁,上面只见一线天,下面只有羊肠路,前无行人、后无来者,云遮雾罩中唯独我们两个人,山风袭来,心里便有些紧张起来。这时李部长已经走得比较慢了,而且气喘吁吁,我连忙去扶着他。他笑笑说:"真是年纪不饶人啊!"在这样特殊的环境中,我们两个原来互不相识的人一下子变得亲近起来。

我再也不问他什么,只小心翼翼地扶着他走。他大概也没有气力多说话了,只一步一步踩着石块沙土沿着路径往前行。沉默中我心底却不断涌出一种很真诚的敬佩。这敬佩不仅因为他是一位从炮火连天中走过来的老战士,是现任湖北省顾问委员会委员、宣传部副部长的领导干部,主要是想到他是一位极有文化涵养的性情中人。不然的话,他是不会如此不辞艰险探访屈原故里的。走了一阵,我不觉对这位老人有些心疼起来,劝他歇一会儿。

李晓明同志停脚站住,待气息平稳一点,又抬头望了望天空,伸手指着前方说,你看,前面山势好像开阔一些,估计快到了,我们坚持一下。于是我又扶着他一步一步往前走。

好不容易，我俩终于钻出"七里峡"，进入了一方坪地。远远看见有一个木牌坊，我们走近一看，匾额上果然写着"屈原故里"，那是郭沫若的夫人于立群的题字。李部长驻足看了看，不要我搀扶了，领头进门，沿着阡陌小路一边往前走，一边张望坪地里风光景物。

这地方确实有点像世外桃源，周围是高山，中间一块平地，民舍稀落，田园井然，正值麦苗青、油菜花金黄。我暗想，也许中国历史上第一位行咏诗人屈原还真是出生在这里。

走了一程，但见前面一栋房子门前站了许多人，我估计他们就是开会的人。那儿的人们也发现了我们，有几个人连忙跑上来迎接。领头的说，接到电话听说李部长要来，我们好高兴。于是大家欢天喜地簇拥着李部长进入了会场。

我急忙跟主持会议的人交代说，李部长走得很累，得让他休息一会儿再开会。于是他们立刻搬来椅子请坐、端茶递水。可是不大一会儿，李部长就又打起精神来了。他和"骚坛诗社"里谭光沛等几位农民诗人热情交谈，然后又起身在这所据说是屈家祠堂的老屋前后看了看，神情很肃穆。开会时人们热烈鼓掌请他讲话，他讲得很激动，说是特地拜见屈原来了！来向屈原家乡的农民诗人们学习，你们就是活着的屈原！说得大家感动不已。

可是，当会议结束后主持人拿出一本纪念册请他题字时，他认真翻看了前面一些来自全国和本地作家、诗人的题诗，却摇摇头说："我不会写诗啊，即兴更不行。"众人哪里肯依，一再恳求他题诗纪念，他显出很为难的样子。

我看老这样僵持着也不行，加上我当时年轻不知天高地厚，就悄悄对李部长说，我在路上想过几句，写出来您看行不行？李部长连忙把纪念册递给我说：好，你写你写。我就接过来掏出钢笔写了四句话：

"屈子辞赋日月悬，遗风千古有'骚坛'。地杰人灵江山秀，精神文明开新篇。"

我一边写，旁人就一边念，念完后李部长居然连连点头说："可以，还有点七绝的味道嘛。"又问那几位农民诗人，你们看怎么样？几位老先生也都称赞说好。我就把钢笔递给他说，那您就签名吧。李部长却说："哎，你写的，你自己签名呀！"旁人都力劝道："秘书起草您认可，就签一个名吧，主要是给我们一个鼓励。"李部长犹豫再三，不好再推辞，只好签了名，然后又递给我说，你也签上名，算我们俩合作吧。我当然不敢签，旁人就急忙把纪念册收起来了。

我看时间不早了，就请李部长转回。当地干部想留宿却没有招待条件，可是这么晚了，又担心他走出去困难，就提出要用滑竿抬他。李部长坚决不干，说："这可使不得！"最后达成协议，派几个人送我们。几位当地干部一直把我们送出七里峡、过了香溪河，发现来接我们的吉普车早等在公路上了。李部长才谢过众人上车回县城。这时已经天黑了。

李部长到屈原故里拜访"屈原"，到会祝贺骚坛诗社恢复，在文化界传为佳话。两年后我到湖北省委宣传部开会，李部长很热情地接待了我，并且反复跟我解释说：那年到屈原故里的事，后来见报了，还专门把你写的那首诗登出来了，文学界许多朋友称赞写得好，我说不是我写的，是宜昌的小曹写的，可怎么解释也没用，真不好意思。我说您不必在意，等我以后写出像样的小说,请您帮我看看好吗?他大声说:"一定!"

然而我一直没能写出像样的小说,直到 2010 年才写成了《巴山旧事》,可是一打听,李晓明同志已经于 2007 年去世了,埋在九峰山烈士陵园里。

(曹宗国,作家,宜昌三峡电视台原台长。代表作有长篇小说《巴山旧事》。)

作　　者：向爱东
作品名称：行书《帝子降兮》
作品尺寸：180 cm×90 cm
　　释　　文：帝子降兮北渚，目眇眇兮愁予。嫋嫋兮秋风，洞庭波兮木叶下。登白𦸡兮骋望，与佳期兮夕张。语见《九歌·湘夫人》壬寅冬日 向蹇
　　钤　　印：爱东遣兴 知秋堂主

帝子降兮北渚目眇眇兮愁予嫋嫋兮秋風洞庭波兮木葉下登白薠兮騁望與佳期兮夕張

屈原九歌湘夫人
壬寅冬日向塞

与屈原神交

◎ 刘　艳

屈原,战国时期楚国诗人、政治家,楚辞之祖。若是中国人,不知屈原者我觉得不应该,特别是还读了一点书的中国人。我生于楚地钟祥,就读的高中古称兰台书院,书院东侧有一口宋玉井。宋玉井,又名楚贤井,其所在地原为郢学宫。宋玉,大家一定不陌生,乃屈原弟子,所谓"下里巴人""阳春白雪"说的便是他。由宋玉而及屈原,如此一想,我似乎与屈原神交已久。

秭归乐平里是屈原的故乡。然我去乐平里拜谒屈原似乎有点迟。虽心向往之,却未能成行,颇为遗憾。直到三年前的冬天,与几位文友说起,心意甚合,遂成行。

到屈原村,见到梦里屈原庙,只见白墙青瓦,飞檐翘立,一棵历经300多年的黄桷树,为门口的屈原铜像遮风挡雨。屈原庙的周围,遍布橘树,树上挂满黄澄澄的果实,黄绿相映,似乎为屈原《橘颂》而语而歌:后皇嘉树,橘徕服兮。受命不迁,生南国兮……近年,宜昌官庄建有一座柑橘博物馆,由屈原《橘颂》佐证柑橘生长出处,我想这点,定是屈原作诗时没有想到的。

屈原庙的右后侧,有一座低矮小平房,房中住着一位守庙人,名徐正端。房间不怎么大,光线也不太好,但徐老待客却很热心,特别是得知我们专程来参拜屈原。徐老对屈原历史如数家珍。他讲屈原才学,怎样为楚兴,为楚谋,后又怎样作楚辞,创骚体。我印象最深的是,他特别较真,若和人探讨屈原的经历,对不认同处,他必引经据典,据理力争。徐老的人生颇有一些屈原历经的苦难影子。他教过书,坐过牢,后选择了守屈原庙,做了他最喜欢的事,似乎是另一种幸福。徐老守屈原庙,一共守了38年。就在我们造访他后不久,就听闻徐老去世的消息,我等皆唏嘘不已。秭归作家周凌云散文《为屈原守灵》首语:"屈原庙里住着两个人:一个是屈原,另一个是徐正端。"我觉得恰如是。

乐平里有屈原八景,以读书洞、照面井最为脍炙人口。屈原出身贵族,怀报国之志,族中长辈皆满腹经纶,对屈原寄予厚望。屈原从小励志读书,特别能吃苦。他觉得屋子里读书太暖和,太安逸,容易打盹,于是找到一处背风的山洞读书。山中气温低,洞中寒冷潮湿,正好历练心志。不一会,寒气就把屈原的手脚冻肿了,但他起身跺跺脚搓搓手后继续读书。屈原饱读诗书,在山洞里整整三年。想来,任何人想取得成就,建不朽功业,都不是偶然的。我们只从远处一观读书洞,但去了照面井。传说照面井为屈原亲手开凿,这口井与众多的井都不一样,和铜镜一样又清又平。井成后,屈原每天与姐姐到井边照面理发,乡亲们也常来井边打水,整理衣冠,于是叫作"照面井"。后来屈原在朝廷任左徒,人们发现这口井不仅能照面,还能照忠奸,坏人只要一靠近照面井,就不由自主身颤胆寒。说奸臣贼子是万不敢照的。

照面井照的是心。屈原本心。重读《离骚》,我读到了屈原心的空灵。"不抚壮而弃秽兮,何不改此度?乘骐骥以驰骋兮,来吾道夫先路!"来吧,弃绝污秽,向心之所向,改变这人生,我来当引路人!"朝饮木兰之坠露兮,夕餐秋菊之落英。苟余情其信姱以练要兮,长颇颔亦何伤。"饮木兰春露,傍晚却只剩秋菊残瓣,美与质朴,应能有吧,即使身体消瘦,心中也没有愁苦。"国无人莫我知兮,又何怀乎故都!既莫足与为美政兮,吾将从彭咸之所居!"最后,他眼见劝谏无果,兴楚无望,无奈他只有走彭咸的路,以死明志,栖身水底,所谓命定的住所。质朴、赤诚、高洁、坚定、悲情。灵魂拷问,莫过于此。于是,龙舟来了。香喷喷的粽子来了。

龙舟竞渡吊屈原。人们不舍贤臣投身江底,划船追赶拯救,然又怎么找得到他呢?只能借划龙舟驱散江中之鱼,将筒米撒入江中,以免鱼虾伤了屈原的身体。

前几日,我竟在黄柏河看到了一叶龙舟,正沿河飞渡,舟身轻盈,鼓点振奋,几名桨手随韵律而舞,整齐划一,不乏雄壮之美。又见各色粽子已然上市,素的,肉的,起锅时,香飘袅袅,十里可闻,忍不住想尝。

想来,端午快到了。

(刘艳,女,笔名荷叶儿。湖北省作协会员,宜昌市夷陵区作协副主席兼秘书长。擅长散文创作,著有散文集《你是最美的》。)

《链子崖风景》(布面油画) 70 cm×50 cm 2015
刘晓明(1994年毕业于湖北美术学院,宜昌市人文艺术高中高级教师)

汨罗江畔觅屈原

◎ 侯志锋

  与汨罗江相遇,缘于屈原,他的品格,一直是我做人的标签。
  早晨六时随着人流涌出汨罗火车站出口。"欢迎,欢迎,热烈欢迎!"一阵口号声响起,两排队列在清晨的曙光中鼓掌,浓烈如蝉唱。
  人流涌出越来越密,鼓掌的大汉们散到人群中热情地招揽顾客,才知道他们是出租车司机。汨罗人很有文化礼仪,连的士司机也彬彬有礼,让旅客很放心。
  一位中年男司机一直跟在我身边,下身穿一条米黄色的中裤,稍旧的横条灰色短袖套在上身,胡子有点凌乱。听说我要去屈子文化园,他眼睛一亮,眉飞色舞。
  司机一路和我谈屈原谈汨罗,还未尽兴就戛然而止,一排石礅阻止了他的车前行,司机说:"我只能送你到这里了。"原来屈子文化旅游风景区到了。
  天还早,景区工作人员还没上班,盛夏的鸟声已经在四周啁啾,红色长廊下空空悠悠。我转过身,亭子那头一位中年男人走了过来,他手里提着几只方便袋,以为是游客,走过去聊天他说是附近本地人,在这里等公交车。这时知道有几趟公交车从景区往返市里,来回很方便。
  屈子文化园景区大门侧边几排房屋顺坡脚而上,坡上会不会是屈原的坟冢不得而知。相传屈原有十二疑冢,分布在各自的山头,我刚到,也不知屈原的十二疑冢在哪里?
  来汨罗江,是为了寻觅屈原的踪迹。我的脚步往目光所处的对面走去,一位女清洁工拿着扫把开始打扫大门外面,她穿着环卫工衣服,头戴一顶草帽,目光和我相遇的那一刻互相点了点头,她开口说道:"还早,八点才开门。"
  我的脚步敲打石阶而上,下面一排楼房是游客中心,几间旅舍和饭店因地制宜在半坡散落,粗犷而又雅致。登上半坡回头一望,对面江上几只小舟,船上人戴着斗笠划桨悠悠而下,船与人沉静在周遭的鸟鸣中。
  早晨江上静静的船影,是在寻觅屈原吗?
  "路漫漫其修远兮,吾将上下而求索",屈子留下的千古名句成为后人探求真理的座右铭。汨罗江是一条流淌真理的河,它发源于洞庭水系,又流归于洞庭湖。
  相传中的三闾大夫屈原,头戴峨冠、身穿长袍,宽大的衣袖,手持胡须仰问苍天。我心一动,返回头朝着汨罗江边走去。河道上是新铺泥土和碎石,不知是巩固河道还是在河道上开路?几位游客坐在水边的草地上,有男有女,他们观望着水面上漂流的小船出神,好像都在用心灵寻找,寻找着两千多年前的踪迹。大约生于公元前340年的屈原,归属战国

浪漫诗人 汨罗江畔觅屈原

时代的楚国,诗人屈原要振兴国家梦想的政治主张触动了权贵的利益,遭到反对和谗害,最后被楚襄王放逐,漂泊于汨罗江一带,后来怀沙沉江魂断屈潭。屈原《九章·哀郢》的郢都地址,历代学者多有争议,但多数认为楚怀王时代的郢指的是江陵。按照当年陆路交通不便的情况下,屈原从江陵到汨罗江,一定是顺着水路而下。相传古代云梦泽周长450公里,屈原坐船经过云梦泽顺水而下才到洞庭湖进入汨罗江。以前450公里的云梦泽已经沧海桑田,高楼大厦遍布楚地,那时的三闾大夫可能也没有想到今天会有这么大的变化。云梦泽不复存在,但屈原的《楚辞》还在世代相传,屈原也成为中国浪漫主义诗歌的开山鼻祖。

我痴痴地站在河道上,不知什么时候我的身边站着一位青年男子,他拿着手机拍照,见我转过身来和我相视一笑。坐在水边的那一群人依依不舍地站起身,水面上的船只划入不远的河汊。

陆续地有人来到,景区大门外的广场喧闹了起来。八点多钟去售票处买门票,看到游客中心大厅的柜台前坐着两位姑娘。一位姑娘笑着问我:"先生,第一次来我们景区吧,需要一位导游吗?"

我说:"不用了。这里可以存包吗?"两位姑娘异口同声:"可以啊先生,免费存包。"

游览车载着游人到景区广场停下,人群朝不同的方向分散而去。曾经是屈子生活的地方的屈子文化园景区十多平方公里,处处留下屈子的踪迹。有人登上阶梯,有人爬上坡路,我心底渺渺茫茫,不知跟哪一群人或者独自穿行。到处有路,就先沿着河道边的路向前。

静静的汨罗江,从东向西流去,是承载屈子的歌魂去环绕洞庭湖吗?八百里洞庭湖浩浩茫茫,又把屈子的精神传奇于这一片土地。苍穹把这片土地压得很低也很空旷,野草地上生长着成片的树林,那些树木我叫不出它们的名字,它们是属于汨罗这片土地的,守护着汨罗江。发现一条老旧的小石阶伸延在野草里的树林中通到水边,走到那片草地上的小树林中我便转回头,这条小阶很难走,已被藤草掩盖。土墩上伫立,两岸的村野城郭在淡淡的云雾中排开,高桥和公路上车如穿梭。当年忧国忧民的屈子流放到汨罗,他巡步于民不聊生乡村泥泞道,是何等的忧心忡忡。他盼望自己的国家强大,但昏庸朝野何能听进真言,屈子留下的只是一首首忧国忧民的诗歌。

望着滔滔而去的汨罗江,我又想到了屈原的故里秭归,秭归现在是三峡的上首,出生在秭归的屈原大概也梦想不到现在三峡出平湖,三峡成为当今最大的水电站,现代照明代替了故里的油灯和蜡烛,点草绳计时的时代一去而不复返。

屈原虽生在贵族家庭,但心忧国忧民。秭归土地上幼时的屈原,一定奋发读书,后来才成为中国首位伟大的爱国诗人。童年身在秭归到后来被流放汨罗,看到屈原艰辛坎坷的历程。

屈子祠下的端午文化体验广场,一排长长的牌匾画着屈原的画像,牌匾上也写着端午节的来源。端午节是纪念屈原的节日,成为我国最大的节日之一。粽子情,缅怀伟大的爱国诗人屈原的情愫,衍生出中国浓浓的亲人朋友间的情谊,粽子也成为我国民间的至爱。

玉笥山上树木参天,屈子祠里人头攒动,人们在寻找着屈原。天问坛里人们仰问苍天追求真理,屈子书院里人们寻找着诗人不朽的诗篇。屈原生前的足迹,现被后人的足迹覆盖。

饮马塘的水青幽幽的,塘边三闾大夫以前喂马的茅庐还在,和屈原相伴一生的白马是否还在?主人投江了,识途的马是不是去寻找主人的踪迹?

我移步香草湖,这里摆着一只只龙舟,蓄势待发,就像三闾大夫叩问苍天。端午国际龙舟比赛中心每年都在汨罗江举行声势浩大的龙舟比赛,跟在我身后的人说,龙舟在英国也很盛行,中国的龙舟比赛也走出了国门。

一只只龙舟箭一样驶向前方,运动健儿拼命划桨,万鼓齐鸣。

屈子是不是还在汨罗江漂流寻觅?

(侯志锋,壮族,广西作家协会会员。作品散见于《文艺报》《民族文学》《诗刊》《广州文艺》《作品》《广西文学》等报刊,出版短篇小说集《背起所有的乡野》。)

江边追忆屈原

◎ 李文毅

江边再遇诗人

漫漫的道路,无法用脚步丈量。你呵护起流汗流血的大地,滔滔江水是你唤醒天空的呐喊。生命中的一投,走完漫漫的长路求索。你跳进历史的悲怆中,用最坚硬的骨头敲打出荡气回肠的鼓声。骨头交叉成一个庄严的"人"字,洒尽最后一滴忧国忧民的血与骨髓。骨头如此坚硬,铸成民族的魂魄,生命铸就的丰碑插在五千年的沧海桑田中。

宜昌有人们思念你的泪水如雨。秭归是你生命存在的最初脉搏。从此,开始三闾大夫阔步前进的脚步,远方是大海与花开的天堂。

你的脚步在历史的长河里前进,奔跑成一匹浪花般的马,在阳光的微笑里漫步,站成一匹披挂祥云的龙马。一匹白色的马是诗人的衣衫飘飘,一匹长嘶的马是诗人的感叹声声。一匹马引领连绵起伏的马群,奔走在清澈的天空中,飞奔在穿越季节的风声里。在夜晚更晚的夜色中,您的马匹卧成一轮圆月的背影,绽放每一个清晨的金色曙光。

在宜昌的长江岸边,想你的时候,我捧起一江清水,你就在掌中的一滴水中。望你的时候,你就在对面的岸边,我们总是一江之隔。一边是春天,一边是秋天。一边是泪水,一边是微笑。一边是梦想,一边是现实。一边是历史,一边是未来。

我们愿意坐成朵朵莲花,怀抱一泓清白,为你绽开岁月无痕的笑容。我们是邻居,朋友,亲人。

从秭归启程

走过多灾多难的一生,你从脚下的秭归走向沧桑的长河,站在多少人心灵的向往中。在悲凉的故事中生活,每一天都是千秋万代传唱的端午节。

在岁月翻阅的万册古典中,你是每一个人的精神读本。在鱼的飞跃中寻找你遗留的光芒,在大雁的飞越中寻找你光芒的诗歌,在花朵的芳香中寻找你大爱的阳光,在月的清冷中寻找你大家的心胸。在梨花的飘舞中看见衣衫飘飘,在柳絮的飘荡中看见诗意绵绵,在云朵的飘逸中看见你神采奕奕,在梦想的飘扬中看见你背影魁伟。心胸敞开春天的笔,梦想盛开夏天的墨,家园收获金秋的纸,心灵是温暖寒冬的砚。

血喂养岸边的香草,肉喂养水中的鱼,关节营养一个民族的品质,骨头营养炎黄子孙的精神。

我们在端午的节日,听见身体中的风、雨、雷、电,还有颤栗的爱。孤独与痛苦,是自由翱翔天空的高度。菖蒲与艾叶成为年年种植的心愿。一杯雄黄酒，一首诗的沸腾血液，成为龙舟划桨的万般力量。

黄昏期待黎明，生命敲响历史的钟声。每一个人都传颂过你的故事中的魂，从战国沿着秦皇汉武与唐宋元明清，传唱千年。每一个人都吃过粽子，每一个人都读过你诗句里流淌的美丽和精神。

你在每一个人的心中，是永远流传的神话。

相聚宜昌，共筑幸福地

你站在春天的背后，把一株艾草插在门楣，像归家的信物。

你来的时候，脚下有一片草色青青。我们一起呼吸米香，鱼香，书香，墨香，饱尝最新鲜的一片阳光。龙舟奔跑在呐喊声中，锣鼓声荡漾在天外。你仍然牵挂那一座是百姓的江山，那一座是家乡的山。

一棵棵芦苇的心脏激烈地跳动，我知道你内心的世界是如此震撼。你爱上辽阔的草木，每一棵草木的心中都有诗歌里的梦和力量，滚动一座山河的光影。你走到那里，那里就是你的自由国度，那里有我们共同的幸福。我们摆开一盘日月山川的棋，联齐抗秦变成了楚河汉界。一粒粒棋子热血沸腾，都是天上掉落的星辰。

一颗颗粽子，粽叶紧紧地包裹，包成方形，包成角形，包成锥形，长成一座座青山。我们一起吃粽子和煮熟的鸡蛋，在幸福的味道里叙旧。每一个粽子的味道都不一样。有粽叶的味道，有江水的味道，有菖蒲的味道，有大地和天空的各种味道。

我们一起畅饮，饮尽最后一缕金色的光芒。心是一条江河，每一座山都畅饮着精美的诗歌，直达幸福的海域。在粽子飘香中，我们一起奔向大海，每一个人都有春暖花开的幸福海洋。

(李文毅，山东省作家协会会员，作品散见于《人民文学》《山东文学》《星星》等刊物。)

如诗如歌的楚辞

◎龙学贵

我来了,我为楚辞而来。

我为端午的芳香而来。是谁留下了思念的馨香?艾叶的幽香,粽子的清香,米酒的醇香,香囊的芬芳。谁为我们留下了浓香四溢的节日?让人在端午节第一时间想到屈原。

我来了,我为文脉而来,不问文之为文。宏大的南方文化,是谁留下了那缕两千多年的人文情怀?大河奔流,是谁打造华夏文明的耀眼明珠,隆重推出长江文化?那积极的浪漫主义精神,那饱含深情的爱国情怀,缘何延展长江文脉?这美丽、浪漫、华贵的鲜花,花瓣有长江的楚文化,花蕊有氏族的遗风,礼法的不拘,与《诗经》代表的黄河文化是怎样的关系?独具匠心的楚地歌谣,巫风乐词,吟诵的赋体,又以怎样的神秘超越北方的文脉?

我为美乐而来,不问乐之为乐。就读师专中文科时,老师说《楚辞》与《诗经》中的《国风》并称"风骚",影响于后来文章,要求我们要背诵这些诗篇。当时,便有一个疑问:为什么《楚辞》是继《诗经》之后的鸿篇巨制?背诵"关关雎鸠"四言句式的《诗经》,发现几乎无明确而有风格的个体诗人,而且多为短篇。背诵《离骚》时,发现《离骚》二千四百多字,赋、比、兴巧妙糅合,"美人"式的品德,"香草"式的意识,渲染的形美,自由变化的句式,浮想联翩的意境,协调韵致,回宕起伏,清唱长叹。难怪鲁迅感叹:屈原辞赋"逸响伟辞,卓绝一世",开天辟地把"诗"延展到"诗人",开创了历史新篇!

我为神话而来。为何楚辞成为浪漫主义优良传统的源头?大学时,背诵《离骚》,只见楚地神话,风云日月,绚烂辞采,无所不及,惊叹里面大量的神话传说。诵读《天问》,鲜花、香草般品行高洁的君子,臭物、萧艾般奸佞的小人,佩戴香草般的品德修养,想象如此丰富,辞采如此华丽。男女情思,人神之恋,情思那般馥郁。上古传说,天神鬼怪,色泽如此明丽,问句那奇特的诗歌展示深刻的思想感染力如此之强!

我为情怀而来,不问情之为情。为什么那浓浓的爱国主义情怀,最为后世景仰?"长太息以掩涕兮,哀民生之多艰",虽遭放逐,心系国家,那执着的爱国之情,对民众的同情,那追求真理宁死不屈之情,为后世矗立一座丰碑。屡受小人排挤陷害,被楚怀王放逐,被楚襄王迫害,只能将满腔愤激,发而为诗,在《离骚》《九章》抒发拳拳爱国之心!那感人至深忧国忧民的情感,深深感染了历代文人志士的爱国之情!民族危机的关头,那些坚持理想、斗争、牺牲的慷慨激烈爱国诗篇,难道不正是屈原伟大爱国精神的写照?

我为传承而来。为什么屈原为古典诗歌开辟新的道路?在攻读湖北大学汉语言文学期间,作为屈原故里的文科生,楚辞是研究重点,也是一种传承。"楚辞"浪漫的精神气质,热情奔放的情愫,孜孜以求的理想,绚丽多彩的意境,绘制了雄伟壮丽的美图,让后世文人效仿。绮丽的幻想,恢宏的境界,华美的文采,这屈原风的追随,竟成为一流派。汉代赋作家用屈原的楚辞,直抒胸臆。李白、李贺等唐宋诗人吸收屈原浪漫主义的原汁,以神话、历史、日月入诗,把唐诗宋词推向顶峰。特别是李白的刻意模仿,藐视权贵,反抗现实,难道不是屈原精神的光大?被贬的贾谊视屈原为知己,用《吊屈原赋》,鞭挞黑暗社会。司马迁那"观屈原所自沉渊,未尝不垂涕,想见其为人"的爱憎,追求真理的精神,难道不正是屈原伟大精神的传承?

  为什么楚辞让长江文明如此光彩夺目?我曾经寻觅过,如今为楚辞寻缘而来,不问缘之为缘……

  (龙学贵,男,湖北省宜昌新区建设推进办公室干部。宜昌市作家协会会员。)

屈子，行吟水泽的浪漫

◎ 沈定坤

沿着屈子当年的足迹，随性漫步江边，想来一步步丈量汨罗的长度；掂起一块石头，顺手投入江中，想来一点点估计汨罗的宽度。我想来算算，以汨罗所成的棺椁是否能承受屈子浑身的才情与浪漫。

寻了一个崖角，向下看看，再细细思来，最后锤定怕是不可的。我望着这一片滚滚的汨罗江，就算是以百川东到海的姿态来运送屈子的浪漫，那五湖四海怕是早已被那滔天的浪漫所折服，被那漫野的才情所倾倒。华夏的先人们，向来是讲究福泽子孙的，那在一瓢一饮中，充盈着屈子的浪漫，让同为炎黄子孙的后人，让楚地的晚辈来沾沾仙气！

仰头望向雾蒙蒙的天，想来屈子的一生，如沐浴在明月的清辉下绽放的莲花，他诗中有浪漫，文中有浪漫，心中有浪漫。他手持的莲花有情，是盖世才情，手足深情，君臣惜情。一轮明月，一朵莲花，既盛载了他的绝世才华，也见证了他的高尚品格。那举世皆浊我独清，众人皆醉我独醒的高呼，不知又曾唤醒过几人？

翻阅历史的卷宗，寻觅古今中外，公元前三、四世纪，亚历山大三世还沉浸在血腥与暴力中，看着那用霸道建立的帝国时；柏拉图还沦陷在无休止的幻想中，念着用哲人治理的国家时；阿基米德还在醉心于冰冷的数字，幻想用一个支点撬起地球时；中国的屈子早已在为国家和平与安宁奔波劳累，为黎民的生活而放下身段，为自己上下而求索的浪漫谱上绚丽的乐章。

屈子虽出身贵族，官拜三闾大夫，为楚王近臣，但未与淤泥为伍、与恶草做伴，反而腰佩秋兰，冠戴芰荷，朝饮晨露，夕食艾薇。古往今来，横贯中西，我们所熟知的名人又有多少贵族出身？可谓是不知数了，但不为"天下熙熙，皆为利来；天下攘攘，皆为利往"所动的人，确实少之又少。我常常暗想，屈子的浪漫是什么——仅仅只是那《离骚》《天问》《九歌》中的典雅文字与脱俗意象吗？追寻屈子的浪漫，我们应该读透文字，屈子的浪漫根源来自他的理想，是国富民强，是安居乐业，是老子描绘的大同社会！

仍然记得，上学时候教科书上的屈原只是一片剪影，"屈原的形象被凝固在善意的诠释和平庸的转述之中，几片艾叶，几只龙舟，似乎成了全部的屈原。"唯有当我们直面内心，在《离骚》的字里行间指引下，于精神中跋涉，颂过《九章》，咏过《九歌》，才能走到屈原的面前，与之四目相对，开始感受历经几千年而熠熠生辉的浪漫！

我曾对着《离骚》暗暗空想过屈子浪漫的形象——他素衣罗衫，衣袂翩翩，风神俊逸，这个世间最浪漫的男子，从冰冷的史书中走出鲜活的身影，硬是披斩出一曲浪漫主义的歌吟。那行吟水泽的日子,他一步一吟,一字一句,流出如水般的韵,如歌般的仄。我仰望那如玉君子,不是看死了两千年的标本,而是看活了两千年的生命！这不是埃及的金字塔,印度的山奇大塔,古罗马的斗兽场遗迹,随着政权的交替,仅仅淹没在历史的尘埃中；而是中国的长城,成都的都江堰,在岁月的洪流中依旧绽放出芳华！传承了两千年的浪漫从不会间断,在诗篇中早已超越现实的沟壑,在交替中早已默认时代的顶流。那留存于世间的浪漫啊,让屈子依旧行走于世间。

  面对子兰、靳尚的逸言,怀王的疏远,被贬的无奈,仿佛屈子放下、释怀了,但又从未解开过。纠结,释怀,又纠结,列数文人,司马相如、陆游等皆是如此。莽夫泼妇、粗鄙之辈若是郁结于心,定会破口大骂来聊以自慰；迁客骚人,雅士之流,自是为文作曲以抒怀幽咽。为文,不管行至何处,屈子都在文中写下自己的经历,书下自己的疑问,记下自己的感思,这成为屈子克服种种艰难的不二法门；不管身处何处,总是能用自己的笔抒怀自己的喜怒哀乐、悲欢离合。"众女嫉余之蛾眉兮",屈子一生与谤毁、诬陷和迫害相纠结,大起大落,经逢两次贬谪,在难以想象的苦难中,寻求身心灵魂的不断提升。

  屈原流放汉北,那是当时远未开化的蛮荒之地,朝廷贬谪犯人的所在,一听名字便让人惊栗,就像后来的俄国之于西伯利亚,英国之于美洲。西伯利亚、美洲至少还有一份开阔的视野,而这里的代言词便是暗无天日、人烟稀少。楚王朱笔一勾,这里不知投下了多少文人的身躯,在这堕落的土地上,与地下的亡灵达成交易,来诅咒那无知昏聩的帝王！屈子奋笔疾书写下《抽思》,将蕴藏在内心深处像乱丝般的愁情抽绎出来,但逐字逐句地读来,没有任何恶毒的咒怨,保留着文人最后的气度,让那种屈子的浪漫在文中勃发。再临逢祖籍地,一气呵成《天问》,对故土的神神鬼鬼发出灵魂的拷问,洋溢着屈子对于真理的不懈追求。在丹阳之战后,有感而发《国殇》,"身既死兮神以灵,魂魄毅兮为鬼雄"在亘古苍穹中传达出一种凛然悲壮、亢直阳刚之美,无数楚地将士的英灵仿佛威武地在我眼前行进。

  徐徐阅来《离骚》与《诗经》,虽都网罗了先秦土地上大量的植物,但仔细分辨可以发现,《诗经》散发的是草木的味道,《离骚》流露的则是花朵的气息,这则是屈原的另外一种浪漫。当我们翻阅这"古老诗国的心灵秘语",虔诚地悼念着屈原,悼念着这位伟大的爱国主义诗人时,却不曾想过屈原忠于的楚国早已在大秦的铁蹄下覆灭,屈原挂怀的楚民也冠上秦人的名头。秦国,最终开辟了华夏有史以来的多民族大一统国家。秦统一了文字,开辟了汉唐,但我们并没有怀念商鞅与张仪,我们念念不忘的恰恰是"虽九死其犹未悔",对秦国恨之入骨的屈原,我们怀念亦他生前挚爱的秋兰与芰荷,后世无数卖弄笔墨的文人,把它们引入文中,来彰显自己的浪漫。"余幼好此奇服兮,年既老而不衰",奇,便是屈原毕生追求的美学思想。为何而"奇"？自是与这令屈子深恶痛诋的尘世划清界限！

  国与家的概念,贯穿于中华民族的文化历史血脉之中,家与国息息相关,屈子便是这爱国文化的源头之一。当奢靡的国都变成火海,萎靡的楚王让出封地,昔日的奸佞化为白骨,这一切的一切,长戚戚的小人,或许会仰天大笑,大有一种大仇得报的快感与喜悦。但看看屈原吧,于他而言,国破等于家亡,随着依托于世间的最后挂念消逝,他也随着滔滔的江水消亡。他的死,是悲切,是壮烈,但却也是另一种浪漫。这种浪漫超越了困扰国人数千载的生死抉择,敢于向生,不惧为死,怎能言说不是一种浪漫呢?

我又从下游徒步走到上游去,似逆行着时光的河流,脚步一步步踏出,愈加沉重,仿佛足上铐上了千斤重的镣铐。眼前忽地看见那一抹身影,我几乎不会言语了,"先生,您等等,再等等,慢点入汨罗啊……"我看着那步履蹒跚的人影,不禁跪倒在地,悲切地呼喊,再等等吧。先生仿佛心有所感,微微回首,对我一笑,携着专属于他的浪漫,毅然坠入冰冷的汨罗江中!

(沈定坤,大学生,有诗歌、散文发表。)

遥忆旧时屈原祠

◎ 陈毅然

五月,又到了艾叶菖蒲、粽叶飘香的季节,每每剥开香甜软糯的粽子,仿佛耳畔已经响起了峡江龙舟竞渡,此起彼伏的摇旗呐喊声;脑海里浮现了沿岸人们观龙舟人声鼎沸、鼓乐喧天的热闹场面。那里离我的故乡仅咫尺之遥,同饮长江水,是我无比熟悉的地方,怎能不记忆尤深。

仿佛在某个月明星稀的午夜,更深露重,人们重披上旧日的薄衫,捧起古时的竹简,拾级而上青石板,在辞藻歌赋里探寻屈原,在史书古籍里走近屈原。他,遥远而不陌生;他,丰满而立体。单纯说他拥有一个浪漫的诗魂,或是推崇"美政"高远的理想,或是高瞻远瞩,力主"合纵抗秦"的政治谋略,抑或是"明知山有虎,偏向虎山行",敢于挑战皇室贵胄,刚正严明的"变法"精神,这都是片面、不深刻的。屈原,他先是有着植入骨髓的家国情怀,深入肺腑为国堪忧的思虑,那孑然一身,遗世的才华有了被覆的灵魂依托,才经受了历史长河的冲刷,历久弥新,熠熠生辉。每一句传唱都拥有深沉的情感,每一句吟诵才掷地有声、振聋发聩。每每对月起舞,"纷吾既有此内美兮,又重之以修能",不禁欣然诚服;对天长歌,"亦余心之所善兮,虽九死其犹未悔",不禁潸然泪下;对酒畅饮,"举世皆浊我独清,众人皆醉我独醒",不禁喟叹长歌。那是一种超脱俗世的心灵圣地,是秉性高洁的高贵气质,是赤胆忠心的爱国情怀。或许,更是很多人心底涌动着的一股蕙质兰心的屈原情怀。

史书上记载,公元前340年,屈原诞生在秭归,东晋袁山松《宜都山川记》:"秭归,盖楚子熊绎之始国,而屈原之乡里也。"这里不仅是楚文化的重要发祥地,更是诗祖的根脉。一直想在屈原的家乡,用文字为屈原写点什么,可就像"近之则不逊",爱莲"只可远观而不可亵玩焉",满怀敬畏,反不知如何提笔。我的故乡在三峡,紧邻屈原之乡秭归。自幼,就听老人们常提及"老县城""秭归县",曾经的秭归因为有香溪渡口,很是热闹。今日之秭归,已非千年来之归州,老秭归早已随着三峡大坝的兴建,淹没了。新秭归是1998年之后,在长江中游南岸新建迁移的一座新县城,搬迁复建的屈原故里古建筑群,大概也是这座千年古城残留的最后的记忆。依稀记得新建之初,交通基础设施都很落后,通往秭归的道路都是土路。由于是座迁移的新县城,到处都在施工,放眼望去,沿江的新县城笼罩在一片天地浑黄和施工的轰隆声中。初建成后,每年我跟随父母回老家,都要去几公里外的新县城去走走,那时的新县城人烟稀少、经济落后,很是萧条,远不曾想到还有今日繁盛模样。也依稀记得小时候,父亲带我去过"屈原祠",见过郭沫若题字的"屈原故里"的牌坊。时间已很遥远,记忆像没有妥善保管,褪色的胶片,已很模糊了,但仍记得那时屈原祠大门经过长年累月雨水冲刷,陆离斑驳,屈原雕像却亘古不变地,巍然屹立在祠里正对大门的中央,须发飘髯、峨冠博带、衣袂飘飘、身佩长剑、珠玉为饰、目光如炬,又温和威严。我问父亲,那个灰白色石雕的老爷爷是谁,父亲说,那就是"屈原",他还给我讲述了屈原投江的感人故事,自此,我内心深深烙印下了"屈原"这个被千古传唱的名字。事实是,人的记忆,有时会在未来某个时刻,再次重叠,沉淀在深海潜意识里的印象,会在某个看似风平浪静的时刻,与现实对接,与时下的映像契合,蛟龙一般翻腾出水面,好比现在关于屈原蛰伏的记忆。

旧时,也见过"汉昭君王嫱故里"的石碑,父亲说,昭君是我们同乡,是秭归人。我难以置信,反复问父亲,是四大美人之一王昭君吗?父亲笃定地告诉我,是的。沉鱼落雁、闭月羞花的王昭君竟然是我祖先,我不禁喜出望外。爱国大诗人屈原和远嫁边塞的王昭君竟然都是家乡人,我顿感无上光荣,暗想,说不定自己还多少携带着他们的基因,传承着他们的血脉呢。永远不要低估地域历史文化,会带给幼稚的孩子内心怎样的正向引导力,又会怎样影响到她那短暂又漫长的一生。伟人像一座丰碑,从此深深种植在孩子幼小的心里;伟人像一道光环,不是戴在伟人的头顶,而是孩子们的头顶。也许,那正是当今时代所坚持的"民族自信""文化自信""历史自信",伟人的光环戴在孩子头上,让他们从小就拥有骄傲的"民族自豪感"、正确的"家国荣辱观",那是任何事物都取代也替代不了的"自信心",这种自信,将贯穿她整个人生和生命。

旧时的屈原祠、屈原故里等历史遗址早已迁址、翻新,现在的屈原祠依山而建,有山门、纪念屈原陈列馆、东西碑廊等,拾阶而上,古色古香的建筑掩映在松柏之间。旁边是屈原衣冠冢;后半部分还有屈原故里牌坊和十多处老建筑。整个古建筑群毗邻江畔,静谧古朴。晨曦时,远山近水云雾缭绕;雨雾时,屈原祠氤氲在一片烟波浩渺里;夕阳西下时,屈原故里都沉浸在金色余晖中。上游数公里,近年才建成的木鱼岛更是风景决胜,三面临水,天际交接,宛若水中央,驻足岛上,仿佛"与天地兮同寿,与日月兮同光";行走在高山流水、茂林修竹的"芝兰谷",荫郁葱茏、树木葳蕤,不禁浅吟"扈江离与辟芷兮,纫秋兰以为佩"……

随着举世闻名三峡大坝的修建,秭归县城搬迁,屈原故里、屈原祠等古建筑群遗址迁移,我常站在三峡库区坝顶,眺望仅一水相隔的秭归新县城,以及沿江而建的屈原祠,心旌摇曳,传承千年的古建与世界最大的水坝翘首相望、交相辉映,形成了一幅世界上绝无仅有的壮丽风景。江面湛蓝澄澈、清风微澜,秭归城和屈原故里等古建筑群,在朝阳的衬托下,倒映在碧波荡漾的江面,显得更加清丽脱俗,雍容尔雅。那里居民也早已安家乐业、经济复苏、发展繁盛,屈原文化传承传播,屈原精神源远流长。

"高山仰止,景行行止",屈原文化,一种专属文化符号;屈原精神,一种高尚的人格范式;屈原情怀,也已成了荡漾在你我心间一种美好的人生情怀。

（陈毅然,女,主治医师,湖北省宜昌市作家协会会员、夷陵区文艺评论家协会副秘书长。主编出版《剪缕春光听杏花——2016年度夷陵医院杏林文学社年度选本》,在《三峡日报》《长江文学》等省市级纸质多媒体刊物发表文章多篇。）

云　　想

◎白久年

楚国,地处西南,一片天马行空的大地。这里的人们如火焰图腾一样,热烈,跃动,思绪飞扬。

但成年人总是比孩子要差些,孩子们无忧无虑,在广阔的田地和茂密的山林间奔跑,他们累倒在草地上,毛茸茸的草温柔俏皮地搔动着他们的脸颊。

"看,那朵云!"孩子们都看过去,七嘴八舌地说起来,"像一只兔子!""像狸奴!""后面的尾巴细细的,像一只……"

一只手伸出来,指向那一片:"那是一只赤色的豹子,身上坐着美丽的山神,正在走向湘水,赤豹要喝水,山神要去见朋友。"

孩子们面面相觑,纷纷提出疑问:"为什么是赤豹?""哪里有山神?""湘水在哪里呢?""朋友又是谁呀?"

"赤豹就是红色的豹子,它们是神豹,像火一样,当然是赤色的。山神当然在山里,她要守护大山。湘水在更南一些的地方,山神会在那儿会见朋友。那位朋友……应该是湘夫人吧。"孩子们的问题被一一解答,但他们说不上来哪里不对。

他有着天马行空的思维,他的想法跳跃,没有人跟得上他。别人看云是云,他看云也是云,看云不是云。

那是芳香的花瓣,是千乘的车马,是楚国那飘扬的旗帜。

"我总有一天要去湘水边,见一见山神,那种美景,那种神迹……"

旁人一遍一遍被迫听着,叹息地打断他:"山神在山里,你去湘水干什么?"

"山神在山里,她在认真守护着大山,我怎么能去打扰她。"

"你怎么一直都长不大,你的父亲在守护我们的国家,你却总让我们操心。"

"那母亲说,父亲守护国家,何为国?何为家?我不过是想在长大后去湘水一观,为何又要您操心呢?"

旁的孩子早早地知道了何为国,何为家,他却在稚嫩地发问。

父亲说,家是我们的保障,我们要好好把它壮大;国是我们的养分,我们要精细把它利用。

国君说,家是我给你们的赏赐,你们要感恩戴德;国是我的家族财产,你们要为它兢兢业业。

当真如此吗?他实在困惑,在心里一遍遍发问,问山鬼,问东皇,问天地。天地不言,但会默默降下答案。

山鬼眼眸含笑,骑着赤豹,引领他嗅着辛夷芬芳,前往那理想之境。

他所闻仿佛答他所问。

他看到了悲苦的人民,也看到了慈爱的母亲,看到了仇敌的至死方休,也看到了男女的海誓山盟,看到了权臣虚与委蛇的脸,也看到了孩童纯真的脸。

"这是什么?"他震惊,他懵懂,他无知。

山鬼却用更加懵懂的语句,回答着他的问题:"这是一切的可能。"

"女娲造人,人造万物可能。"

"这是真实的可能吗?"

"这可以是。"

那如梦幻泡影般的问答,却在他的梦里振聋发聩起来,待他醒来时品味,时而不知所云,时而如明灯般让他清醒。

人擅造可能。尧舜之时,人们创造了部落;夏商之时,人们创造了国家;春秋之时,人们创造了文明。

那在这纷争的战国,人们又创造了些什么,还剩下什么呢?

他问山鬼,山鬼用一根手指点着下巴,坐在赤豹上,双腿一晃一晃地,连带着身上的葛藤和山间的树梢都沙沙作响。

他耐心地等着,思绪纷飞,他想如果在过去,他或许会以为这就是风吹过的声音,谁会想到是一位少女在闲适地思考些零碎的灵感呢?

山鬼终于出声,她还是那么纯真,一双眼睛不染尘世任何纷争:"你们创造了战争。"

"不过,"她连忙补充,"不完全是你们创造的,还有更早的,蚩尤骑着那只食铁兽四处奔走的时候,我们也叫战斗,那是为了家园为了食物。"

"但你们是为了战争,为了利益,那种金色的东西,让你们疯了似的抢。"

他哑口无言,他知道山鬼所说的是金子,也不仅仅是金子,天下熙熙皆为利来,天下攘攘皆为利往。

人们似乎也都默认,被利益驱逐,虽不光彩,但情有可原,且结局都会被接受。

他最终被山鬼赶了出来,不能再轻易进到那片美丽的地方,他苦苦追寻,也无可奈何。思来想去,唯有将那梦中所见一点一点实现,或许就能朝神仙证明些许。

人也有一种可能,所做之事是为了他人,所想之事是造福世人;贵族能俯身见底层,底层能谈笑于贵族。人们在完成自己的事情之前,和完成之后,是两种不同的身份。

前者或许是有利益和金钱的关系,而后者则是朋友。

到那时,他或许能够邀请山鬼,邀请上神,前来人间一看。

他该怎么做?他求助于他人。他的父母,他的朋友,他的王。但每一个人都告诉他,他是贵族,万万不可。

贵族!贵族!我何尝不是贵族!然而贵族如无根之木,即使做舟也是依附民众之水。无论是同情还是真情,如果没有这份愿意和普通人交流之心,两者只会越走越远。他看着路旁的孩童欢快地跑动,手里拿着小棍,有的上面穿着小风车,有的连着稻草编成的鸟雀,在随着跑动一点一点的。

这都是他没有玩过的游戏,即使玩过,也是太过久远。可是百姓就是从这些泥土中寻找到的,生生不息的证据。

佳肴美酒,能酿出无骨的贵族;泥土芬芳,才能铸造百姓想要的明君。

他回头,巷尾站着一位姑娘,她身上的花香木香泥土香仿佛席卷而来。他加快了脚步,迎向那双不染尘事的双眼。

他扑向了山林,扑向了那片云,扑向了湘水,真切地看到了,从来都渴盼的美景。

山神骑着赤豹,慢悠悠在水上走过,湘水卷起一个个浪花,在赤豹的脚边打转,待到过河,山神的裙角已然沾湿,但风吹过,它们依然在风里翻飞。

湘夫人正坐在水边,面前已经摆好了杯盏,原来她没有去见湘君,是馋这里的酒香。

她们坐在一起,赤豹在一旁打盹,两人推杯换盏,高声谈笑。

他落入水中,又对岸边心心念念,迅速破水而出,那巨大的声响也吸引了二人的注意,她们没有发怒,而是笑着朝他挥手,还邀请他加入席中。

他举杯,又发出往日儿时的疑问:"何为国?何为家?"

团结互助为家。

上下一心为国。

在他醉倒之前,他听见山神这样说,远方还有呼唤他的声音,鼻尖嗅到的,是一抹粽叶清香。

(白久年,供职于三峡大学,爱好文学和绘画。)

无 瑕

◎王先清

  我孤零零躺在这寂寞的荒芜草丛中。

  也不知过去了多少个春秋。

  我听见很多脚步声来来往往,听见从人们嘴里发出"屈子《离骚》,千古绝唱"之类的诗文,声音越来越多,我渐渐闭上自己的眼睛,或许有一天我也会和他一样陷入无穷的沉睡中。

  我是一块玉,通体圆润,我的身上雕刻着双凤对舞的图案。先是被楚国一个不知名的工匠打造,后被送进楚国王室中,再后来就到了屈平的手中。他第一次见到我时用手摩挲了好几遍,之后就将我一直佩戴在身上。

  他的祖上十分显赫,常常自吟是古帝高阳氏的子孙,他的出生被赋予了神异色彩,这些我也是从住在城外的人的聊天中得知的。

  我见他日夜苦读,一步步得到了王的赏识。他终于做到了三闾大夫这个官职,之后再未见到他如此飞扬的神采。他常常到了深夜才安寝,桌上摆着厚重的竹简。后代的画匠一直尝试画屈原的像,他们笔下的肖像缺乏眼里的神采和光辉,也画不出他浪漫沉稳的气质。

  他危冠深衣、腰佩长剑,不安于屋檐之下,见到花草却分外亲切,江离、白芷、秋兰、蕙、茝、荃、揭车、芳芷、留夷、杜衡等,他都十分熟悉且喜爱。他还经常走到普通民众聚居之地,回家后跪坐着写竹简的他深深皱着眉头。

  他又一次去宫中见王了,长揖之后,便跪坐在一旁。王的眼睛很小,眼睛下面一片乌青,嘴唇周围留着胡须。王狠狠斥责了他。他出了宫门深深叹了口气,自嘲着说:"汉北之地又如何?"他转过头去望着大大小小的宫殿,我知道,他在看王所在的殿宇。只见一个穿着青色衣裙的妃子正在缓步进入宫殿,他回过头来,眼里起了雾。

  汉北之地,风朗水清,花鸟草木一应俱有。他常常乘着淡淡的月色走出去,和天地风云融为一体。滚滚不止的江水,只见他单薄的身影伫立着,望着江河日月、山川草木,他感慨道:"日月忽其不淹兮,春与秋其代序。惟草木之零落兮,恐美人之迟暮。"他仍然渴望回到楚王的身边,自己满腹才华却无用武之地,被小人谗言陷害只能在汉北之地漂泊零落,想起自己年少时的殷殷壮志,想起楚民们送自己离开国都时眼里的不舍。他又昂起了头吟道:"路曼曼其修远兮,吾将上下而求索。"

他的头发随风舞动,袖子里鼓满了风,眼神里的光彩又恢复了几分。我在这时突然想起了他过去所写的《橘颂》,广被楚人吟诵。"后皇嘉树,橘徕服兮。受命不迁,生南国兮。深固难徙,更壹志兮。"或许他自己就是那棵挺拔临风的橘树,仪态潇洒,幼年便与众迥异。他如一只白鹤独立站在人群中,对世事清醒,独立不羁,不媚时俗,横渡江河而不随波逐流。

终于上天动了恻隐之心,他返回到了君王身边,临走离开汉北之地时,他的眼角微微湿润。他想着或许有一天他还能再次回来看看这片清净之地。

回到国都,境地已不如前。这时国君准备前去秦国,他极力劝谏:"秦,虎狼之国,不可信,不如毋行。"国君太过自负,却不知"一入虎穴,焉有活路?"他已预料的结果终于还是来临了:国君已客死他国。我再次听见他沉沉地叹气,而这一次,他将要远行去往江南。

他从郢都出发,先到鄂渚,然后入洞庭一带。即便远离国都,还是记挂着家国,眉头紧锁,常常沉默望着远方。他还在思索万物运转的规则,在思索草木四季的奥秘,他待在河水边经常就是一整天。他的苦闷、他的烦恼、他的委屈没有人可以听他倾诉,他只能独自默默消化与释怀。

大国称雄风起云涌之际,秦国的狼子野心不再是阴谋。攻城略地,魔爪已伸向楚国。秦国白起接连攻打楚国,新任国君却狼狈不堪逃难出城去了。他听到这个消息之后,日夜寝食难安,有时候半夜望月独自涕泣。

有一日,在江边游荡的他,遇见了在此处垂钓的渔夫。渔父见他面容憔悴,便问道:"您不是三闾大夫吗,怎么会落到这步田地?"他说:"天下都是浑浊不堪的,只有我一人清澈透明。世人都沉醉了,唯独我清醒。"

渔父问:"圣人对待事物不会这么死板,因为他们能随着世道一起变化。世上的人都肮脏,何不搅浑水呢?大家都沉醉了,何不自己寻求欢乐呢?为什么想得过如意又自命清高,让自己落了个放逐的下场呢?"

他说:"我从前听说人刚洗过头就一定要弹弹帽子,刚洗过澡就一定要抖抖衣服。我怎么能让清白的身体去沾染世俗的尘埃呢?我宁可跳到这江水里,葬身在鱼腹中。我怎么能被世俗的脏污污染呢?"

渔父听了,微微一笑,摇起船桨动身离去。临走唱道:"沧浪之水清兮,可以濯吾缨;沧浪之水浊兮,可以濯吾足。"渔夫渐行渐远离开了,只剩下他在风中沉思。

第二日,他游走到汨罗江畔,江水不息,他纵身一跃,只看见水面上深深浅浅的波纹一圈一圈散开,随即便是永远的沉寂了。世人后来都称这天为端午节。

我被他遗忘在草丛里了,我当时多想大声疾呼:"屈平,携我同去兮!"他没有听见我内心的呼喊,我只看见他迈着坚定的步伐走到江边,他身上的袍子洗得旧中泛白,袖子的一角被风吹起,原来他的头上已布满了白发。他为了自身纯洁已葬身江底,那些水里的鱼也不忍心吞食他的肉体吧。

  我想起这些旧事时正赶上了山地震动,一块大石头压碎了我的身体。我的脑海里想起了他所写的"亦余心之所善兮,虽九死其犹未悔。"不管过了多少个日夜,我从来没遗忘过他。

（王先清,女,土家族,三峡大学文学与传媒学院学生。）

遥祭屈原

◎ 向大梅

    年年端午，今又端午！又到了说起你谈起你忆起你的时候了。你离开我们已经整整二千三百年了，为什么我一说起你的名字还喉头哽咽？为什么一读起你的《离骚》就泪流满面？你可知道五月初五的粽子因你而年年飘香？你可知道千帆因你而年年竞发？

    没有你，中国的文化会一步一步演变发展成现在辉煌灿烂的模样吗？楚辞汉赋唐诗宋词还会出现在中国文学史册上吗？没有你，中国的文人志士们会是中国的脊梁吗？还会是历朝历代中最有骨气的那群人吗？还会为了人民为了民族为了国家而鼓与呼吗？

    没有你，贾谊痛苦时到哪里去找知音，那痛苦又可以向谁诉说？司马迁遭遇宫刑时屈辱得恨不能就此离去，又是谁让他明白"人终有一死，或轻于鸿毛或重于泰山"？李白的浪漫、李贺的奇崛还会闪耀史册吗？苏轼在一贬再贬的漫长流放岁月里还能挺得住吗？曹雪芹在惨遭不幸时又该向谁寻求心灵的慰藉呢？

    因为有了你，有你这颗虽九死而未悔的忠贞之心在前方灯塔般闪耀，无数文人志士，面临生死抉择，或为了那个在风雨中飘摇的祖国，或为了心中伟大的理想，前仆后继，抛头颅洒热血，视死如归！

    因为有了你，有了你《离骚》中的"曾歔欷余郁邑兮，哀朕时之不当"，陈子昂方写出了"前不见古人，后不见来者。念天地之悠悠，独怆然而涕下"的千古名句，道出了千千万万个怀才不遇士人的心声！因为有了你，有了你《湘夫人》中的"嫋嫋兮秋风，洞庭波兮木叶下"，杜甫才写出了"无边落木萧萧下，不尽长江滚滚来"的神来之笔！因为有了你，有了你的"虽体解吾犹未变兮，岂余心之可惩"，于谦终写出了"粉骨碎身浑不怕，要留清白在人间"的铿锵之语。

    一读起你的诗，就被闪耀在诗中的忠君爱国之情感动得涕泗横流。不说你"路漫漫其修远兮，吾将上下而求索"的百折不挠，也不说"沧浪之水清兮，可以濯吾缨；沧浪之水浊兮，可以濯吾足"的超脱世俗，单说一句"乘骐骥以驰骋兮，来吾道夫先路"，就已经让我热泪滚滚。这话翻译过来就是：快来呀楚怀王，快来乘上千里马纵横驰骋吧，我在前负责引导开路！哪怕上刀山下火海我屈原都在所不辞、都无所畏惧！那颗拳拳之心火热滚烫一片赤诚，那浓烈的情似决堤的海水向人奔涌而来，让人灵魂悸动，让人透不过气来。一想到时不待人，一想到还处在危险中的祖国，一想到自己的美政理想、自己的种种处理政事的能力，一想到曾经的君臣和谐、心心相印，你忘了你的罪臣之身，忘了你被流放之厄运，你不由忘情呼喊。二千三百年后的我，仿佛还听到了你的欢呼，感受到了你的炽热！泪已溢满了我的胸腔,从眼里奔涌而出!

也许是你热切的呼喊惊醒了你自己,一瞬间那颗火热滚烫的心立马变得冰冷了,眼里的光渐渐熄灭了,怒火从胸中喷涌而出,你不由高声问道:"荃不察余之中情兮,反信谗而齌怒。"不去了解真实情况,反而听信流言而发怒。楚怀王为何你忠奸不分?糊里又糊涂?为何小人那么多?为什么呀?为什么?为什么我的忠诚我的正直我的才华反倒成了我的罪过?这泣血之问让人的心隐隐作痛!为何高洁如你忠贞如你正直如你要遭遇如此不公?难道真是杜甫所说的"文章憎命达",所以才让你遭遇苦难吗?或者说如孟子所说的"天将降大任于是人也,必先苦其心志,劳其筋骨,饿其体肤",为了让我们中华民族炎黄子孙中出现一个旷世奇才,一个影响后世几千年的文人,一个从思想上文学上人格上精神上都能引领后世的人,才让你受如此大的考验与磨难吗?可是,老天爷,你又为什么不告诉屈原一点消息,哪怕是一点点而已。我们的屈原每时每刻每分每秒承受了多少折磨呀!他的意志力哪怕差一点点就会泯灭于历史的烟云中,换成他人,任是钢筋铁骨的人也承受不住呀。

"举世皆浊我独清,众人皆醉我独醒",你眼睁睁看着自己的祖国一步一步走向败绩却又无能为力,无论你怎样喊都喊不醒他们呀!他们装聋作哑,责备你打击你诬陷你,怪你惊扰了他们的美梦。

你的孤独来自那群道德沦丧的同僚,来自无法理解你的朋友,更来自你心心念念的楚怀王。你的同僚们利欲熏心贪得无厌蝇营狗苟四处钻营,一心想着往上爬而且还无耻地排除异己,而本已"内美"却还坚持追求"修能",让美好的德行集于一身并心系祖国的未来的你,在朝堂之上"鹤立鸡群""傲岸高洁"的你,终将与他们格格不入,注定成为异己者孤独者悲剧者。

你没有朋友,唯一能说上话的女嬃都劝你要同乎流俗,不然到时候只有死路一条!你曾经的友人们学生们见势不妙都一个个离你而去,留你一人在风中凌乱。那种被背叛的痛想必比来自敌人的明枪更令人伤心欲绝吧!

最最让你痛心疾首的还是楚怀王,你愿意为了曾经的友谊,曾有过的誓言,忠诚于他,那些促膝而谈君臣和谐的场面仿佛就在昨天,那誓要楚国走向强大的誓言还言犹在耳,可是如今楚怀王是如此残忍如此绝情,将一片赤诚的你发配放逐,连见都不想再见你一面。你一直认为你的楚怀王是被小人蒙蔽,却不知他本性就是一个愚蠢贪婪而鼠目寸光之人,配不上你的忠诚与才智。

四顾茫然,茕茕孑立,穷愁潦倒,就是你漫长放逐路上的常态,每分每秒,每天每月每年,犹如有千万只蚂蚁在撕扯你,鲜血淋漓千疮百孔。无人懂无人诉,唯有那支如椽巨笔,不离不弃,于是心中的愤懑倾泻而出,字字泣血,声声呐喊!经过岁月的发酵,这文字变成了玉液琼浆,让无数个优秀的后来者痛饮着,滋养着他们的灵魂;经过岁月的打磨成了珍珠宝石,在中国文学的天空中熠熠生辉,灯塔般指引着后辈走向前去!

你被贬是你的不幸,却是我们中华民族的幸运!

泪水朦胧中,仿佛看到一个孤独的身影从遥远的两千年前走来!
又逢端午,遥祭屈原!

(向大梅,中学教师,湖北省宜昌市夷陵区作协会员。有数篇散文诗歌在"宜昌作家""印象红磨坊""夷陵作家"等微信公众号上登载。)

作　　　者：任晓明
作品名称：行书《将运舟》
作品尺寸：180 cm×47 cm
释　　　文：将运舟而下浮兮,上洞庭而下江。去终古之所居兮,今逍遥而来东。羌灵魂之欲归兮,何须臾而忘反。背夏浦而西思兮,哀故都之日远。登大坟以远望兮,聊以舒吾忧心。哀州土之平乐兮,悲江介之遗风。屈子《九章·哀郢》选句　壬寅冬月于古城夷陵　任晓明书
钤　　　印：任晓明印

将运舟而下浮兮上洞庭而下江 去终古之所居兮今逍遥而来东 羌灵魂之欲归兮何须臾而忘反 背夏浦而西思兮哀故都之日远 登大坟以远望兮聊以舒吾忧心 哀州土之平乐兮悲江介之遗风

屈子九章哀郢选句 壬寅冬月书古城夷陵 任晓明书

怀 想 屈 原

◎许登彦

　　一条江河,借一位诗人不朽的诗名流芳千古;一条奔腾不息的江河,从古至今,流淌的都是诗人忧国忧民的血泪。

　　向晚的风中,寂静如花朵绽放。五月的汨罗江畔,芳草萋萋,百鸟翔集。一位清瘦的诗人在历史的波涛中凸现,他峨冠博带,坐在历史和诗歌的深处,吟哦着"路漫漫其修远兮,吾将上下而求索"的不朽诗句,直至诗意浸透了汨罗江两岸茂密葱茏的菖蒲和艾草。

　　《九歌》《天问》《涉江》……打开你的诗歌,我看见,你面容苍老,十指瘦削,而目光却熠熠生辉,纯洁的忠魂,在汉字之间铮铮作响,照亮了泱泱古国农历五月的天空。

　　屈原,在汨罗江畔,依水而坐。他斗酒十千,吟诵诗歌。他目光如炬,两束深沉的目光,化作两束忧伤的火焰,在汨罗江滚滚的波涛中愤怒地燃烧。三闾大夫啊,百万秦军的铁骑,早已踏碎了你心中魂牵梦绕的故国和家园。山河的破碎,黎民百姓流亡失所的伤痛,像风雨如磐的重重阴影压在你的心头。滂沱的涕泪,洗不尽胸中郁结的愁绪,你只有纵身一跃,借汨罗江滚滚的浪涛来托举你闪光的忠魂和不朽的诗心。但那小小的汨罗江,又怎能盛得下你太多的肝胆欲裂的悲愤。

　　你爱得太深,恨得太深,你的呐喊和呼声,比鼓点更急,比箭簇更快,射穿了楚怀王的昏庸,击响了历史的钟声。

　　一位诗人,携带着诗歌和火样的赤诚,行走于文明古国的农历五月,孤独寂寞地奔走一生。那在五月猎猎的风中衣袂飘飞的王胄,而今安在?佩兰饰蕙的诗人,请饮下一杯千年之后的美酒,将那慷慨的辞章重吟一回。

　　汨罗江畔,龙舟载不动思念。醇香的米粽,献上一颗颗火红的心,寄托浓浓的哀思。悠悠的如泣如诉的玉笛和长箫,在金色夕阳涂满依依杨柳的五月黄昏被反复吹响,将绵延不尽的思念打湿。与菖蒲和艾草一样诗意蓬勃的,仍是低徊在心间的楚辞。

　　(许登彦,原名许金燕,男,汉族。1976年5月2日生于甘肃省高台县,1980年进疆。1999年毕业于河南郑州大学新闻系,现为新疆石河子作家协会理事、新疆生产建设兵团作家协会会员。在全国各地报刊发表小说、诗歌、散文等文学作品380余万字,先后荣获石河子、兵团及国家级文学奖项多次。)

屈原,回来吧!

◎ 王同尧

群山默哀,大地垂泪,今天,华夏子孙无比怀念,缅怀思痛,将端午佳节举在苍穹,将龙舟粽子化为祭奠,天地之间,揣着历史的沧桑,躬身英雄亡灵,敬仰您人格的魅力,爱国的理想。

您,一个响亮震撼的名字,一位拯国救民的爱国诗人——屈原!

两千多年前的一个五月,您心力交瘁,思虑沉重,来回踱步汨罗江岸,凝视滔滔江水,问苍天:朝廷为何贪败腐坠,麻木不仁?国家为何遍体鳞伤,萎靡不振?百姓为何沿途乞讨、妻离子散,惨不忍睹?为何自己拼搏呐喊,苦尽衷肠,奉上篇篇救国挽民的奏章?为何楚王视臣不贤、不屑一顾,为何视文不闻、冷漠淡然,还恼怒咆哮,令自己倍遭屈辱,发配郊荒,心灰意冷,前景渺茫……

悲哉呀悲哉!国破何以苟且,民生何以遭殃,呕心沥血捍卫楚国,誓死拼搏国兴民强,可结果……这到底为什么?走吧,乾坤难以扭转,不如纵身一跃,与江河共存,坦荡而去!

一夜间,湖北荆楚大地直至湖南湘江,千万儿女,悲痛欲绝,哭断肝肠。长江漩流浪溅浪,化为悲泪洒汨罗江。为祭祀英灵,人们噙含热泪,自发结群,臂挽粽篮油灯,一路泣泪呼唤,冒着涓涓细雨,脚步赶着脚步,匆匆奔往汨罗江,身躬叩首磕拜,抛粽烧纸燃香,祈祷冤魂一路走好,天堂在此从容安详……

汨罗江啊,你到底水有多深,河有多长,究竟是何种景象?你能够容纳屈原这等重磅才人投身你腹,殊不知有多少文人墨客,闲辈武将,临身江湖尸骨沉降,冤灵失亡……

楚国啊大王,这些国家栋梁连命都能舍去,可悲奈何不了当朝腐败,官府不为,国度动乱,但英烈们拯国救亡的英雄壮举将励志后人,永世传扬。这爱国精神似无价之宝,千古流芳,发扬光芒。

大王啊大王,屈原一生呕心沥血,为国振兴撰文颂章。他,才华横溢,正义凛然,不卑不亢,令人叹赞,却难比瞬间投江一死,声震五湖,名扬四方。试问,他活着时为何不举贤才,造福一方?为何反遭责难,将他抛掷荒野,受尽凄凉?为何朝廷大院"朽木成堆",占位摆放,却不能容忍挺拔大树,傲立云端,而摒弃一旁……为什么?这究竟为什么??

屈原,伟大的诗人,爱国文豪,您一生兢兢业业,挥毫泼章,为国赤胆忠心,敢作敢当,您以死相搏,痛楚遗憾,但正义总归是正义,你知道吗?您的经典诗文《离骚》《天问》《九歌》等早为您昭雪平反,洗清耻恨,您英魂得以安稳,傲骨更释刚强,安息吧,伟大的诗人!

天地响应端午祭,思愁哀悼汨罗江。龙舟竞帆千万里,寻觅忠魂天涯还。回来吧!爱国诗人,回来吧!才子栋梁。如今,炎黄子孙们,传承着您正直善良的品质,坚贞不移的人格,正昂首阔步,走在我中华振兴路上。国家日渐繁荣昌盛,人民富有奔往小康,祖国山河是多么夺目璀璨……回来吧,屈原!

您可曾知道,为缅怀歌颂您,华夏儿女们每年都要龙舟竞赛、吃粽子、祭艾蒿。您的故乡宜昌,以您的文化内涵为地标,继承和完善您的光辉史迹,打造宜昌繁荣振兴,多次以您命名,在全国征文,举办诗词散文大赛,回顾着您的历史,追寻着您的足迹,弘扬着您的精神……

中华儿女祭诗神,吟诗颂词拜屈原。眺望英魂披彩云,问天追赶无踪影。九歌唱响悲壮曲,风雨化作泪雨泣。翻云腾江寻忠迹,专寻冤魂在何地,年年呼唤年年觅!

回来吧屈原,回来吧,爱国诗人!

(王同尧,男,湖北省作协会员,著有小说集《女人河》、散文集《我在春天等你》。)

拜见屈原

◎ 王 芳

九月,夏日的炙热尚未褪尽,枝上的青橘还是涩涩的。

我们一行二十余人一路坐车乘舟,风尘仆仆地奔赴乐平里——屈原的故乡,去拜见屈原。

说来惭愧,我身居与秭归一衣带水的兴山,用"路漫漫其修远兮,吾将上下而求索"的执着精神勉励着自己和一批又一批学子,却从未到过屈原的故乡,去亲身感受这位爱国诗人的浪漫情怀和坚贞的意志。更没有想到,屈原的故乡与我,是那么近。或者说,在我的脑海里,屈原是生于书、活于书的,从未想过有一天屈原会从书上走下来,就那么突兀地出现在我的眼前。

因此,当抱着可以出门一逛的心态的我兴奋地钻进车子时,脑袋里压根儿就没有屈原的影子。下了车,站在香溪河岸边的公路上,同行的人指着面前延伸进去的一条碧色的水峡告诉我们:那就是七里峡,从这条峡进去七八里就是屈原的故乡乐平里。我一脸的疑惑和不解:乐平里是屈原的故乡?屈原就在这里?一串串的问号后面则是满脸的羞惭了,羞于自己的无知,更愧对于这远古的诗人了。来时的兴奋之情稍减,多了一份稳重与虔诚。

据摆渡的人讲,三峡大坝未建时,七里峡只是一条干涸的峡谷,峡左是兴山,峡右是秭归,来去均是步行;大坝建起后,水也蓄到了七里峡进去三四里路的样子,就由渡船载人来往于两地之间,比步行方便多了。

下了船,顺着一片石坡爬上了公路,向前望去,没有人家,只有一条窄窄的公路蜿蜒前行,拐了个弯不见了,唯有两岸的巍巍青山交错相拥。

笑闹过后,人们突然感到了步行的艰难。面对七八里的山路,我们这些天天坐在办公室里的男男女女,在心里已举起了白旗。好在这时组织者看出了我们的心思,招呼大家别走了,原地等待。原来他早联系了一辆车来接我们。果然,不一会儿前面就响起了喇叭声,大家定睛一看,不由都"哇"地叫出了声:是一辆拉煤的大车!也管不了那么多了!五位女士一头钻进了驾驶室,挤成一团;男士则一律上了车厢。一时的懊丧马上就被这久违的赶车情景给冲跑了,居然有人唱起了"酒干倘卖无!酒干倘卖无!"敢情把咱们都当戏团子收拾了!

一路颠簸着,说笑着,正纳闷儿怎么越走越狭了,车上就有人叫道:停车!停车!乐平里到了,先去看牌坊!抬眼一望,不由恍惚:莫非到了世外桃源?这一路来七八里除了山沟里有一座微型电站外(没见一个人影儿),就再没见一户人家。而这时眼前却豁然开朗,一块平地沿回龙河岸向两边展延开去,形成一片较开阔的谷地,一畦畦的田地,一坡坡的柑橘,一户户的人家,交错排列,井然有序。顺着右手仰望上去,那飞出一角灰色屋檐的便是屈原祠了,而一座斑驳的褐红色牌坊就矗立在眼前的柑橘园里,"乐平里"三个大字赫然在目。

跟着大伙儿簇拥到牌坊前,望着那褪色的坊柱,翘起的飞檐,静默的石狮,名人的诗刻,我的心微微一动:这就是屈原的故乡了!牌坊无声,已沉睡于地下千年的屈子,他的忠魂是否感应到千百年来纷至沓来的后人们前来瞻仰的脚步,拜谒诗人的诚心呢?而我浮躁的心中,此时似乎莫名地多了一点沉甸甸的什么,渐趋平静。

随着人们的指点和当地一个机灵的小向导的带路,我们踩着窄窄的田埂,走过金黄的稻田,穿过青青的橘园,沿着一条小溪倚山拾级而上,或许就是踩着千年前屈原的足印吧,来到了当年屈原研习苦读的珍珠洞和读书洞。这里青山围抱,绿水环绕,苍松翠柏,曲径通幽,确为读书的好去处。我不知道当年屈原是否真的会不辞辛苦专程来这幽僻的半山之上,于一个简陋的石洞中读书(据人们介绍他家的原址离此起码有四五里远),可这一路上的山水与诗刻,无不显示着这方水土的钟灵与毓秀,或许正是这青山绿水赋予了诗人横溢的才华、如火的激情、似玉的品质,才有诗人坦言"与天地兮同寿,与日月兮同光"的气魄、"身既死兮神以灵,子魂魄兮为鬼雄"的悲壮和"长太息以掩涕兮,哀民生之多艰"的忧伤!

吃过午饭,稍事休息,我们便向屈原祠出发了。屈原祠建在河右岸一道高高的山梁上,据说不是屈原真正的老家,老家在对面山上的香炉坪,是后来搬到这儿的。从下面往上望,屈原祠飞檐峭壁,古色古香的建筑高高地耸立在山梁上,就如屈原高昂着头颅不屈地挺立在天地之间。未至祠前,我们已先感受到了屈原的精神。在祠前不远处,是一棵郁郁的几人合抱的古树,说是黄桷树。这古树,给屈原祠平添了几分静幽、沧桑与悲凉。千年的诗人啊,幸有这百年的古树为伴,不至于太落寞罢!

站在祠前,为着祠的古朴与简陋而伤怀,可这伤怀也只是为着我那活在书上的屈原的,与现实无甚关联,我是真的替古人担忧了。所以,现实的我大抵还是快乐着的,也有些许的不以为然。

快乐的我登上级级台阶,随着人们涌进了大门,跨过那高高的门槛,猛一抬头,心中不由怦然作响:那屈原,那忧国思民的屈原,就那样左手执剑、右手握卷、满面忧思地兀立于我的面前!这就是屈原!这塑像与我在历史书中看到并铭记心中的画像如出一辙,现实就这样在瞬间与书中千年的记载融为一体,重重地击中我的胸膛!感动与悲壮是同时从心底升起来的。泪水,也盈于眶中。我是最羞于也是最不愿烧香磕头的,可在这洁白的塑像,不!在这高洁的屈原面前,我第一次有了一种急于拜谒的冲动。几乎是迫不及待地点燃了屈原像前供奉的檀香,恭恭敬敬地插放到香炉中,虔诚地给屈原磕了三个头,略表敬意。

在祠中的墙壁上,挂满了由著名书法家吴丈蜀书写的各位名家前来拜谒屈原时写的诗作,遒劲的书法,朴实的诗句,道不尽世人对屈原的仰慕、讴歌、赞美和永远的怀念!如其中一首《访屈原祠》写道:"依山筑就屈原祠,几叠青峰入望迷。千载招魂归也来,沧波无语下香溪。"千载招魂,千载怀念,依依深情,尽在其中。我想,若泉下有知,已被列为世界四大文化名人之一的屈原也当感欣慰吧!

  不知不觉日已西斜,匆匆踏上归途。回望屈祠,不禁百感丛生。那灰白的墙壁,褪色的画檐,破落的祠院,就是屈祠了。夕阳下静静的一如屈子不改的情怀,寂寥地守望在高高的山梁之上。对于屈原,这祠庙似乎过于简朴、破败,触目心寒,无以承载屈原激荡澎湃的诗情、充塞于天地的浩然正气和他家喻户晓的盛名。可是我知道,屈原那高洁的品质、爱国的精神早已深深地铭刻在人们心中,与日长存!而在人们心中,也早已为这位伟大的诗人建起了一幢幢辉煌的宏宇!

  来时的轻狂与兴奋早已在走近屈原的途中消失殆尽,唯有沉重与感慨在胸中。我不会作诗,可也忍不住吟哦出声:"碧水分波风拂云,慢舟轻车赴故居。暗问屈子何处去?青山不言水无语。祠前洞中堪踏破,不见灵均苍柏绿。忠魂已逝数千载,子规声声归来兮!"

(王芳,中学高级教师。中国当代文学研究会校园文学委员会会员,湖北省作家协会会员,宜昌市作协第五届理事会理事,中国民族学学会昭君文化研究分会会员,宜昌市昭君文化促进会会员。散文集《指尖上的香溪》荣获第二届全国教师文学专著奖;另有散文集《天边蛾眉月》、民间故事集《昭君故里口才故事集》等作品问世。)

活着的历史

◎ 刘金祥

一个烟雨朦胧的时日,我和好友启程去拜访秭归屈原故里。游船缓缓驶入高峡平湖的江面,薄雾愁云萦绕,船尾拖曳起一道格外分明的浪花,荡漾着香溪河畔的扁舟,江岸上铺满了浅黄嫩绿的山竹野藤,氤氲出一个梦幻般的峡江世界。

大多数人和我一样,说起屈原,脑海里立马就会浮现出一位衣袖飘袅、玉佩作琅、高贵典雅、傲然挺拔的士大夫形象,他正从郢都楚怀王富丽堂皇的宫殿里走出来。但是《史记·屈原列传》却给人重重一击:"屈原至于江滨,被发行吟泽畔,颜色憔悴,形容枯槁……举世混浊而我独清,众人皆醉而我独醒……又安能以皓皓之白,而蒙世俗之温蠖乎?"对他的好奇心反倒更重了。

也许此时的屈子正巍然地站立船头,眺望着远方,山色苍苍,江水汤汤,尽管旧貌换新颜,这里的一山一水他是多么熟悉啊,可是此时的他除了一叶扁舟,还是一叶扁舟,心里的锚早已抛在郢都的港口,怎么也无法从内心深处拔起,他终究回不到那个生他养他的地方。

据考证,屈原祠始建于唐元和十五年(820年),宋元丰三年(公元1080年)修缮并更名为"清烈公祠"。1976年7月,因葛洲坝水利工程兴建,迁建至归州,正式更名为"屈原祠",后因三峡大坝工程建设,再度搬迁至凤凰山并进行扩建,也就有了现在看到的屈原祠样貌,主要由山门、配房、碑廊、前殿、正殿等建筑组成,与三峡大坝遥相呼应。

徒步行至屈原祠,可以看到屈原祠正安静地躺在凤凰山的山梁上,倚山面江,坐北朝南,层层屋脊铺排直上云霄,错落有致,十分雄伟壮观。整座祠被掩映在满园飘香的柑橘林和苍翠欲滴的竹柏之中,难怪屈子称其为"嘉树",并乐意与其"愿岁并谢,与长友兮"。我想春花烂漫时,此处是故乡。

屈原祠的山门建筑风格独特,三层两重檐歇山屋顶,正立面贴六柱牌楼门式,两侧辅以圆形的风火山墙,采用红柱白墙灰顶为主色调,山门主体与东西配房则构成了中国汉字"山"形。面墙正中有一巨大圆弧浮雕,中饰"龙凤呈祥"图案,整体建筑风格融入了峡江古建筑群的多种元素,给人留下极其深刻的"楚国印象"。山门正中为郭沫若先生题写的"屈原祠",三字苍劲有力,格调非凡。门楣匾额上写着"光争日月"四字,左右额枋分别写着"孤忠""流芳"。大门两旁是莲花、寒梅的彩绘,仰望之下,整个山门既古典庄重,又气势宏伟。

穿过山门,便是前殿,额匾上书写了"天地同寿"四字,可谓"笔落惊风雨,诗成泣鬼神"。殿内中间耸立着一座巨石,把屈原祠历史演变、搬迁过程、结构布局、馆藏物件等一一作以介绍,诸多专家、学者不远千里而来只为考证其历史文化价值。

从配房一路参观过来,就到了正殿,正殿为仿古全木结构建筑,面阔五开间,两层重檐歇山屋顶,正殿大门两侧有赵朴初题写的对联:"大节仰忠贞,气吐虹霓,天问九章歌浩荡;修能明治乱,志存社稷,泽遗万世颂离骚。"顺着正殿的大门,就可以看到一尊庄严的屈原青铜像正耸立在祠苑中央,峨冠青衣,眉宇紧锁,身躯前倾,微微颔首,显得心事重重,又无可奈何。

从正殿回首望去,奔腾不息的长江水浅吟低唱着"路漫漫其修远兮,吾将上下而求索",三峡大坝正向世界展示它的"大国重器"。凛冽的楚风拂动着我的衣角,飘忽的白云拭去了我的遐想,伫立仰望,屈原仿佛就是我。

东西配殿展示了大量的碑刻实物和临摹样本,幽静雅致,相得益彰。铜像左右两侧的碑廊呈南北走向,廊柱撑架,歇山大角屋顶,给人以棱角分明、结构清晰的感觉。廊内屈原的《离骚》《九歌》《九章》《天问》等诗作和历代文人墨客颂扬屈原的诗句手迹,镌刻在青石碑上,两千多年的风风雨雨都难以浸腐。

如果说,老子以五千言之"经"给人类以灵魂,司马迁以八十万言之"史"给中国人以记忆,那么屈原则以千百句之"诗"给我们以生命的思考。太史公说得好:"其文约,其辞微,其志洁,其行廉。其称文小而其指极大,举类迩而见义远……推此志也,虽与日月争光可也。"(《史记·屈原贾生列传》)可见其推崇之至。"遥遥望白云,怀古一何深",六百年后那位南山下采菊种豆的陶公,也回首遥望着他。一千年后,谪仙人发出了这样的浩叹:"屈平辞赋悬日月,楚王台榭空山丘。"时至今日,仍有无数的后来者瞻仰至此,膜拜不已。

秭归离汨罗江有多远? 就像河流在寻找远方,屈子也在流放中救赎自己,"惟郢路之辽远兮,魂一夕而九逝",有心报国却无力回天的屈子选择了抱石投江明鉴。相传屈子投汨罗江后,一条金色神鱼先将其尸吞下,游至屈原故里附近的香溪河口又吐出来,屈原的家姊便将弟弟的尸体安葬于此,并定居于此,秭(姊)归之名因此而来,当然这是后话了。

屈原祠毁毁建建,从屈沱到向家坪再到凤凰山,从唐代的一座冷清小祠堂到世界上最大的屈原祠,从无人问津到历代文人墨客纷沓至此,屈原祠承载了一个民族千年的景仰和追思,成为扎根在每一个中国人内心深处的精神元素。

它就是活着的历史。

它就是永远的丰碑。

(刘金祥,湖北省作家协会会员,出版有《果园压枝低》《缝纫机上的母亲》。)

汨 罗 一 别

◎ 曹盈颖

  我倚着窗框,望向窗外疾驰而过的树木,树的身影形成一条黛绿色丝带,时不时有些许花朵点缀其间,带来别样的色彩与生机。视线往上移一点点,刚好太阳出现在视野中心,因为有薄薄的云层遮挡,还不算刺眼,但看久了眼睛是受不住的,只好继续看着那条绿丝带。

  "同学们,我们此番研学的目的地是三峡的屈原故里……"

  "今天去拜访屈原故里,可以好好领略这位伟大爱国诗人忠贞爱国之情与高尚的节操了。"

  也许是导游介绍结束,也许是车途颠簸,也许是春光无限好,困精灵悄无声息地踏入我的大脑,眼皮不自觉地耷拉下来,很快意识进入了沉睡状态。

  不知睡了多久,我的耳边响起了哗哗的水流声和风声。水?我猛地睁眼,"怎么可能有水,我不是在车里吗?"环顾四周,眼前之景让我感觉喉咙一阵痉挛,几乎喘不过气来,大脑也处于混沌状态。

  现在在我眼前的是一条浩浩荡荡的江水。水流潺潺,流向无际的天边,江风清冷。

  恐惧之感蔓延全身,"这是哪儿?"我站起来惊慌失措地自言自语,周遭荒凉冷清,只有稀稀拉拉的草木,一切都笼罩在灰的单调中。

  茫然、未知的恐惧,使我的双腿抖擞不停,走的每一步都是小心谨慎的。

  我的目光很快锁定到了一个人身上:离我有些距离,他独自一个站在江边,衣服是素棕麻棉,腰带随风飘扬,腰间挂有一把佩剑,佩剑旁垂下一袋蓝色的香囊。走近些看到他眉头紧锁,眼睛直直地盯着前方,若有若无地能闻到少许花香。"他是谁?他在思索着什么……"我忐忑害怕的心在见到这位古人后,似乎有些平静。

  "先生,请问这是哪儿?什么朝代?"我拱手问道。

  他注视前方极其入迷,以至于没注意到一个人走过来,听到声音时明显被惊吓。他转过头,仔细地打量了我,脸上露出惊讶、迷惑的神情:"这里是楚国,这条江是汨罗江。这位小生,你又是何人?衣着不似楚人啊!"

  "啊,楚国!汨罗江!莫非站在我面前的这位两鬓斑白、面容憔悴的是屈原!"我现在有一肚子的话想说出口,但掂酌再三,一一吞了回去,只老老实实地答道:"晚辈来自未来,也许因为梦境或是时空错乱,让我与您在此相遇,此乃吾之殊荣!"

  "殊荣?此话怎讲?公子您客气,鄙人现在只不过一小小亡国之民。还有公子,您说的未来是什么？未来……已没了楚国……"说完他叹了口气，眼神中尽是无奈与悲痛。

"嗯，未来楚国、秦国等七国都灭亡了，但延绵不断的中华文化凝聚了一个新的国家——中国，这也是您的国家。现在的中国国泰民安，繁荣富强，秉持着自古流传的以人为本。"

听完我的描述，他难以置信，一直盯着我，良久才开口："朕从政四十余载，为君主尽心尽力，出谋划策，希望有朝一日能统一六国，让楚国百姓过上太平富裕的日子，奈何一己之力太浅薄，官场太污浊，小人当道啊！愿楚君睁眼看看啊，这百姓苍生，这偌大的楚国江山，全毁于一旦了。"屈原张开手臂，仰头对天呼喊，继而把手放在自己胸前："不管我死多少次，我的心不会改变，节操依然如白玉般无半点瑕疵，就算只剩下最后一口气，也要唤醒楚王，拯救黎民百姓！"这字字句句铿锵有力，直入我肺腑，震撼心灵。江水突然奔涌凶猛地拍打岸边，江风也刺着人的脸庞。

他转过身，领我向前走，不远处有一处村落，显露在我们眼前，可是这个村落已荒无人烟，凄凄惨惨。屈原说人们已经去逃难了，只有他一人留在这儿。他注视着荒凉的屋舍，眉头又蹙起，正当我回头过来看他时，一滴晶莹的泪珠滑落他憔悴的脸庞，我的眼前也顿时氤氲一股热气，渐渐地模糊了视线。

怀着沉痛的心情，我被带到他所住的小屋——那是一座木屋，极其简陋，其周围杂草丛生。他把我安顿好，便伏案写作。从窗外射来的一缕光线，不偏不倚地照射到他的简上，他的表情甚为凝重、严肃。那一瞬间，我感觉我面前的这位伟人满腔热血，憎怒俨然，世间的爱恨情仇尽展于此。

完成后，他在案前站了良久，出门前告知我，可以在这个屋里好好休息，叮嘱我不要出去，便告辞了。告辞？我看出他眼神中的坚毅、怒火与决心，也许……一个不祥的念头闪过我的脑海。

屈原出去之后，我蹑手蹑脚地来到案前，顿时空气凝住了，这上面分明是他的绝笔《怀沙》啊！我抱竹简冲出门外，眼前的场景狠狠地冲击了我：屈原一步一步地走到江中央，很慢，但每一步都是下定决心的，都是沉重的，都是爱啊！

我在狂风之中，怀中紧紧抱着《怀沙》，腿脚已发软，任凭眼泪从眼眶中狂涌而出，泣不成声，完完整整地目睹了这一壮烈时刻，屈原渐渐被汨罗江淹没，消失在了茫茫江面，与江融为一体。

我的心犹如刀割，未从这悲痛场景回过神来。

楚国亡了，活着对屈原来说是件痛苦的事，以身殉国，这是最好的选择。

抹掉眼泪，心已经五味杂陈。望着这汨罗江，这看似平静的江面，实则里面有一条沉睡的蛟龙。

白起攻破了郢都，屈原投身于汨罗，我也该回去了……

来到屈原故里，心情始终沉重，也是被震撼的，我来到屈原的塑像前，深深地鞠了躬，诚恳地祭拜了他。

"先生,凡是过去皆为序曲,能感受您的痛苦,与您休戚与共,是我此生最大的荣幸。您的高洁忠贞,流芳万年;您的爱国之情,广为传诵,激燃了许多中国的青年人。这团熊熊的巨火将永不熄灭,久久传递;您的爱国情怀,一直赓续下去,至死不渝。"

(曹盈颖,就读于湖北省枝江市第一高级中学。)

画家笔下的浪漫诗人

◎ 杨　力

在中国的传统文化里面,轮回的存在,是一个必然的永恒命题。理想、财富、秩序、反动、崇敬、鄙夷、成功、挫败、喜悦、失落,等等,几乎毫不例外地嵌入了人际交往、经济运行、社会生活、科技活动、艺术创造的所有时空领域。

一个人、一个家族喜欢什么,是有"群落"效应的。我家上溯数辈,先辈多爱好艺术,均不善官场、商旅之道,这有事实为证。家族如此,一个国家或地区,一个艺术群落不也情同此理么?

在2010年国庆期间,宜昌博物馆举办过一个"三峡画院·十人油画风景写生展",这场展览的主题名曰:"边走边画"。那次十人联展,既是对十名画家的艺术实力与创作成果的一次集中展示,也是在世人面前对宜昌城市艺术魅力的一次激情释放,更是自屈原以降,历代文人雅士在三峡宜昌,留下文脉得以传承的现实反映。那次参展的十位艺术家,可以称之为宜昌美术界具有领军意义的中坚力量。时任三峡大学艺术学院副院长的田亚洲教授,就是其中的参展艺术家重要代表之一。

当年,我在评价田亚洲先生的艺术作品时,用了这样一个小标题:"宜昌学院派风景油画艺术的代表人物"。二十世纪六十年代后期,田亚洲先生出生于湖北枝江。应该说,他的家乡除了长江、沙滩、江堤、河渠、麦田,再就没有别的什么风景了。田亚洲先生毕业于华中师范大学美术系,曾先后在中央美术学院、天津美术学院研修油画,后到美国UT Dallas艺术与人文学院做高级访问学者。他是一位负责任的大学美术教师,同时又是一位勤奋、智慧的艺术家。近些年来,田亚洲先后在《中国油画》《文艺研究》《美苑》《美术观察》《美术向导》《美术天地》等全国知名艺术专业期刊多次发表绘画作品和理论文章。其作品《白桦树林》被编入湖北省义务教育课程标准实验教科书《艺术》。2010年9月,应北京时代美术馆邀请,在该馆举办了名为"造化——田亚洲油画展"的个人作品展览。2011年6月,在美国达拉斯德州大学会议中心举办了名为"INK&ACRYLIC"的个人画展。

按照世俗的标准,田亚洲的故乡是没有什么风景的。在亚洲的故土,找遍方圆百十公里,也找不到一座相对高度在二三十公尺之间的所谓"山峰"。我的解读,这也许正是亚洲迷上风景油画的真正动力所在。亚洲的作品《麦田后的老屋》可以为证。其实,画面里的麦田、麦田后的老屋都是亚洲的,但老屋背靠着的大山却不是亚洲的。亚洲把他乡的大山移植过来,形成了他心目中的风景,这也许就是画家的真实想法。画中的大山一如中国象形文字里的"山"字,顶天立地、卓尔不凡。天空、大山、麦田,分别以不同的色彩与姿态进入人们的视野,这样的视觉冲击力,给予人们强烈的审美体验和艺术享受。亚洲的风景油画已孕育多年,加上他有供职于高校艺术院系这样良好的艺术实践场地,相信不要太久,亚洲又会给我们带来更美的艺术风景。

这是当年我对田亚洲及其作品的文化解读。12年,一个小轮回过去了。就在近期,在宜昌三峡国际机场的候机大厅里,田亚洲耗费他的心血与学养,完成了一幅巨型新作《屈原颂》(240 cm×680 cm)的创作。《屈原颂》,她以一种视觉艺术的表现方式,将宜昌的历史文化地标屈原精神,展现在了世界和人类的眼前。正是这幅作品,彻底颠覆了我对作为油画家的田亚洲"艺术历史方位"的刻板认知和思维定式。

田亚洲告诉我,2021年7月,当他接受创作任务时,第一感觉就是:屈原!那时的田亚洲的内心,既是神圣的又是忐忑的。从古至今,喜爱屈原的艺术家、以"屈原"为主题的艺术作品,浩如烟海、数不胜数。但作为宜昌本土人,田亚洲又是有"主场"心理优势的。屈原的出生地和亚洲的出生地,一个是秭归,一个是枝江,都在湖北宜昌辖区,并且屈原当年重要社会政治舞台也正在现在的枝江一带。田亚洲出生成长的这片土地,在历史的长河中也留下了屈原一生深深的足迹。对屈原文化这种特殊的情感,坚定了田亚洲投身于这幅作品创作的信心。

三峡大学的校训"求索",就是从屈原诗篇《离骚》中的名句"路漫漫其修远兮,吾将上下而求索"提炼而出的。"求索"是屈原精神高度凝练的直接表达。在三峡大学校园里,也随处可见屈原文化的存在,比如"求索"溪、"九章"桥、"天问"石、"九歌"合唱团、"橘颂"音乐厅,等等。这些生活元素反复呈现,给田亚洲提供了丰富的艺术养料。

艺术营养不等于艺术作品本身。屈原,是一座伟大的思想宝库,是一个灿烂的文化丰碑,是一条永恒的艺术长河。但要把精神的高度转换成视觉的深度,还必须找到转换的方式和语言。为了消除认知的浅薄、实践的粗陋,能够画出理想中的屈原,田亚洲先生做足了案前功课。他组建了一个"屈原"专题研究团队,广泛搜集资料、细心研读著作,认真分析前人优秀画作、不断凝练屈原精神内核。

对屈原形象的建构研究,主要依据只能是屈原的作品和屈原研究者的文章。人们以此来揣度屈原、认识屈原。有关屈原形象建构,虽然学术界存在不同的声音,但屈原作为浪漫主义诗人、杰出的政治家、伟大的思想家这三个判断已成基本共识。作为艺术"思想者"的田亚洲反问自己:我是否要在我的作品里强化这种判断呢?

屈原的作品很多,纪念屈原和研究屈原的文献更多,要想读全、读透,即使是专门的研究者,恐怕穷其一生也难于企及。田亚洲试图从他认同的研究者的文章里,去感知屈原的形象和气质。从更多的文献里,去验证世人已作出的关于屈原的判断。当然,更重要的是要从屈原原作中,去领悟他的风骨和精神。屈原的代表作品《离骚》《九歌》《天问》是必须要读的;历代画家关于屈原的画作是必须参考的;有关春秋战国题材的电影、电视剧也

浪漫诗人　画家笔下的浪漫诗人

是可以参考的。不搞清楚屈原的精神内核,想画好屈原是妄谈。随着研究的不断深入,一些概念在思绪中跳来跳去:皇族、官员、诗人;华贵、放逐、浪漫;悲苦、悲哀、悲壮!如何筛选?选来选去,田亚洲发现,在他的心目中:始终没有作为贵族的屈原,也没有作为官员的屈原,唯有作为诗人的屈原。这是一个重大的发现,一种跨越2000多年的心灵感应。这个重大"发现",成为奠定田亚洲创作理念的第一块基石。

面对历代浩如烟海的艺术前辈关于屈原形象的高山之作,田亚洲背负着沉重的精神压力和雷同恐惧。怎么办?反复思考,只有一个方案,那就是用具象的语言表现出抽象的意味,最终达到意象的结果。具象的屈原是一个谎言,抽象的屈原才是真实。田亚洲对自己几个月的思考进行了认真梳理:因为我们心中的屈原,原本就不是一个普通意义上的真实的人,他代表了一种文化精神,一种中国传统文化的精神力量。

田亚洲画屈原,秉持了一种近乎"举世皆浊我独清,众人皆醉我独醒"的原则立场和艺术态度。《离骚》《九歌》《天问》折射出的创造力、想象力、思考力,足够印证屈原的伟大。在田亚洲的心目中,屈原是一个理想主义者,是一座文化的丰碑,是一颗璀璨的明星。他人格独立、思想自由、才华横溢、富于创造、天性浪漫、品质高洁、热爱生活、坚定执着……田亚洲反对把屈原画成面容憔悴,甚至披头散发的形象。着力渲染屈原的悲苦,无疑是在用世俗的怜悯之心,观照圣人凤凰涅槃的历程。田亚洲认为,屈原的贵族身份、屈原的官职变迁,最终的投江殉国,等等,是历史原因造成的,应该用历史的眼光去做历史观察。屈原性格上的孤傲和倔强、意志品质上的坚定与执着、人生境遇的窘迫和苦难,或许是真实的,但这些特质丝毫不会减弱屈原对后世的积极影响,反而这些情绪的描绘会造成观者对屈原的"误读",会毁损屈原在人们心中的光辉。一个艺术的屈原形象,会在当代中国人的精神世界里,注入更强大的精神动力,这也正是我们在经历了多少个"历史轮回"后,再次聚焦屈原、寻找新的文化动力的逻辑所在。

屈原之后的人文知识分子,皆以屈原为楷模。甚至有时候,一个特立独行的"艺术家",也会因为自己身上依然依附着屈原的某些品质,而以此为荣。由此可见,屈原并没有死去,"屈原精神"依然永驻人间。居于这样一种认知,田亚洲要画一个永远活着的,时时闪耀着人性本色、诗性光辉的屈原——一位伟大的诗人、艺术家、思想者。这,成为田亚洲创作美术作品《屈原颂》的基本立场和第一出发点。

基于以上立场,田亚洲开始建构属于他自己的"屈原"。绘画是由内容和形式构成的,特别是历史题材的命题创作。怎么驾驭两米四高、六米八长的巨幅画面?深思熟虑之后,田亚洲最终决定,还是以独幅画的形式来构思画面。

田亚洲在自己的脑海为这幅作品建立了4个维度:屈原形象——人神同体,场景营造——天地合一,艺术氛围——星河灿烂,画面气质——神秘浪漫而生机勃勃。他凝视着眼前的画具和画材,在寻思,如果通过自己的这双手,把它们组合成了这样的视角图案,并且能够达到这样的效果,作品就成功了。

关于屈原形象。田亚洲想要塑造的,也就是画面的主体形象,一定要是一个概念化的、神性化的屈原。虽然屈原一生苦难,但精神层面上的屈原从来没有低下过高贵的头颅。在刻画人物时,田亚洲"让"屈原抬起了"高昂的头颅",他摒弃了历史长河中屈原"低头寻咏"的形象定式,"捕捉"到了屈原仰望苍穹、傲然屹立的"神"来之势。高洁的花瓣飘浮在他的周身,屈原如天神一般凝视远方……田亚洲汪洋恣肆且惜墨如金,将写意精神挥洒到极致,他不拘泥于对屈原形象的细节刻画,而着重于对屈原整体艺术形象气质的渲染与表达。其目的是,不希望观者去细究屈原的"物质性"的形象,比如他的五官比例、皮肤质感、服装样式等,其良苦用心在于,借此引导观者避实就虚地去感受屈原的独特气质和精神内涵。

关于场景营造。在三峡大学与田亚洲一同供职多年的艺术批评家、书法艺术家王祖龙教授,对于田亚洲的油画风景作品有过非常精准的评价:"多年来的写生教学和写生实践,使田亚洲积累了丰富的对景作画的经验,他笔下的许多风景都是一气呵成的即兴之作。一笔在手,适意挥彩走色,务求准确概括、很少润笔重塑。他的色彩定调准确,画面饱满通透,运笔干净洒脱,笔触随机生发,这些都完美地表现了瞬间激情。观其画作,格局大,气息畅,画面舒展而不空虚,形象结实而无堆砌,笔触泼辣而松活,色块明快而豪放,完全是心境敞开之后的自由抒写与释放。这种激情驱遣之下的挥洒并没有消解油性颜料色质的浑厚与稠密,他的风景画作始终保持着画笔挥运所产生的色块、笔触的特殊美感和肌理效果。他特别珍视观照物象过程中自然而生又不复再生的瞬间感受,不停玩味于忘我状态下那些偶然出现的笔触和思绪,任凭心灵之流在旷野中自由流淌。在他的笔下,线与色块、形与无形、写实与抽象相互交织,由此可以看出他着眼于物象而又超越物象的心境。"田亚洲多年来的油画创作实践,形成了他那具有"田氏风格"的绘画语言。这种艺术风格,在《屈原颂》的创作过程中,也产生了出神入化的艺术效果。在营造作品场景时,田亚洲基于香草美人的寓意,营造了一个虚幻空间,他希望这个背景既像山川大地又像浩瀚的星空。这样表达的目的,是想营造一个巨大的、能够容纳屈原神一般存在的"场"。人类文明,星汉灿烂,屈原无疑是一颗璀璨的星星。观摩田亚洲的作品,其视觉效果在"无限接近"着这样的艺术理想。

关于艺术氛围。在画面背景里,为了体现出一种神秘浪漫的艺术氛围,田亚洲进行了精心设计,他将养育屈原的楚地山川和一些具有象征意义的碎片图形嵌入其中。如果你懂屈原,就可以从画作中的山石、云气中幻化出具体的对象来。如果你不懂屈原或者不懂绘画者的心声,也会通过这些碎片激发想象,引发思考和探究,从而更好地认识屈原并传递屈原精神。在作品中,田亚洲铺排了一些显性的辅助性形象,比如金乌(象征太阳和力量)、凤凰(代表楚文化)、龙(隐喻端午祭祀)、后羿射日(隐喻斗争精神)以及山鬼、湘君、湘夫人、天问、东皇太一、云中君(象征屈原蓬勃的创造力和丰富的想象力,体现浪漫主义思想)。画面还有一些隐性的辅助性形象,几乎涵盖《离骚》《橘颂》《九歌》《天问》中多数形象,这是留给观者领悟和想象的部分。凤凰和后羿与屈原没有直接的关联,田亚洲别出心裁,将其搬到画面里。凤乃楚之图腾,后羿射日是中国古典神话。后羿射日的意义在于确立了一个太阳的至高地位,后羿在此出现是隐喻屈原在楚文化中具有太阳般的意义,以此体现屈原精神对后世的影响,这也是屈原诗歌常用的比兴手法。简单地图释也好,生硬地罗列也罢,田亚洲将这些图像铺排在美术作品《屈原颂》里,是一种寓意,也是画面的一个延伸想象的引导。

2021年10月,田亚洲正式开始制作关于屈原的大型画作。面对巨大的亚麻布,他静静地坐在工作室,看了一整天才动笔。他兴奋地把扫把、刷子、刮刀、滚筒、吹风机以及大小不同的画笔和丙烯颜料摆在工作台上,调配了六桶不同倾向的灰色颜料。首先,他用扫把在画布上皴擦第一遍稀薄的暖灰,等色彩干透,在暖灰色的底子上,再选择绿灰营造大色调,大板刷肆意干擦,似是而非的痕迹为下一步的刻画预留了众多的趣味空间。三峡、汨罗江、云气等与屈原密切相关的场景很快就呈现出来,大氛围仅仅用了一天半时间,一气呵成。流淌的暖灰与干涩的冷灰色斑,形成了莫名的趣味痕迹。两遍铺色之后,田亚洲就预感到这将是一幅非常有趣的画作,具有挑战性。接下来,就是塑造屈原的主体形象及其周边隐藏的辅助性形象的处理。因为了然于心,没用多少工夫,一个"苏世独立、横而不流"的屈大夫形象就跃然布上。田亚洲造成了他心中敬仰多年的一尊"神"。

因为有多年来的油画山水"技术"洗练,在画面艺术氛围渲染的技术法则运用方面,田亚洲没有丝毫胆怯。他不希望这件作品有太明确的物理空间和现实的物质感。对于一个画家来说,控制"空间、体积、质感、量感、透视、解剖以及比例"等绘画要素,在画面的全面介入是有难度的。因为那些元素往往是画家炫耀技巧的惯性语言,克制惯性是有困难的。另外,过度弱化那些技巧性表达可能会导致画面的苍白无力。点、线、面、黑、白、灰、色彩、肌理是造型艺术的基本词汇,对于小型作品来说,一不留神,就会暴露出绘画者的短板。田亚洲独辟蹊径,只选择"点"这个最小的词汇来塑造心目中的屈原。因为在虽然巨大但也有限的画面上,营造浩瀚、博大的气势,"点"无疑是最恰当的语言。面对浩瀚的宇宙,人人都是微不足道的尘埃,屈原也不例外。只不过,这个空间里的屈原是尘埃的引领者。可以说,这也是屈原浪漫主义手法对田亚洲绘画技术的启发。大量灰色的运用,也是出于这样的考虑。真实的色彩很容易把人带入现实之中,田亚洲筛选六种灰色,并以青铜绿锈为主调,就是想制造与现实的距离感。他用既熟悉又陌生的色彩感,把人带入虚空的境界,以突显屈原的"神性"。画面的实际操作,在他的意料之中。最后形成的画面艺术效果,使得田亚洲的作品《屈原颂》成为一件真正有灵魂的美术精品。

仿佛就与艺术家袁运生在1970年代末,为首都机场创作的大型壁画作品《泼水节——生命的赞歌》一样,田亚洲先生大型美术作品《屈原颂》的横空问世,也为三峡宜昌地域美术创作进程,立下了一个里程碑式的艺术标杆。田亚洲用他的心血之作《屈原颂》,变革了他自己醉心多年的风景油画世界,涅槃了他不断自我超越的艺术追求与艺术格局。田亚洲的艺术之路越走越宽阔,这有他的内在逻辑。亚洲的外在形象,给人看上去颇有一种"西部牛仔"的浪漫味道,但在他的内心深处,是虚怀若谷、谦卑含容、悲天悯人的。这正好和那些人一"阔"脸就变的"成功者"们,形成了鲜明的对照。德艺双馨,方得始终。因此,我们完全有理由相信,正值盛年的艺术家田亚洲,在明天,定会给我们创造出更多新的惊喜与盛宴。让我们拭目以待。

（杨力,笔名力人。湖北省作协会员,宜昌市炎黄文化研究会常务理事、副秘书长兼宜昌名人文化研究学术委员会主任委员、宜昌市文联主席团委员、宜昌市文艺评论家协会常务副主席兼秘书长。著有散文集《巴楚文人》、杂文集《力人茶坊》和中篇小说《牛年的爱情》等作品。）

屈子传说

元 高克恭 《雨山图》

寻声楚吟缓缓归

◎ 汤世杰

听见一声"到了",应声望去,秭归就到了。

——近在耳旁的那句秭归话,于我是个开悟:那场处心积虑的返回,将将抵达。

伟大的长江顿时横到眼前。那是久违了的,跟秭归联在一起的那段长江——于我,大而化之地说叨长江,从来都太含混。字面上的"长江",是个长达六千多公里的名词,心里的长江,却由无数段看上去伟大或并不那么伟大的江流连结而成。我从没远离过长江。但横断山里渺若一线的金沙江,与崇明岛出海口一带烟波浩渺的长江,虎跳峡里虎奔狼突的长江,与江汉平原水平若镜的长江,岂能混为一谈?更别说一条大江在不同时代、不同季节的万千差别。秭归一带的长江我虽见过多次,掐指一算,离最后一次去秭归,已然又是二十来年。青春尽逝,老来归乡,彼时心境,任谁都能想见——唏嘘复唏嘘,但返回依然是个必要的选择!

路上,我一直在深究的,正是"秭归"这个字眼。

一个地方的全部历史,都隐藏在地名之中。"秭归"一名,其古老、独特与亲切,当世无二。多少城市数典忘祖改名易姓,秭归一直没改。秭归还是秭归,永恒。何为"秭"?《水经注》曰:"屈原有贤姊,闻原放逐,亦来归,因名曰姊归。"那更像个传说。其实"秭"为数字:"秭,数也。"(《尔雅》)郭璞注曰:"今以十亿为秭。"《说文》则谓"数亿至万曰秭",《广韵》则称"秭,千亿也"。《风俗通》干脆说"千生万,万生亿,亿生兆,兆生京,京生秭"。如此,"秭"已成无穷大,几可齐于天地。

"归",即返回,衍射、扩展为反观、反思,归还与合并。返回从来都是生命本能的冲动,返回家乡,返回出生地,返回诞生你、生长你,你留连过、注目过,甚或与你只有点滴相连的某个地方。那是对"去"的反拨。生长从来不是几句声嘶力竭的叫喊,也不是因虚幻的鼓动一味地向前。有时你已走得很远,到了却发现你必须返回原初。长途跋涉中,你或需停停,站站,回头看看经历的一切,想想曾经的仓促与无奈,重新思索,也重新定位。没准儿在返回、反观、反思的一刹那,才会看清当时的自己,看清现在和未来。"自我不是自在的存在的一种属性。就其本身而言,它是一个被反思者。"(萨特)有时,返回甚至是出于某种愧疚、抱憾,对曾经的愚蠢、莽撞、浅薄、无知的一种有意无意的弥补,是内心对原初、原乡的深刻致敬。如若一切都如李商隐所谓"只是当时已惘然",人生便会失去应有的丰润辽阔,干缩成一个空壳。民族、国家尽皆如此。世上所有的节日、纪念日,都基于这样的意义方被确定,有了意义——无论它关涉的是欢欣痛苦是生存死亡。人是个必须不断返回、反观与反思的动物。重新咀嚼咀嚼品味品味过往中某个日子的意义,该掩埋的掩埋,该怀想的怀想,尔后继续前行,早已是现代人类社会不可或缺的精神补给。

更多时候,人要返回的,或许并非某个清醒明白的地点、时间或日子,很可能只是一方清风明月,一弯曲水流觞,一片清寂雅静,一道透底明澈;是满天星斗可见而不可及的悠远,一地苍苔你想呼唤却无法开口的失名,有时竟是连欲返回者自己都无法说清道明的,某种纤细得微不足道的玄秘,一句其实寻常却让人泪流满面的乡音,一片不知在哪方天空见过的悠悠白云,一支不知何时划伤过你胳臂的任性摇曳的狗尾巴草,甚至是"无",是"空",是某种细若游丝转瞬即逝的心境,是洒脱如同流水的某种自由自在……

如此,所谓"秭归",便是一个数量无穷大的,万千人生的返回、反思与反观。屈原必深谙于此,"返回"亦经由他的出仕与回归实现了最初的滥觞。导引那一切的就是诗。屈原本质上首先是个诗人,以文辞与辩才名世,先有"诗",而后有"策"。"诗"与"策",是他生命的两极,或说双翼。策,策杖也,鞭策也。而"诗无邪"。"兴、观、群、怨"。"言之者无罪,闻之者足以戒,故曰风"。屈原的失宠于朝,从一开始便已注定。他也曾极力以他的"策"去报效他的国,可惜君王既不懂他的"诗",也无视他的"策"。当"策"的翅膀被折断,便只能返回去做他的诗人。他的一生是对"返回"一语的最好注释。而我,要赶回去过的,是我母亲的家乡青滩,是已亥年秭归的端阳,乐平里的三闾骚坛诗会。是对"屈原故里"、中国文脉第一源头的致意。可直到那时,一个与秭归血肉相依的人,却还没去过乐平里,没听到过我心目中的楚吟。

……倒是真快,车从宜昌出发,不到一个钟头,秭归就到了,我却好像还在梦中,还没从一场旷远的、恍兮忽兮的期盼中真正醒来……

"梦为远别啼难唤,书被催成墨未浓。"回头一望,头回去秭归,已是三十多年前:1985年,湖北作协做东的第一次长江笔会,来自沿江十多个省区的百多号人,先在武汉集中,乘车到宜昌,再坐船逆水而行,去秭归。记不清船到底开了多久,只觉时间很长——想想,从二十世纪八十年代返回两千年前的楚国,屈原的家乡,几乎穿越整个世界,穿越秦汉唐宋元明清,穿越整整一部中国史,是多长路程?要多长时间?现在却倏忽即到。可细细一想,我们与古典、古雅、高洁的距离,似乎反倒更远了,远得人到了秭归,亦非一眼就能见到他,听到他。但无论如何,我是到了。

说起来,重返或说再去秭归,乃三年前一个意外的约定,一场无心的预谋。那年,秭归作家周凌云一行到昆明公干,拎着一大兜子书,好几公斤重,到处打听我在哪里。一个电话打来,告诉我他们来了。他们是谁?我不知道,只说是秭归人。我母亲就是秭归人,青滩人。在心里,我早就把秭归人认作了乡亲。按照约定时间,我赶去见他们。坐下便问他们怎么知道我?回说是读过我一篇写青滩的短文,还收进了他们编的一本书。其实,那样一篇短文,只是我对母亲的一点怀念,文中的青滩,作为母亲的老家,充其量只是母亲家乡的一个符号,而非青滩本身。所谓"母亲的青滩",其实是"青滩的母亲",跟真正的青滩不大相干——我对青滩几乎一无所知,文中也只说到陪母亲去到青滩,眼见她戏剧般地找到了一个亲戚,让她了却了深藏于心整整六十年的一个心愿,完成了她作为一个秭归人生命的"返回",一次"归"。青滩依然在我之外,只是母亲归去的一个地点。于青滩,于秭归,就像于家乡宜昌一样,我心有愧——命运驱使,大半生浪迹远方,入他乡地,吃他乡粮,饮他乡水,做他乡事,于家乡多有怠慢……

可乡亲居然没有忘记我,把我从无涯的漂泊中捞了出来——秭归人机灵,擅于长江大河的打捞。打捞不止是一种技能,近乎慈悲与德行。他们深谙并执着于那个无穷大的返回,"归"。我只是其中之一,一朝了然,就难再弃。然后约定,要回秭归,回青滩。答应。盼望。一晃三年,终于如约而至。

后来我才知道,一年一度的端阳祭拜屈原,就是一场费心费力的集中"打捞",海内外,全国各地,数量"无穷大"的人都要在那天"返回","归"。每年端阳作为法定假日,全国统统放假,唯独秭归不放,端阳从来都是他们最忙的时候。

——我到的那天,是农历己亥五月初四,端阳前一天。

江边的"屈原故里"张灯结彩,花枝招展。那当然不是真正的屈原故里,只是打上游流落于此的秭归新城,是新秭归江边凤凰山上一幅巨大的现代摩崖石刻。记忆里的老归州,早已沉入江底,不意新暂暂的秭归如今也已覆满青苔——这世上,什么都在慢慢老去。一条巨大的藤穿过葳蕤草木,一直伸向我仰头也难看见的某个高处。世事沧桑,其变也忽。往深处一想,那也算不得什么。流浪与漂泊,似乎是长江一线许多地方的宿命。秭归似从多年前就开始了它的漂泊流浪,那跟两千多年前屈原的流放相比,真的不算什么。屈原的几次放逐,足迹可谓遍及"大江南北"。秭归不过是顺着长江搬了一次家,至少它依然还在长江边。青滩则早就在一次山体滑坡中沉于江底,成了"新滩",尔后"新滩"再一次沉入江底,方有了如今的"屈原镇"。我不敢确认,搬迁过的秭归,屈原和无数要"归"的人是否依然找得着。但"一朵花的美丽在于它曾经凋谢过。"(海德格尔语)美丽总会凋谢。屈原早就凋谢过。尔后轮到秭归凋谢,青滩凋谢。而一朵真正美丽的花,就在它凋谢过后的依然美丽——在远方,每次与朋友说起秭归,他们都会啧啧赞叹:多美的名字呵!他们只知其美,不知其痛,不知它亦曾凋谢,不知它的独特恰好"在于它曾经凋谢过",在于凋谢后的再度绽放。

端阳临近,摩崖下那个宽阔广场,临时摊点成排成片,售卖各种与端阳有关无关的食品用品,浑同集市。那景象,离一个有着中国最伟大诗人屈原的秭归,是不是稍稍有点远?我慢慢走着,踱着,心想那不是秭归的过错。如今的中国,到处都有那样"一条街"。幸好我起初的疑虑甚至失望,很快就被我自己粉碎在了心里:只要《楚辞》还在,诗还在,廉价的盛装并不能改变秭归诗的本性。我依然走在楚国,在屈原的家乡,我母亲的故乡,我祖先的城市。想起作家徐则臣在《北上》里所说:

坐在祖先的城市里,我不觉得陌生,也不觉得熟悉。

我像个二流子在祖先的土地上晃荡,晃得身心空空荡荡。

我甚至不是"在祖先的土地上晃荡",而是到处晃荡,晃到天边,异域他乡,荒山野岭,晃到身心俱疲,每时每刻都在渴望着归去。如果"返回"、"归"是秭归的一大属性,包括晃荡在内的漂泊与流浪,则是秭归的又一大属性。没有远离、漂泊与流浪,何来"返回","无穷大"量级的"归"。毕竟是节日前夕,从"屈原故里"摩崖下通往江边的道路已经封闭,想去江边看看须等明天。那就等吧,何况我已经等了那么久。

细细一想却不对了——多年前的一个端午,受诗人刘不朽之邀,我去过老秭归。与刘先生的相识正是一段漂泊留下的印记——求学外地,两年没能回家,却在图书馆阅览室的一次随手翻阅中读到了他,顿时乡情汹涌,提笔给他写信。那样的相识,说是由他的诗作引发,不如说是出于一个"漂泊"学子对家乡的思念。而若干年后他邀我去秭归,亦并非因为我的写作,而是对一个远离家乡者的挂牵。他特意嘱我最好能请一位湖北籍画家同往,而相识多年的湖北黄梅籍军旅画家梅肖青先生,幼年去乡,到那时已"流浪"了几乎半个世纪,闻听有此机缘,简直"漫卷诗书喜欲狂"——在秭归,不顾我事先再三提醒,从早到晚整整一天,竟画了二十多幅画。凭什么呢?我说。他说,都是乡亲,怎好忍心拒绝?

那时的秭归,还没尝到流浪的滋味。千年已往,一切都苍老到近乎憔悴。街巷狭窄。天悬一线。灰白的马头墙高耸着它们的斑驳与沧桑。我听得见我们的足音。而屈子的楚国,早就如花凋谢在历史深渊,须到发黄的典籍里寻找。青石板路油光水滑恍然如镜,直想一脚踩进去,就踩进屈原的楚国。问梅先生:您在想些什么?他说画画的人嘛,无非想落笔就是宋元,你呢?我据实相告,然后相视一笑,任笑声在秭归逼窄街巷里翻滚回荡,直至于无。

至今也不明白,那年的端阳诗会,怎么没去乐平里的屈原庙,却会在一个幽暗的礼堂进行。舞台灯光不甚明亮,黑压压的人头如同波浪。轮到我上台时,浑身都哆嗦,发抖。"近乡情更怯"。紧张。突然意识到了那个时刻的庄严。诗是秭归的骨与血。只有那时,你才会真切地想起你面对的,是中国最古老也最伟大的诗人屈原,那是没有一个署名者的《诗经》之后,第一个署上自己的名字,却一直颠沛流离于江河湖海的诗人。世界从那之后就迷失了方向,至今还在迷失着。我们都在流浪。"惟草木之零落兮,恐美人之迟暮。""长太息以掩涕兮,哀民生之多艰。"无论我们在哪里,哪怕如一棵树那样一动不动,照样在漂泊流浪之中。诗意沦落。诗意丧失。汉唐以降,诗早成了仕途的进阶攀附的云梯,竟有几人在以诗为戈矛,忍着灵魂的剧痛,让生命发出呼喊?"黄钟毁弃,瓦釜雷鸣"。屈原那香草美人,"朝饮木兰之坠露兮,夕餐秋菊之落英"的诗意,在哪里?陶渊明"采菊东篱下,悠然见南山"的诗意,在哪里?齐白石"画水中的鱼,没用一点色,也没有画水。却使人看到江河,嗅到了水的清香"(毕加索语)的诗意,在哪里?诗的价值断崖式跌落。人沦为徒具肉身的躯壳,灵魂无家可归。有识者渴望的,是有朝一日的"返回",渴望真正的"归"。空间是奢侈的,生存的空间。而返回何止于肉身的空间挪移,更是魂魄的重新锚定。"路漫漫其修远兮,吾将上下而求索。"有些迷失,比如我,纯属时代的戏谑个体的误判。多年漂泊异乡,以为浪迹天涯阅尽春秋有无尽豪迈,其实无非是一种极致的自我迷失,潇洒中隐藏着的唯深切的孤独。在这个意义上,我们与屈原一样,一直处于无尽的流放与漂泊之中……

　　走到江边是第二天的事。人太多,请跟我走,秭归文联的朋友说,又一阵乡音,热情温柔。于是跟着她去到江边,在同样流浪迁徙过的新屈原祠前,一个祭拜屈原的大会即将举行。人头攒动。屈原若在,注定不懂什么叫开大会,更无法理解一个整肃如斯缺少浪漫的大会,竟是为他而开。五颜六色的彩烟飞向空中,停留片刻后转眼飘散。议程一丝不苟地进行。我嘱咐自己:你需要耐心。但无论如何,我的第七十七个端阳,已然穿行到"屈原故里"。远处大江滔滔,雨云暧昧,峡江苍茫。长江本就是漂泊流浪的集大成者,丰沛富足的水量,无非始自青藏高原长途跋涉而来的万千流浪着的水滴。给自己一个心理暗示吧:你已归来。按事先的告知,我也与几个人一起,上前给屈子献上一束兰草。"扈江离与辟芷兮,纫秋兰以为佩。""余既滋兰之九畹兮,又树蕙之百亩。""步余马于兰皋兮,驰椒丘且焉止息。"唯愿那不只是个仪式,而是一种灵魂的契合,愿那束曾在我手里停留过的兰草,为我留下屈子遗世的孤独与芬芳。没能饮到雄黄酒,没能像幼时那样,让母亲用雄黄酒点染我的额头眉心。那一刻,也不敢奢望屈子隔着两千年时光,在给河中龙舟龙头点睛的同时,也给我点睛开眼,只愿乡亲们能用雄黄酒,点中我的眉心,让我长满茧子的心,重新像那枚琥珀色的酒滴一样透亮……

　　返身坐下,突然想起,那个位置那个地点,我已不是第一次去。

　　1997深秋时节,应家乡一家报社之邀,去看大江截流。人离截流现场太远,加之江上有雾,看不大清,却在那天,同时看到了老秭归和新秭归。旧梦难描,旧情难寄。汉代设县的秭归,一个长须冉冉、长衫飘飘、乘鱼来归的屈原,一个浣衣浣出一条香溪又以情和番远走他乡的昭君,似便说尽道完。其实秭归就是秭归,是并非诗人或美人的寻常百姓的秭归,是作为我母亲老家的秭归。说起秭归,我想起的是从没见过的外公,一个上身精赤,弯腰驼背,常年在长江边拉纤背煤的秭归男人。多年前某个冬夜,一家人围炉聊天,当母亲突然说起外公,说起屈原和王昭君时,我大感诧异,不知对于秭归,少小离家连字也不识几个的母亲,心中竟是怎样一番难以抹去的浓情!伟大从来无法替代亲情。屈大夫当然伟大,却"国"破"家"在,至少无须有对"移民"的牵挂,而如我母亲一介平民者,牵挂的只是寻常的"家"——后者似更关联到人的本心,并不因寻常就了无价值——那长久而又揪心的牵挂,总会在静夜里将人啃噬得遍体鳞伤。

　　截流当天,清早乘水翼船到达秭归老城还不到九点。淡淡江雾中,江边九道礁石直扑江心的"九龙抢滩"奇景犹在,趸船边,三条系缆的龙舟也兀自在浪中跳跃——一切依然是家常气氛;细看,才见临江的楼房正在拆除,处处残砖碎瓦;房子多已人去楼空。秋风瑟瑟,似在为归州铺排一篇千古秋赋。不知那时,秭归人抛别历时千载的家园故土,那以代代峡江人心血智慧凝成的古归州,当是怎样一番萧寒情怀?那之前我初谒秭归,三峡电站工程还在筹划之中。说起有朝一日秭归古城终将沉入水底,似还遥远。转年,陪母亲专程去青滩那晚夜宿青滩,枕边的长江一夜流淌的,皆是浓浓的乡情乡韵。说到将来,年迈的表舅似也并不怎么担心即将到来的移民。而那天站在屈原祠前,人道日后江水会直漫到屈原祠第二级梯坎,或会有第三次搬迁;我便突然有些揪心,而年轻女讲解员的谈笑风生,却又让我了然,生活似乎还须照样进行。

那天别过老秭归,中午来到坐落在未来三峡电站大坝副坝旁的新秭归。见街道宽阔,楼宇林立,新城看上去亦颇壮观。倘说老秭归是一首被历史吟咏过千万遍的七律,虽韵味悠长,却嫌格局太小,新秭归则似一篇开阔宏大、气象万千的长赋了,尽管多了点"急就章"的匆忙,却让人想到有数千年辉煌的古归州,在历史的起承转合中,由此或该有一个新的起笔,一篇大文章,该由几代人秉笔书写。人们过节般拥到城边凤凰山上,只为亲睹大江截流的壮观与辉煌,脸上似乎并无失去故土的凄惶,唯有质朴得近乎童真的欢乐与向往。而我听说,为给未来的水库腾出地盘,他们实实在在做出了许多牺牲。有容乃大。包容过高山大河千古历史,也包容过乘鱼来归的屈子和以情和番的昭君的秭归,如今包容的却是整整一个三峡大坝。

那次临行前我跟母亲讲了我的见闻。问母亲,也不知青滩的亲戚都迁到哪去了?母亲说,没有来信,哪个晓得哦?轻叹一声后又说,不管迁到哪里,还不是都要过?……可不?屈原闯荡天下尔后来归,昭君至今还留居塞外,都得过哩。

远山巉岩齐天,亦掩不住屈原庙巍峨清白的容颜。傍晚到达乐平里,站在旅社门口,抬眼就见不远处的山头上,屈原庙巍然屹立。天色近乎灰暗,竟也有一束斜阳,打在那方屋宇上,以致它的整个背景,只是一方多云的天空。心想远离了喧嚣的人世,你这般轩昂这般青葱的屹立,是要让多少人自惭形秽呵。薄暮时分,友人驱车沿着屈平河,一直去到香溪。真不知那条崎岖山道,到底隐藏了多少历史的秘密。一个诗人,一个美人,真没辜负那片看似寻常的山水。

暮晚和友人一路信步而行时,并没看到星月,但我明知就在我上方,在我头顶,屈子面对过的古老深邃的星空,仍在一直闪耀。夜空下的峡江深邃亦沉默。乐平里初夏的夜晚,露水还没下来,沾衣的只是思绪的微雨,既不清凉,亦不热辣。没闻到菖蒲艾蒿沉郁的香气,只有青草的苦涩清凉地拂来。夜空中,一双从《离骚》里露出的眼睛,一直在炯炯地盯望着我们和那片山野,长江就从那片山野后流过。那片巨大夜空因沉默而愈显威严,却也因那双眼睛平添了灵动与深邃。终于来到乐平里了!在向远方漫无目的的踱步中,突然发现自己喜欢在这样的夜晚,孤独地走向不名的远方。回头才见,《橘颂》碑橘黄色的灯光已然点亮,碑前不大的小广场上,有人正在舞蹈,只剩下那块诗碑在暮色里温柔地发亮。在那样的背景里,隐约可闻一个声音,一如太空漫步的悠悠天籁,格局博大,直抵魂魄。那乐音泛起的涟漪,弥漫于整个夜空,美妙而悠然,平静而深沉,辽阔而宏大,激昂而又悲凉……渺小如我者,也一如在宇宙中飘飘忽忽地行走。两千多年前的楚地,神灵出没,诸神同在。谁才是那样一个宇宙的王者?当他孤独又慈祥地,满怀着悲悯俯瞰他身下的大地,又能与谁对谈呢?唯有屈原。

翌日清晨我醒得早,出门不远,便与屈平河再次相遇。清晨的屈平河水声如歌——据说往日,因为上游的一个小水电站,水已断流,那天特意停止发电,河水方能自由流淌。沿

我们的屈原

盘山小道爬上去,看见乐平里屈原庙前那棵傍着屈原雕像的黄桷树,高大葳蕤浓荫匝地,尽管未必真高于远山,但在屈原庙前长了几百年,早已成了山高树为峰的脚注。

深吸一口气,廓开胸襟,似要鼓荡起楚人那高扬千年后又收卷的生命之帆。只有在乐平里,才能感受到横亘于屈原与当下间的两千多年时光,整整一部中国文明史。岁月如同山河,多少高山峻岭江河溪流布于其间?你会惊讶它的漫长与博大,又会叹息它的短促与匆忙。一代代帝王将相已沦为粪土,万千芸芸众生也已云散烟消,唯屈原和他的诗歌一直流传至今。说屈原只知忠君报国的论者,是不懂辩证法的。他们忘了屈原终其一生都是个追寻真善美的诗人。在他那里,美政与美人同为一体,二者不过是"美"的不同形态。而真正纯粹的美,则远远高于美人、美政,高于两者的总和。他是人类历史上为数不多的以"美"为终极目标的歌者。以为他只是为自己的被黜痛苦,透露的只是论者自身的狭隘与浅薄。美是这个世界上最崇高的。她高踞于山河之上,与日月同光。

我拾级而上,去屈原庙三叩三拜,奉上三炷香,转身一望,唯见云山苍茫。

祭奠屈子的招魂仪式行将开始。

"三闾骚坛"简单到只是置于高高的屈原庙脚,铺在一张普通条桌上的那幅深红色绒幛,凝眸处,四个稚拙可亲的隶书字,却让整个乐平里顿有千钧之重。条桌上,供着显见出于民间手笔的灵牌"楚三闾大夫屈原之魂魄位",大字两边"清烈千秋师""忠贞万古存"两行小字,点点滴滴都是淋漓的民心。烛灯、香炉、酒盅、点心一溜排开。轻烟缭绕。人世静穆。烛灯在清幽晨光里微弱却倔强地点亮无数人的思绪。纸扎的引魂幡以它素雅的清白,在屈原庙前陡峭梯坎那沉郁的深色背景里,时而低垂,时而轻扬。由一面鼓、一大一小两面锣、一副大钹组成的乐队,四个乡人,把阵阵锣鼓敲打得叫人热血盈沸。三个吟诵招魂诗的乡人开始了吟唱。那是始自屈原的道地楚吟,来自大地,悲悯悠扬,深切跌宕,上天入地,忧而不伤。"神性、兮、楚、赤豹、文狸、'终古之所居'……并不是屈原想象力或者概念计算的产物,而是他的此在,'大块假我以文章'。"(于坚语)置身在那样的气氛里,异样的肃穆让人既振奋充盈,又感到虚脱无力。耳里尽是屈子的乡音,即便相隔了两千多年,那样的诵诗吟唱,写下来便是屈子仍可辨识的汉字。屈原若魂魄来归,必可听见乡党的声声呼唤。

诗,从诞生之日起,便与"唱"紧紧相连。人活在自己的语言中,语言才是人"存在的家"。人在说话,话在说人。所有的记忆都有赖语言。"宗教是人类经验最低沉的声音。"(马·阿诺德)诗即中国的宗教。屈原不在远方,就在《离骚》里,在《天问》《九歌》里。招魂之要义不在召回肉身,而在以吟唱呼唤、重现他的诗意。屈原就在那声声楚吟中,缓缓走来。那是楚地习俗,也是我家乡的习俗。幼时,一个孩子病了,母亲会举着一盏油灯,从黑暗处出发,一路呼喊着病者的名字,轻声呼唤着说:回来了,回来了……

屈子早已仙逝。三闾骚坛的诗人,则还在一代代地读诗写诗唱诗,那既是为怀念屈原,也是他们自身生命的需要。远古诗和唱的结合一体,在乐平里流传至今。来自俗世的吟唱者们,肉身沉重,尘埃满身,没有翅膀,无法飞翔,只好以吟唱代替飞翔。"在这个时代热爱诗歌,其实不过是守护自己内心那点小小的自由和狂野而已。""诗歌在中国有特殊的地位。……没有了诗歌,这个世界就会少很多真实的性情、精微的感受,这个世界也会变得单调而苍白。"(谢有顺语)我在乐平里听到见到的,正是如此。他们的吟诵,率真的粗粝一如裸露的山野,无饰的质朴恰似未耕的田园,有无名山花之清纯,有在山之水的凛冽。

  坐在身边的朋友悄悄问我,能不能也朗诵一首自己的诗作?久不为诗,我只在去乐平里路上,用手机记下过一些思绪:山路弯弯,一如我绕来绕去总也无法挣脱的粽子意象。头天在县城吃过的秭归粽子状若小喇叭,凝视良久,总以为它是在吹奏着什么,讲诉着什么——

  天下所有的粽子,都是菱形的
  唯独秭归的粽子长成了一个喇叭
  那是一枚很古老很古老的粽子
  包啊包啊包啊,包啊包啊包
  然后用一根绳子缠啊缠啊,缠紧
  我就是那枚包了几千年的粽子
  我就是那枚被横七竖八缠了好多道的粽子
  里面包着我糯米般晶莹柔软的祖先
  几粒红豆的你,一片红枣的我
  包啊包啊包,包着一个小小的缠足的中国
  "何桀纣之猖披兮,夫唯捷径以窘步。
  惟夫党人之偷乐兮,路幽昧以险隘。
  岂余身之惮殃兮,恐皇舆之败绩"
  现在我熟了,用历史的火煮过之后,九死未悔
  用文明的水熬过之后,傲傲不沉,现在我熟了
  "诚既勇兮又以武,终刚强兮不可凌。
  身既死兮神以灵,魂魄毅兮为鬼雄"
  青青的粽叶,已经煮得半黄
  每一粒糯米都如琥珀玉石般透亮
  请先解开捆绑了我几千年的绳子,然后
  打开,包裹得最紧的地方也有空隙和风
  一缕缕历史的幽香会弥漫乡野
  请剥开,剥啊剥啊,请一层层地剥
  请把我打开,完完全全地打开
  我将祖呈给你几座青山,一腔蜜汁,一派清白
  一个同样清白而且完整的酮体
  一个同样完整而且糯软的灵魂

你吃过粽子,但你听过吗?听过一个粽子吗?

秭归的粽子是可以听的

你不妨以听的方式

听听粽子里包着的《九歌》和《天问》

你不妨以倾听的方式,去品尝一枚粽子

一枚古老粽子里面的另一种味道……

解开紧紧缠裹着那枚粽子的道道绳索,一如解开屈原身上的左徒官服,方可见屈原作为一个大地诗人的真身。离开已成泡影的"美政",他才超越了人生理想中误判的樊篱,重获自由之身,成为真正的"灵均",向世界奉献他几经煎煮早已熟透的糍糯之心,顿时诗意汹涌,蜜汁涟漪流溢,九州为之庆幸。不如此,则我们将痛失《九歌》《天问》,失去那位伟大的浪漫主义诗人。而乐平里的乡亲、农人,则在千年之后,继续着那样的招魂。为大地招魂。为诗意招魂。为生命招魂。

骚坛诗会朗诵间隙,我与从台上走下来的乡亲悄声聊天,问他们的日子,他们的写作,他们的吟唱。刚才台上参与招魂吟唱的三位乡人,没有一个职业诗人。我的直觉既欣喜又矛盾。时间既可治愈所有的伤痛,也无时不是对生命的巨大消解,既与万物密切相关,又对万灵冷酷无情。全世界的所有事情都可以利用时间,但时间又总是不够。时间会飞逝,会缓行,也会在某个时刻断然停滞。每一秒都可以被劈开,也可以被拉长。时间在乐平里"三闾骚坛"的际遇恰好如此。时间就像潮汐,一阵阵地涌来退去,不会停下来等任何人,但伟大的瞬间却常常会变为永恒。时间既像每个人的心跳那样只属于个人,也像城市广场上的钟楼那样属于大众。真能调和那种矛盾的,唯有诗歌。而在乐平里,在秭归,诗性的日子已成常态,诗,伴随着他们的日常,伴随着他们的油盐柴米酸甜苦辣欢乐与悲辛。

回秭归的路上,我在手机上记述下我见到的思索过的那一切,一首仿古风的《在乐平里听三闾骚坛诗人唱诗》适时而生——

潺潺屈平河,终年流水吟。遥遥乐平里,今朝闻诗声。

星夜来远客,熹晓聚近村。坛设屈原庙,幡引九州人。

招魂吟屈子,躬身慰诗魂。开口泪尽洒,眨眼音半浑。

韵调口相传,辞藻心自生。高亢可裂帛,低徊皆抿唇。

飚声贴云飞,喉音作雷滚。高高复低低,郁郁且沉沉。

泪盈复泪止,心狂亦心焚。我因问骚人,何时习此声。

答曰十八九,至今数十春。师傅七旬翁,传授平仄韵。

日间盘田苦,夜来习唱温。年入两万余,生计差可混。

度日仍自艰,野吟可暖身。无才唱九歌,但可发天问。

年年骚坛会,代代风习存。唯愿屈子知,故里有传人。

听罢吾离去,余音久芳芬。此吟长在心,但愿天地醇!

——三十五年辗转,三五次折返,我终于去到秭归,去到乐平里,在聆听了那场楚吟后,完成了身与心的同时返回,肉与灵的共同抵达。其时我心如水,或可潆漫成溪,汇进滚滚长江了。

（汤世杰,湖北省宜昌市人,1967 年毕业于长沙铁道学院〈现中南大学〉建筑工程系。1968 年始客居云南,晚年回宜昌定居。著有长篇小说、中短篇小说集、长卷散文、散文集及《汤世杰文集》等三十种。一级作家。中国作家协会会员。中国报告文学学会会员。云南省作家协会原副主席。《文学界》杂志主编。云南省文史研究馆馆员。）

《垄上踏歌行》(中国画临摹)　68 cm×50 cm　1992
　白可(屈乡民间画家)

南方自然主义的灵魂歌者

◎ 阎　安

一

这次来宜昌很有收获。我这个人走到哪里都有收获。我来到宜昌，实际上就是从北方来，翻越秦岭。不管你是通过什么样的方式，飞机或者汽车，这种穿越感，就是从北到南。我们用了十几个小时的时间，从西安到了这里，从北方到了南方，这种反差、这种感受就是特别强烈。昨天到了武汉，又开始一路向西。由此让我想到中国历史的脉络，是从中原到四面八方、从北方到南方的脉络。从历史的时空框架上和它的内在框架上，一个人一天之内在这种高强度的现代化背景下，一下子就完成了多重要素的抵达，在这样巨大的反差里面完成了抵达。相对古人而言，或许要用几千年的脚步来丈量。但是，今人轻而易举做到了。而且这个穿越，带来的落差和感受都是非常强烈的。

到了宜昌，确实感觉到宜昌就是一个自然主义的极度盛典。比方说今天看到的葛洲坝、三峡大坝，都是震撼人类的、顶尖级的自然主义杰作。看上去，它们是超级的，是那种现实的、现代化的工程。这些工程就是在整个宜昌这种大自然的氛围里面生长出来的杰作。它们所依仗的，就是宜昌的大江大河和峡谷。我们都知道，长江是世界上第三大河。它们就是在这种语境里面生长出来的。可能很多人仍然感觉不到，它们与自然的关系。但它们就是脱胎于自然，而且高于自然。而且，它们仍然就是我们所感觉的，根本就没有阻断自然。根本就是自然成就它们。就是它们和自然在这种交响之中产生新自然。因此，它们反而使自然显得更加强大，反而让人感觉到，在自然和现代之间，自然才是真正的神手，它会最终影响到一座城市，并且左右我们人类的生活。更厉害的是，它们之间，也必须完成更加内在的那种默契，那种互动。然后，它们预示出了可能是我们人类终究要走去的方向。或者说，就是我们的历史要趋向的那个目标。所以说，屈原文化、屈原时代，自然是这个自然主义的重要部分。

现在，我们站在五千年的中国文化史、文明史和诗歌史上，还有我们汉语的发展史上，可以把屈原解读到那种无以复加的地步。但是，如果客观地回到屈原当时所在的那个历史维度，回到那个历史现场的话，也就是屈原的那个时代，中国文化正处在一个生成生长的状态。在屈原之前，中国经过了夏朝、周朝，现在完全可以通过考古，以及历史的实物等形态，推断出那样一个王朝所经历的七八百年的历史真相。然后形成了一种文明，国家意义上的文明。但是到了屈原时代，为什么会出现春秋战国？而且春秋战国，表面上看起来就是诸侯纷争,社会动乱,一切都失范了。这个失范,就是内外交加的失范。它不仅仅是社会体制的失范,而且是人们内在的、精神的、心灵的、文化意义上的失范。这说明,当时的这种生成生长已经不适应,不能满足当时社会的发展需要。光靠周朝早期的那种国家形制的那些陈旧的文化,已经满足不了历史的需要。可能在那个时候,也就是在周朝的时候,普通人连个名字都没有,那时的文化可能完全就是国家性质的东西。发展到后来,出现了春秋战国百家争鸣,各种思想、各种思潮涌现。在当时,也就是各种价值观的涌现,各种需要、各种欲望之间那样一个时代的大交锋。这个时候就必须要有文化的个性崛起,才能回应主流历史的这种强大的外溢。所以这个时候出现一个屈原,就成了自然而然的事情。但是,因此把屈原定义为浪漫主义,屈原的那些东西真是浪漫主义吗?浪漫主义在一个时期被概念化以后,尤其是政治化以后,根本就解读不了原屈在当时历史处境中的存在,更解释不了在当时诸侯纷争的背景下,宜昌这个区域为什么出现屈原这样一个历史的超越时间的重要符号及其深度。因为屈原所谓的浪漫里呀,真相就是那种开创性的苦涩的惨痛的爱,甚至就是要把生死置之度外的真相。他的《离骚》浪漫在哪儿了? 他其实用浪漫表达的,都是不浪漫的东西。

二

屈原之前,中国文化的那种国家形态和历史,是以北方、以中原为主的。当时的北方,最容易导致那种集体集权的东西,南方最容易导致那种个性个人的东西。所以,从屈原开始,汉语的这种覆盖率和生长率是从北方中原走向南方的。玄奘从印度取经回来的时候,说了那句著名的话:中土难得,中国难生,佛法难求。后来,就是在屈原之后,中国历史在不断地完善很多东西的时候,也是以北方为主战场,为中国主体格局。所以,正是在历史的这种反复的折返跑动中,就是在这样一个纵横捭阖的历史交割与校正的过程中,在历史的某种语境下,不断地回到屈原这个着眼点上来,回到屈原这个视角上、这个源头上来,重新审视我们所面对的一切,这时,我们就会发现,我们面对的屈原,就是汉语的开疆拓土者,就是中华文化的版图开拓者,而且是时空开拓和人类内在的开拓,这种开拓就是从屈原开始的。因此,我觉得从屈原开始,真正开启了孵化南方的历史。

那么,从这样一个角度上来说,像宜昌这样一个地方,在古代条件下,可能不是最适合人生存的一个地方。但是,屈原为什么会生在这个地方,热爱这么一个地方,并且,他用一生在想着,以国家意义的层面,拼命挽留这个地方,让它自成格局呢? 特别是,他为什么不停地跟当时朝廷里那些人,跟楚怀王这些无能、不作为的人,跟当时楚国的权力阶层进行抗争呢? 我觉得,在当时,屈原并不是一种政治上的抗争,而更多的,应该是一种价值观上的、心理上的、文化气质上的对抗。所以从屈原开始,中国历史、文化的内在疆域和时空疆域就更广阔了,汉语的根系从此不仅仅长在中原的黄土地深处,也长在了南方的水里。像宜昌这个地方,到处充盈着水。一伸胳膊,空气里面沉淀的水珠子就可以涂抹到胳膊上,空气里也可以拧出一把水来。所以说,屈原的出现,就是用汉语发现、命名、开拓、呈现了中国历史和中华疆土。中国文化的这种能力和这种表现，从此让他以个人的名义进行定义。

所以，这也是我们现在为什么要说屈原、反复做屈原这篇文章的根本所在。这与一些人在那儿重复历史，是完全不一样的。但是，屈原最后的秘密，总有一天，总有一些人，会清楚，会明白。比方说，咱们来到这个云荒匠人谷里边，发现朱红波通过自己的感悟，通过自己的作为，来表达他这个个体的、极端个性化的，而且还是他自己的方式，所想要的东西。这正是他最清楚自己的地方。所以，我们说，汉语的创造力就是从屈原开始的。它自主开发了这条伟大的河流长江、伟大的自然。所以，我觉得，屈原这个人首先就是一个伟大的极端的自然主义诗人，他赞美，他崇尚，迷恋的自然。实际上，楚国那些君王呀王侯将相呀，都不在他的眼里面。因为他的很多诗里面，都是跟神在那儿对话，他所热衷的，就是跟神通话的格局。这完全是一种俯瞰式的、观照式的思考与对话。所以，屈原通过诗歌命名了他所达到的这一切，他发现了这一切，他呈现了这一切，他赋予这一切，以那种个人的深度和炼度，就是我生要做你的人，死做你的鬼，一种极乐主义的、极度悲观的、绝不妥协的精神与气度。屈原就是中国诗歌、中国的汉语或者说中国诗人最早进行生命与宇宙对话的人。屈原的《天问》，也包括他的《离骚》，都是中国古代的天文学智慧和宇宙智慧。它们不仅仅有生命智慧，他还在不停地追溯自己的来龙去脉、人类的来龙去脉，追溯宇宙深处自己与人类的来龙去脉，追溯自己的家族、自己的生命的来龙去脉。这些东西，就是中国诗歌和中国诗人最早的生命的、宇宙的、自然的和神学的先行者。

三

屈原的诗歌书写，一直是建立在时间的沧桑感、苍茫感和用一生的深度和原始拜物教的纯粹性上。所以，屈原文化穿越到了今天，来到了深度现代化的人们迷失在现代化的深处。

一个文化，它的寿命过了三百年，就不是地方的，就超越了地方，成为国家和民族的。一个文化的寿命如果超过了五百年的话，就不是国家、民族的了，而是人类的了。

现在，我们人类遇到了自己极端性的处境。新冠疫情把人类命运捆绑成了一个共同体。在短短七八十年、不到一百年的时间，尤其是二战以后，人类的现代化得到飞速推进，可是新冠疫情又把整个人类推到一个极限性上。我觉得，对于屈原文化，包括我们的地方文化，包括宜昌市在内，都要把自己建造成一个以屈原为符号的、以屈原文化元素为内涵的新型的现代化的城市，把它打造成一个具有代表性的经典性的地方。我们在政治、经济、社会、文化上的努力，一定要放在这个维度去思考。屈原文化在现代性的深处回归自然，用极限的自然维度来校正我们人类现代化失控的那些东西，并在自然的深度上，赋予现代中国那种更加理性、更加无我、能够与之一体、能够与之共命，从而寻找到自己的一种有可能是更理想、更持久的发展及前景。

中国的一些地方很容易走极端，很容易片面化。我觉得宜昌的发展，就是一定要找到自然和屈原人文元素的最理想的结合点。这个结合点目前是不是找到了？这就需要静心静气地进行反思。因为宜昌有葛洲坝，有三峡工程，可能更多的是要承担起一种国家使命。而国家使命就超越了宜昌本身有些东西的存在，超越了一个地方本身的需要。

至于说想发展，就更需要顾及好屈原文化。宜昌确实要下功夫。就是要找到这种自然与现代的屈原，或者说是以屈原为核心的中国传统文化与自然思想，在自然与理性之间找到那种最巧妙的现代结合。在这一点上，我们不能仅仅满足于提出很多口号、很多概念，而是要真正地完善它，并把它当成一个起点。

屈原文化要符号化，更要生命化，而不是把它优化、断章取义化。很多地方拥有自己文化符号的时候，都是失控的，都是非理性的，都是造假式的，都是虚张声势的，最终都是不好的。要克服当代文化的这种商业造假的时尚和时代纷呈，真正回到文化、生命、自然和现代性构架的核心，从而确立自己。

（阎安，陕西省作协副主席，《延河》文学杂志主编，鲁迅文学奖、第二届屈原诗歌奖获得者。著名诗人阎安于 2022 年 6 月 2 日，在湖北宜昌云荒匠人谷与湖北省文化创意产业协会副主席、宜昌市作协副主席、编导、导演、监制杜鸿，诗人、作家程世农，云荒匠人谷主、工艺美术家朱红波的访谈录音。由黄美琳录音整理。）

作　　者：万双全
作品名称：行书《灵氛》
作品尺寸：136 cm×68 cm
释　　文：灵氛既告余以吉占兮,历吉日乎吾将行。折琼枝以为羞兮,精琼爢以为粻。为余驾飞龙兮,杂瑶象以为车。《离骚》句也 一泓万双全
钤　　印：万双全印 征鸿斋

靈氛既告余以吉占兮歷吉日乎
吾將行 折瓊枝以為羞兮
精瓊靡以為粻 為余駕飛龍
兮 雜瑤象以為車

離騷句也 甚□書

端午时节话屈原

◎ 贺绪林

又是一年端午到,大街小巷飘满了粽子的清香。端午节吃粽子已是习俗,为啥单单要吃粽子?那就得从端午节说起。

关于端午节的来历,时至今日至少有四五种说法,诸如:纪念屈原说;纪念伍子胥说;纪念曹娥说;吴越民族图腾祭说;恶月恶日驱避说,等等。迄今为止,影响最广的端午起源的观点是:纪念屈原说。余也以为是。

据史书记载,屈原出生于楚国的一个贵族世家,年青时他"博闻强志,明于治乱,娴于辞令",受到楚怀王的信任,被封为"左徒",相当于副国级干部。任职期间,他倡导举贤授能,富国强兵,力主联齐抗秦,但遭到贵族子兰等人的强烈反对,被贬谪赶出都城,流放到沅、湘流域。在流放中,他写下了忧国忧民的《离骚》《天问》《九歌》等诗篇。公元前278年,秦军攻破楚国郢都,楚军四散溃逃,百姓流离失所。屈原目睹此情此景,心如刀割,于五月五日,写下了绝笔《怀沙》之后,抱石投汨罗江自尽,以自己的生命谱写了一曲爱国主义的壮丽乐章。

屈原投江后,当地百姓闻讯马上划船捞救,但却没有捞到屈原的尸体。为了寄托哀思,人们荡舟江河之上,此后逐渐发展成为赛龙舟活动。百姓们又怕江河里的鱼吃掉他的身体,就纷纷回家拿来米团投入江中,以免鱼虾糟蹋屈原的尸体,后来就演变成为吃粽子的习俗。用如今流行语说,屈原是个典型的"官二代",且与皇室沾亲,但他更是位诗人,是位为楚国而生、为楚国而活的诗人。他的一生大都是在被抛弃与无奈中度过,其诗不是用墨写就,而是饱蘸着血和泪挥洒而成的。他虽身遭贬谪,但心中却时时负载着家国,从未停止过执着的追求。"路漫漫其修远兮,吾将上下而求索",在颠沛流离的日子里,他依然担当着一个人臣的责任,探索着富国强兵之路。"长太息以掩涕兮,哀民生之多艰",生民艰辛困苦的生活,令他仰天长叹,流下了心酸的泪水。"乘骐骥以驰骋兮,来吾道夫先路",尽管如此,他还是锲而不舍地探索,希望能为楚国指引前路,这也是他毕生最大的追求。"亦余心之所善兮,虽九死其犹未悔",人生的道路崎岖坎坷,布满荆棘,而他胸怀天下,从未抱怨命运多舛。

然而这一切,又怎奈何得了君王的疏远与抛弃!真情难敌谗言啊!今天我们读其诗,总是能清清楚楚听见一位爱国臣子一遍遍的哭诉,一遍遍的表白;总忘不了他那夕阳荒原中,临水远眺,望眼欲穿的形象。

遥想当年,苍凉寂寞不安的心情,无法诉说的愤懑与苦闷,令诗人情何以堪!楚地多水,汨罗幽深。可怜的三闾大夫,颜色憔悴,形容枯槁,来到汨罗江边。那天是五月五日,天气阴霾,夏雨如鞭,江水沧浪,狂风吹散了三闾大夫的长发,淋雨打湿了他的布衣长衫。心安之处在哪里?诗人长叹一声,吟哦道:"怀质抱情,独无匹兮。伯乐既没,骥焉程兮。万民之生,各有所错兮。定心广志,余何畏惧兮?"(译文:我怀抱一颗忠心和真情啊,却孤独无依没人来相伴。相马的伯乐已经死去啊,纵有千里马又有谁来分辨?世上众人的命啊,各自的生死早已注定。安下心来放宽怀啊,我又何必惧死恋生?)没有易水送别的豪情,没有乌江自刎的悲壮,却是一声惊天地泣鬼神的"举世皆浊我独清,众人皆醉我独醒"的呐喊!

"知死不可让,愿勿爱兮。明告君子,吾将以为类兮!"(译文:我知道一死已不可免啊,那就不必再吝惜这残生。告诉你啊,以死守志的先贤,我将加入到你们的行列之中。)没有丝毫的犹豫,愤然纵身一跳,瞬间,汨罗江的波涛为诗人汹涌澎湃,随后滚滚东去…… 不管历史如何嬗变,不管时代如何变迁,自从屈原投入汨罗江的那一刻起,他的名字和形象就镌刻在楚国百姓心目中,且他的灵魂得到了洗涤和超度,割之不断,挥之不去,进而升华成为一种伟大的民族精神。

这一跳,诗人永远定格在了五月五日,而五月五日成为中华民族的一个节日!

这一跳,扬起了一面高高飘扬的精神旗帜,成为永恒!

两千多年过去,滔滔东去的汨罗江水可曾记得当年的三闾大夫?江水有声:不会忘记!不会忘记!

如今,端午已是一个节日的代名词,还有多少人去解读它的意义?人们也许认为这就是一个节日,去庆祝去欢度,去吃那包得精致、美味可口的粽子,去品尝它的好与坏以及店家的特色,而似乎忘记了节日的来历和意义。当然,更多的人知道这个节日是在纪念爱国诗人屈原,可能也只是如此而已。

岁岁端午,今又端午。又到了吃粽子、划旱船、赛龙舟的时节。当我们划旱船、赛龙舟,品尝甜美的粽子时,不要忘记汨罗江深处那个孤独寂寞的灵魂,那双执着求索的眼睛。

(贺绪林,男,陕西杨陵人,中国作家协会会员,陕西省作协理事。1980年开始发表作品,迄今发表各类文学作品500余万字,代表作《关中匪事》。)

用屈原昭君元素擦亮我们的城市品牌

◎ 徐　炜　陈华洲

屈原不仅是中国历史上第一位伟大的爱国主义诗人，而且是世界四大文化名人之一；王昭君不仅与西施、貂蝉、杨贵妃并称中国古代四大美人，而且是伟大的民族和睦使者。屈原和王昭君双峰并峙，见证了国家的兴衰、融合和分离，是中国古代爱国、和美文化的化身，同时他们又都诞生在宜昌，是400万宜昌人民的骄傲。罗伯特·文丘里在《建筑的复杂性与矛盾性》中指出："简单化的城市规划不足以适应现代生活的复杂性，应充分考虑和尊重那些已然存在的山、水、建筑、历史、文化等内涵。"宜昌要实现高质量发展，必须打好名人牌，因地制宜做"加"法，在城市建设中有计划地植入屈原昭君等文化元素，锲而不舍地培塑文化品牌。

屈原和王昭君是宜昌两座精神富矿。展阅历史典籍，宜昌因屈原和王昭君而添彩；观照现实状况，城区因缺少屈原和王昭君文化元素而失色。目前城区除了在滨江公园有一座很小的屈原塑像，一个商业住宅小区以昭君花园命名外，别无其他文化元素。宜昌作为屈原和王昭君出生地，没有任何道路命名、纪念馆和主题公园，市民知晓率不高，国内外游客知晓率很低，这与屈原和王昭君的世界声誉和全球影响、在中国历史上的重要地位不匹配，与宜昌城市形象不适应。植入屈原昭君元素，是高举爱国主义伟大旗帜，践行社会主义核心价值观的需要，是新时代民族团结、和睦、包容，构建人类命运共同体的需要，是建设社会主义现代化强市的需要，是提升宜昌历史文化地位的需要，是改变城区屈原昭君文化元素稀缺现状和提高市民、海内外游客知晓率的需要。植入屈原昭君元素，培塑文化品牌，呼应"屈原昭君故里、世界水电名城"城市旅游形象，让屈原和王昭君"魂归故里"，功在当代，利在千秋。用屈原昭君元素擦亮我们的城市品牌，是宜昌未来提升城市品牌建设的必答题。这个问答，在当下，显得非常重要，也非常必要。为此，我们建议如下：

一、命名道路街巷

1.命名"一道一路"。一是选择一条与主城区长江平行的主干道命名为屈原大道。两旁行道树栽植宜昌最具特色、与屈原《橘颂》相关联的橘树。二是将夷陵长江大桥至点军收费站之间4公里道路（原夷桥路）更名为昭君路，寓"招君"，即宜昌这个"美人"向远方客人招手之意。

2.命名名人街巷。在环城南路历史文化街选择、预留环境最好的两条街巷，分别命名为屈子街、美人巷。

二、建设主题公园

1. 在屈原大道旁建设"屈原公园"。一是主体雕塑。在公园空旷地段矗立屈原高大铜像。基座前立面镌刻铭文,介绍屈原生平、事迹、与宜昌的关系,附中、英、日三文对照;基座后、左、右立面铭刻历代文化名人题词,请书法名家书写、雕刻,避免一人多书甚至电脑刻绘。二是亭台楼阁。建设国殇亭、天问台、涉江楼、橘颂阁。三是书画长廊。在长廊以书配画形式,精工刻绘屈原代表作品。四是习俗展示。以雕塑小品为主要形式,以触摸电脑屏滚动显示为辅助形式,展示吃粽子、饮雄黄,插艾蒲、佩香囊,划龙舟、赛诗歌等为主要特色的"端午祭屈"习俗。五是特色绿化。屈原公园种植橘树和艾草、蒲草、荷花、木兰、留夷(芍药)、椒(花椒)、扶桑、石兰(石斛)等与屈原作品有关的植物。六是主题呈现。通过主体雕塑、铭文介绍、亭台楼阁、书画长廊、经典再现、雕塑小品、习俗展示、习俗传承、特色绿化等,突出视觉冲击力,突出中国三千年来官民皆受的爱国主义"核心价值观",让屈原在人民心中永远"活"下去。

2. 在昭君路旁建设"昭君公园"。一是主体雕塑。在公园空旷地段矗立昭君高大汉白玉雕像。基座前立面镌刻铭文,包括生平、事迹、昭君与宜昌的关系三方面,附中、英、日三文对照;基座后、左、右立面铭刻历代文化名人题词,请书法名家书写、雕刻。二是亭台楼阁。建设望月楼、修鞋洞、昭君台、梳妆台等地名景观。三是故事再现。再现"楠木井""梳妆台""珍珠潭""桃花鱼"等民间故事。四是情景复原。就近利用五龙河水景资源,复原"昭君香溪浣纱"情景。五是主题呈现。通过以上内容,突出"和美"文化主题。

以上两个主题公园,也可结合长江南岸沿线岸坡整治设计的几个节点广场统筹安排,整体设计。

三、改建文博场馆

1. 改建屈原博物馆。建议盘活磨基山公园东部广场两层3200平方米闲置建筑物,由建投集团、秭归县共建屈原博物馆。

2. 改建昭君博物馆。将磨基山公园东部广场两层3200平方米闲置配套服务用房盘活,部分改建为昭君博物馆。由建投集团、兴山县共同引入市场主体,展示有关王昭君的历史典籍和文化元素;通过与文艺院团合作,打造元代马致远《汉宫秋》、郭沫若历史剧《王昭君》等可与《云南映象》《印象·丽江》等同档次节目媲美的昭君文化精品节目;坚持文创产业牵引,突出昭君作为琵琶"形象代言人"巨大"广告"效应,建设国家级昭君琵琶生产、教研、演训、考级、交流基地和场馆;组织汉服精品节目表演;用足"非遗"形态,对话传统,回望历史,让昭君文化"活"起来,实现文化、旅游高度融合和无缝对接。

以上两个博物馆,也可结合宜昌博物馆的建设,部分增添和修改博物馆展陈方案,统筹安排,整体设计。

四、培塑文化品牌

1. 做实基础工作。一是交流存史。有关部门牵头,与荆州、湖南、内蒙古等地互访互鉴,交流存史。二是群众纪念。充分利用、积极放大屈原昭君文化元素作用,在端午节等重要纪念日期间,像陕西、随州、山东祭祀黄帝、炎帝、孔子一样,开展群众性祭祀、纪念活动。组织媒体广泛宣传和深度报道,提高市民知晓率。三是加强研究。发挥高校和屈原、昭君文化研究会基础研究作用。

2. 扩大节庆影响。在办好屈原故里端午文化节和三峡国际龙舟拉力赛等节庆活动基础上,与内蒙古共同举办昭君艺术节。举全市之力办好"国家水平、世界影响"的屈原、昭君文化旅游节庆活动。要通过屈原、昭君特色吃、住、行、游、购、娱系列体验,让"屈原昭君在宜昌"在海内外游客心中打下烙印。

3. 培塑文化品牌。宜昌文化多元,最突出的是屈原昭君文化和水电文化。三峡工程是民族复兴的标志性工程,屈原是爱国主义标志性品牌;宜昌人民为了建设三峡工程,搬迁让地,这与王昭君身上体现的大局意识是一脉相承的,宜昌移民精神本质上是昭君和亲精神的时代延续和新生。因此,屈原昭君文化与水电文化高度契合关联。要突出品牌培塑,借鉴英国、德国、三门峡、曲阜、西安、开封培塑莎士比亚、歌德、老子、孔子、贵妃、包公品牌等国际国内经验,制作高端宣传品,持续进行海内外营销,推动屈原昭君文化品牌传承、活化、利用以及与水电文化品牌的嫁接,培塑宜昌"屈原昭君故里,世界水电名城"金字招牌。

(本文完成于2018年5月)

(徐炜,时任宜昌市政协党组副书记、副主席,现任宜昌市炎黄文化研究会会长;陈华洲,时任宜昌市政协文史资料委员会副主任,现任宜昌市政协文化文史和学习委员会副主任。)

屈原与昭君同是香溪人

◎ 袁在平

一

翻开古人的诗篇,会发现,人们总把屈原、昭君联系在一起来写。不妨抄其些许于此:

归州男子屈灵均,归乡女儿王昭君;
山穷林薄不肥沃,生尔才貌空绝群。
男为逐臣沉湘水,女嫁穹庐夫万里。
汉宫无色楚无人,丑陋险邪君自喜。
——张天觉

楚国羁臣放十年,汉宫佳人嫁千里。
——黄山谷

生男慎多才,长沙伴湘累。
生女慎太美,阴山嫁胡儿。
——唐庚

写真不怨毛延寿,视死还同屈大夫。
异世同乡俱薄命,空令千载起嗟吁。
——汪藻

绝代昭君村,惊世屈原宅。
——范成大

古人这样来写屈原、王昭君,其实并非偶然。秭归于汉代置县,这就是说,在汉代,屈原、昭君同是秭归人。而"三国吴永安三年(260年)分秭归之北界立兴山县"(《寰宇记》)后,屈原仍属秭归人,而昭君则属其诞生地所在的兴山县人了。其实,古人对这两位历史名人倾注如此的满腔热情、如此地把他们紧紧联系在一起,称昭君"视死还同屈大夫",称屈原、昭君是"异世同乡",是另有内涵的。那便是:他们同是香溪人。南宋范成大所言"绝代昭君村,惊世屈原宅"在哪里呢?在香溪!

香溪是王昭君的故乡,家喻户晓;然香溪也是屈原的故乡,这为人所知就似乎不多了。1982年端午,福建著名诗人蔡其矫到秭归参加屈原纪念诗会,在参观了屈原、王昭君故里和香溪后,感叹说:"香溪,不仅哺育了王昭君,也哺育了伟大诗人屈原!"也还是在20世纪80年代初,笔者曾陪同山东诗人纪宇访问屈原故里乐平里,当他得知屈原、昭君二人的诞生地在香溪畔相距不远时,也大发感慨:"啊,这两位历史伟人缘深呀,同是香溪人!"

香溪,《水经注》称"乡溪";《妆楼记》称"昭君溪";《清史稿·地理志》称"县前河";而杨守敬《水经注疏》则正其名曰"香溪"。香溪是一条美丽的河,溪水"碧绿如黛",有"天下第十四泉"之称。它北起兴山县宝坪村前的响滩,南至秭归县香溪镇前的西陵峡西口,全长90余华里;分别由深渡水、白沙河两条支流发源于大神农架的凤凰井和老君寨。响滩是香溪的起点;香溪自此经兴山老县城高阳镇向东南流四五十里便到了兴山、秭归两县交界处的游家河。香溪在这里被分成了两半:南系秭归,北属兴山。于秭归境香溪河东岸,有一幽深莫测、怪石嶙峋、巍峨险峻的一线峡,穿云破雾,劈开崇山峻岭,虎奔而出。这便是"七里峡"。峡底有一条银闪闪的溪流,叫香坊河,又叫屈平河。溯河而上出七里峡,天地豁然开阔,这就到了屈原的诞生地乐平里。乐平里距香溪古称七里;一条屈平河使它与香溪永远共着呼吸、共着脉搏跳动。而昭君村则坐落于香溪河上游兴山县高阳镇的香溪之滨;它永远伴着香溪河的欢歌,和着香溪河的节拍、旋律,应着香溪河时代前进的步伐,而穿越历史、跨越时空。秭归的乐平里与兴山的昭君村,在香溪相距不过二三十华里。屈原和昭君这两位历史伟人,相继离世已2000余年了;然而,在历史的长河中,正是这条古老而又年轻的香溪河,则以十分生动、具体的地理和历史的形象,而将他们永不分割地紧紧联系在一起。

关于屈原诞生于秭归乐平里,这是有着诸多史籍记载的。晋代袁山松《宜都记》载:"秭归,盖楚子熊绎之始国,而屈原之乡里也。"北魏郦道元《水经注》载:"(秭归)县东北数十里有屈原旧田宅,虽畦堰糜漫,犹保'屈田'之称也。"又载:"屈原故宅,累石为屋基,名其地曰'乐平里'。"此"乐平里",即今秭归县香溪镇香溪畔七里峡中屈平河上游之乐平里也。唐人沈亚之《屈原外传》云:"《江陵志》又载:(屈)原故宅在秭归,乡北有女婴庙,至今捣衣石尚存。"

乐平里,四面峻岭雄踞——有天池山、五指山、向王山、九岭头。中间是一地势开阔的盆地,绿树如云,村落点点。这里有众多的屈原文化遗址遗存。明代和清代的古屈原庙便曾有两座:一座位于乐平里界限垭;一座位于乐平里屈原村。当代重建屈原庙一座:位于乐平里降钟山,于1984年10月落成;"屈原庙"题书为郭沫若手迹。有相传的屈原宅基、读书洞(又名"洞辟书堂")、照面井、玉米田(又名"屈田")等。每一处名胜、遗址,都有着许许多多关于屈原的优美传说,如"女婴捣衣""读书洞""照面井""响鼓溪""擂鼓台""玉米三丘""香炉坪",等等。这些传说,把屈原和屈原的业迹与形象,渲染到了出神入化的境地;闻之,是一种极妙的艺术享受。

而最令人难以置信和敬畏的,是这里的农民历来有吟诗作赋、传承屈子遗风遗韵的传统。早于明代,乐平里便建起了一个地道的农民诗社——"骚坛诗社"。古《归州志》载:"屈原诞生地乐平里诗风特盛,明清时代有好诗者结社骚坛。"从明代至民国,骚坛诗社一直开展诗词活动。今人整理明清时期骚坛诗社社员所作部分诗词达500余首,计出版诗集《明代骚坛诗选》《明清骚坛诗存稿》两部。1982年,"骚坛诗社"又恢复成立。当代骚坛诗社的社员们,则以新的姿态,更加生机勃勃地活跃在县内外和省内外的中国诗坛上,令人刮目相看。

在香溪河畔高阳镇的昭君故里,历史上曾有着众多昭君文化名胜古迹,如昭君院、昭君村、妃台山、梳妆台、楠木井、望月楼,等等。更有着许许多多关于昭君的优美传说,如"鸽子花""昭君台""大礼溪""小礼溪""珍珠潭""楠木井""梳妆台""望月楼""离乡滩""明妃庙",等等。

二

香溪,是一条古老而伟大的母亲河。不仅孕育了深厚丰富的屈原文化和昭君文化,还诞生了多姿多彩的佛道文化和远古人类文明文化。在乐平里的五指山上,有真武庙、王灵观、铁灵观、玉皇观、明月宫。自明代至20世纪50年代,远近前来朝拜五指山道观的香客,络绎不绝,法事兴旺。在乐平里七里峡西出口下方、香溪河东岸的三级台地上,有一个似晶宫玉殿般的天然大溶洞——玉虚洞。20世纪90年代初,经中国科学院古脊椎动物与古人类研究所、湖北省文物考古研究所等联合考古、发掘、鉴定,玉虚洞是一处距今30万年前的旧石器时期古人类洞穴居住遗址,地质年代为中更新世早期。于3米厚的地下文化层中,出土了130余件珍贵文物;其中有大型砍斫器、刮削器、尖状器、石锤、石砧,等等。20世纪40年代,著名地质学家李四光进长江三峡进行地质考察,在香溪河畔发现了一种在地质学上全新的很有价值,极富代表性、典型性的岩层,李四光将其写入著作命名为"香溪岩层",并得到了地质学界、学术界的公认。

香溪又是一条富饶美丽的河。这里产煤,曾开办有"香溪煤矿"。香溪是秭归、兴山两县柑橘的重要产地。来到香溪河两岸,你会想起屈原那首神采飞扬、千古不朽的名诗《橘颂》所描绘出的那种气节、秀丽与气象万千。春来,从乐平里到昭君村,从西陵峡西口香溪镇沿香溪到高阳镇妃台山,千树万树柑橘花开,如霜似雪;秋来,正是柑橘成熟季节,果红如丹霓,映红香溪河的山里山外、山脚山腰。"橙梯重叠千嶂里,人烟错杂半山中",这正是美丽富饶香溪河的真实写照。

三

最富特色之一的,是香溪河两岸的山。这里的山颇具壮美长江三峡的"高、奇、险、峻"的特点。乐平里的五指山,是归州境内长江以北的最雄伟的高山之一。"五峰排列如指","高数千仞",直插云空。上多古木、松林、红枫。每每深秋,苍松、红叶披峰覆岭,摩云接天,绿似翡翠,灿如云霞,壮美极了!乐平里的天池山、九岭头耸身腾起,朝西北奔来,直抵香溪河畔;这也便鬼斧神工、天缘合一地构筑成了七里峡的悬崖峭壁千仞,幽谷深渊万丈,"重岩叠峰,隐蔽天日,非亭午夜中不见日月"的奇光异景。紧邻香溪河两岸的大山,则多集中在从玉虚洞、七里峡口溯香溪而上至兴山境的大峡口这一带。自玉虚洞往上走,香溪河面渐渐变窄,山势渐渐变得雄浑巍峨。而一过七里峡口往上走,香溪两岸的山,均呈巨大的金字塔形,一座紧挨一座,横空出世,拔地而起。那陡峭的山岩,光洁如板壁,寸草不生。只有在峰顶上,偶有几株古松在天底下昂首;抬眼望去,有如几株在云端里飘忽的葱蒜。一条公路从香溪河右岸的半山腰里经过,当你乘车经过这里的时候,俯瞰脚下的香溪,香溪河小得有如一根细细的银鞭,袒露在灿烂的阳光下熠熠闪烁。如果说,香溪在你的眼里原来只有秀气的话,那么,此时此刻来到这里,你就会深深领略到香溪的宏伟气魄及无穷的力量了!郭沫若在《过西陵峡》一诗中写道:"秭归胜迹溯源长,峡到西陵气混茫。屈子衣冠犹有冢,明妃脂粉尚流香。"他在《屈原研究》一文中写道:"屈原是出生在巫峡邻近的人,他的气魄的宏伟、端直而又娓婉,他的文辞的雄浑、奇特而又清丽,恐怕也是受了这些山水的影响。"

无疑,香溪河的丰厚乳汁哺育了屈原、昭君,也哺育了香溪河两岸世世代代勤劳勇敢的炎黄子子孙孙、男男女女。

（袁在平,1944年生,湖南资兴人。武汉大学中文系本科毕业（学制五年）,湖北省宜昌市群艺馆副研究馆员,湖北省作家协会、省民间文艺家协会会员,湖北省三国文化研究会原理事。《宜昌文化志》〈湖北人民出版社〉副主编、首席主笔,《中国民俗志·伍家岗卷》〈中国文联出版社〉总纂,参与了第二届《宜昌市志》〈方志出版社〉撰稿。与夫人龚兴华合著文史专著《三峡史海钩沉录》〈长江出版社〉。）

我哥回响屈子归

◎ 杜 鸿

　　如尼采所说,人类有一些事物,终究只是在未来醒来。屈原在宜昌如今这个未来的节点上,真如屈姑呼唤的那样,我哥回,回来了,醒来了。醒虽然是醒了,回虽然是回来了,屈原却如同巨人突然躺在小人国一样,蜂拥而来的几乎全是茫然的视觉,盲人摸象式的触探和断章取义的了然。基于这个现象,也基于屈原及其品牌的诸多真相,在不同场合我不止一次说过,现代人特别是宜昌人完全没有必要再给这位巨人贴标签。我们只需做好拈选,找到我们真正的诉求,然后把巨人及其能量转化成宜昌城市品牌和产业业态独一无二的优势,足矣。

　　或许是一种人事与历史的偶然。在并不长的时间里,关于屈原及其品牌的转化与开发接踵而来。屈原文化研究院、屈原文化公园以及实景剧《九歌》纷纷处于酝酿之中,大有呼之欲出之势。并且,剧作家黄维若的无场次话剧剧本初稿《屈原》已经摆在了案头。读罢初稿,作为痴迷屈原作品的粉丝,自然倍感过瘾。还感佩黄先生对人物形象及内涵的准确把握,并以此为核心,散射式结构成浪漫剧情,让各色人物在新旧时空里阴阳相通,自由穿行,很好地应接了屈原的政治人生与其作品浪漫特质的融通对接。特别是剧作家在以屈原为超级人物主导的叙事维度里,还原了楚怀王时代的世情与困境,包括对张仪、靳尚、郑袖和公子兰等人物的二度塑造,均取得了相应的成功,并促成了作品基于作者审美上的美学贡献。

　　作者基于屈原的家国之爱,把屈原置身或囿执于楚国的视野去结构故事,铺陈情节,局狭了屈原的理想与境界。在我看来,按照作者设定的"祖国、君国、侯国(分封国)和家园"四个伦理层级,屈原与楚国与楚怀王,应该是一种恨铁不成钢的关系,也是他的理想与楚国这个平台不可调和的关系。这些关系并非就是他真正的理想所在。他的理想,应该是华夏或祖国层面的美政,是以楚国为平台,推行美政理想以实现中华大统一,让人民过上幸福美好生活。而不单是他以生命个体对楚王朝的期艾与怨恨。

　　作者将屈原的赴死,定位为殉道者形象,是低估了屈原人生境界和生命价值的。屈原汨罗赴江,是他人生与生命的高光时刻,更是他由人到神到圣的升华。基于屈原背靠楚国及其文化,成长为中国标准的"士大夫",他在故乡完成了美丽童年印象的修为,为后来成为楚国栋梁,并以此为平台企图实现中华大一统及其美政理想的不懈求索奠定了人格与审美基础。而基于屈原满怀美政理想,满怀冰清玉洁品性,通过赴死汨罗河,实现了他由人到圣到神的最后升华。他之所去的汨罗河面,就是充满了橘颂、兰花、香草和所有美德的天堂一般的存在。

　　当然,一部作品的好坏,和人一样,最终比拼的还是作品的境界。本剧作虽然结构、故事与细节丰满完备,但是在有关屈原的当代价值锁定、屈原的人生意义与生命价值升华和作品的大境界、高品格和美学追求上,还有待于进一步精准拈选、科学选材、合理还原和美学升华。这既是作品本身需要解决的问题,也是作家对屈原认知需要提升的问题。

　　读罢剧作,油然想到前不久宜昌市委宣传部组织的主题采风活动。那天,在秭归青滩西陵峡村,与才清兄谈到屈原主题的油画表现。我建议将笔触定格在屈原跃身汨罗河水的那一刹那。如果我拍屈原的电影,这一刹那绝对会成为作品的片头。因为,只有这时,才是最能辉映屈原的一生的画面。它既定格了屈原作为中国士大夫精神始祖的雕像,又呈现出屈原由人及圣的升华图景。而且就在屈原赴死步履的身前身后,隐喻着无以复加的文化伦理与丰沛辽阔的内涵。定格里,屈原身后是以山为符号载体的楚国和巫楚文化的跌代呈现。我们只要稍稍放开思维,就能够从中看见楚国的城墙,看见虎座凤架悬鼓的气韵,以及看见楚国八百年历史的烟尘。楚国与生俱来的奢华、瑰丽,以及祭祀时的娱人娱神,以及审美上的"丽以淫",以及楚王的"寡人有疾,寡人好色"直言不讳的浪漫,都草蛇灰线地隐约在他身后的山体上。当然,屈原身后的山,同样印呈着他故乡和他的童年印象。正是那儿的兰草、橘树、山峦,给予了少年屈原以身心滋养,养成了他生性高洁的灵魂。而屈原即将奔赴的河水,则是他即将归去的圣殿。即使河水上面,依然回荡着屈姑叫魂般的"我哥回"。可是,就是在这一声声呼唤里,少年屈原在河里亲水、划船、嬉戏,并从水中获得了至性和健康,挺拔和完美了赤子般的金童形象。从而让河水成为他归结一切美好事象的平面,成了他的智慧、理想和人格的皈依之所。因此,我们完全可以沿着屈原的后山前水,走进屈原的哲学、思想和人格,然后用我们的心灵和想象,重新为屈原构筑一座盛装屈原之美政理想、独立不迁、上下求索和浪漫文学的近乎天堂一般的圣殿。我想,这或许才是屈姑声嘶力竭地呼唤我哥回的初衷。

　　那么,屈原应该以一种什么样的方式回到当下的现实中来呢?说到底,就是让屈原及其文化这个"超级IP"在宜昌落地,生根,发芽,然后长成参天大树。可是,我们又如何推动屈原文化超级IP变成宜昌的参天大树呢?在我看来,首先必须确立屈原文化的品牌定位。这一定位既与品牌内涵相一致,又与21世纪中华新文化支撑中华民族伟大复兴相一致。其次必须打造好超级IP故事。以屈原文化超级IP为引领的屈原文化品牌塑造、传播与转化,既具有强烈的思想性、艺术性和时代性的特征,又具有强烈的叙事性、交互性、大众性、市场性、普遍性和共通性。再就是必须与"00后"为主要目标的受众在情感与经验上实现同频共振,产生交互性或沉浸式体验,最大化完成IP故事带来的审美体验。还必须打造转化超级IP的适配平台。屈原文化超级IP有效转化的根本,要有相应的产业平台或链条。仅有屈原文化资源,没有产业转化平台,不能形成集约聚集效应。而以影视为抓手,以屈原文化超级IP为核心动力,创建具有创意创作、投资孵化、生产制作和市场运营的创意产业平台,推进屈原文化向影视作品和产业转化,创作一批屈原文化题材头部

屈子传说　我哥回响屈子归

作品,释放影视产业的支撑、聚集、美誉和提升效应,为宜昌高质量发展作出开拓性、创新性贡献,势在必然。

除此之外,还必须以文旅产业为基础,创作高端"超级 IP"沉浸式项目,赋能全市文旅产业转型发展。包括对接沉浸式创作项目的天然禀赋,对接宜昌文旅产业新型业态,对接"宜荆荆恩"宜昌龙头地位,对接三峡生态名城建设,对接宜昌世界级旅游目的地打造。必须以乡村振兴为动力,打造主题屈原文化超级 IP 农旅产业。融合农业文化成为产业要素,将屈原文化及超级 IP 纳入农旅产业建设统筹规划设计,使之成为核心支撑。助力乡村全域旅游,让屈原文化融入现代乡村旅游,增添乡村旅游文化内涵。融合地理标识打造农产品品牌,像屈姑集团那样,以屈原文化为企业核心支撑,打造屈原文化农特产品。必须以产品设计为载体,打造现代"屈原 +"工业设计系列。在旅游产品开发上,打造"屈原 + 纪念品"系列,推动旅游产品、文创产品与屈原文化融合。如围绕着屈原文化的元素开发本土文玩及纪念品等。在食品加工业上,打造"屈原 + 美食"系列,呈现舌尖上的屈原文化,如端午粽子系列文创产品开发,橙、橘、茶、菜、酒水、服饰、酵母等都可以大有作为。在工业设计上,打造"屈原 + 标识"式的日用产品系列。如汽车制造、高端建材、电子智能产业及高科技应用等领域,均可很好融合。必须以服务业为生态推动全民参与,打造屈原文化及超级 IP 现代生活场景。以屈原文化的校本内容为主体,培植潜在的屈原文化及超级 IP 未来受众群。以屈原人物的 IP 设计为主题,以国潮新动向为导向,最大限度地将屈原文化主题转化为年轻人喜闻乐见的文艺作品和项目,打造新媒介传播场景。必须以"一标三地"为灵魂,打造"浪漫之城,创新之都"。用科学的谋划、市场的思维、经济的逻辑、营销的办法推动屈原故里文化旅游区、龙舟运动基地、屈原文化公园和文物馆的文旅融合、连片发展。

屈原当年之幸,幸有妹妹屈姑。屈原如今之幸,幸有当代屈原文化品牌重现的推动者。他们让当年屈姑的"我哥回"与当代宜昌的"我哥回",形成了古今呼应,声像重叠,从而构成了宜昌文化强市建设的最强音。这无疑成了我们每个宜昌人的幸事。

(杜鸿,作家、编剧、导演。中国作协会员,湖北省文化创意产业协会副主席,宜昌市作协副主席。编导监制电影有《山路十八湾》《宜昌保卫战》《谁杀了潘巾莲》等 20 余部。)

屈原的"读书洞"

◎黄荣久

屈原从小博闻强志,而且志向远大。在秭归,至今还流传着许多屈原小时候喜爱读书的传说。

屈原从小爱读书,只要有书读,再好玩的也无心去玩了,一本书上了他的手,百读不厌,倒背如流。就连照看他的女媭姐时间长了也听得滚瓜烂熟。

有一天,屈原突然不见了。家里人从太阳当顶找到日落西山,从掌灯时分找到两更过后,找遍周围山山岭岭,也不见他的影子。家里人急,乡亲们也急,有人说:"该不会掉进溪河里吧!"也有人担心说:"莫非被老虎衔去了!"……大家精疲力竭回到屈府时,却看见小屈原坐在厢房里,借着堂屋里射来的烛光,正在夜读。大家又惊又喜,问他上哪儿去了,小屈原嘴一抿,眼睛一眯,摇摇头一个字儿也不说。

屈原究竟去哪儿了?女媭姐问他,他才悄悄告诉姐姐,说他终于找到了一个最适宜读书的地方,要女媭姐保密。

原来,屈原的父亲伯庸是楚国的贵族。朝廷、州府的官员,乡里豪绅贵戚便经常到他家里拜访,进进出出。宾客们都知道伯庸有一个聪明英俊的儿子,都争着来抬举夸耀小屈原一番,没事时也爱逗他玩一玩。小屈原很有些厌烦,但又不得不讲礼貌,为了不把宝贵的光阴耗费在一些人来人往的事情上,他决定找一个偏僻幽静的地方读书。可是选哪儿好呢?在屋后紫竹林吧,风景不错,可离家太近;在屋旁擂鼓台吧,人嚷马嘶,嘈嘈杂杂。这天,他从晌午到天黑,也没找到一个称心的地方。

第二天大清早,小屈原便踩着露水,拨开刺林,向三星岩斜边的山坡爬去。当爬到伏虎山的半山腰时,发现这里一片密林,小屈原曾听老人家们讲过,就是这道密林前面的一道悬崖,才将老虎、豺狼等凶猛的动物挡在了山后。屈原走着想着,先是有几分胆怯,可细心一想,地势越险,就越清静,越好专心读书。

屈原东弯西拐,攀藤扯葛,爬岩踩缝,衣衫被荆刺拉破,手脚划出一道道血口,他都没理会,继续往前走。蓦地,透过浓密的杂树林,只见一块黑森森的东西竖在伏虎山腰的岩边,岩上青藤吊挂,岩下山花盛开。他走近一看,嗨,原来这儿是一个黑幽幽的山洞。小屈原好不高兴,一下子钻了进去。只见洞里四周都刻着飞禽走兽、花草虫鱼,要多精美有多精美。洞下边乳石倒挂,晶莹似玉,岩浆水顺着石尖,一滴一滴往下落,叮咚叮咚响着;再看洞外,青翠的藤蔓,好似门帘;洞门口长满芝兰、蕙草,清香扑鼻。洞外山脚下是响鼓溪里一个碧玉般的深潭;对面,是一座大鼓似的响鼓岩。再好不过的是洞里面有现成的石凳、

屈子传说　屈原的"读书洞"

石桌、石笔架、石棋盘,还有可以躺卧的石榻。旁边,有一个小耳洞,小巧别致,干燥通风。正好作一个藏书室。屈原来到这样美妙的仙境,只觉得这真是世上再也难找的读书场地。他喜得钻进蹦出,独个儿对着洞口大喊起来:"读书洞!读书洞!这是我的读书洞!"正在他大喜过望的时候,洞里面忽然传出银铃般的声音:"哪家小孩,如此大胆,闯进我的雅房里来了。"

屈原吃了一惊,定睛一看,只见石洞里走出一个美人儿来,提着长裙,舞着长袖,轻盈地来到屈原面前。小屈原一看,好一位端庄美丽的仙姑。他赶快下跪一拜,把自己找地方读书的心思跟仙姑说了一遍。

屈原说:"我父亲教我长大要做楚国的一根栋梁,如果没有满腹的学问,不博古通今,怎么能谈得上治国兴邦、辅君安民呢?"

仙姑一听,这少年语出不凡,十分喜爱,想了想说:"好!有志气,既然如此,仙姑我就把石洞让与你,愿你为楚国社稷刻苦攻读,日后干一番大事业吧!"说罢,长袖一拂,化作一股清风,飘走了。

小屈原追上去,那仙姑早已不见人影。他记住仙姑的话,立刻从挎包里掏出经书,搁在石桌上读了起来。直到天黑,才想起家里人会找他,便急忙跑回到家里。

又一天早上,女婴姐想知道弟弟屈原的秘密,就悄悄跟在屈原后面,爬到半山腰,只见弟弟钻进山洞读起书来。女婴姐高兴地三步两跨爬进洞口,跟弟弟做伴。从此,每天早晨,女婴姐就陪着小屈原到洞里来读书。弟弟读渴了,她就到洞下的深潭里打来泉水给他解渴;弟弟读倦了,她就跟屈原在石棋盘上下上一盘棋。据说,屈原的高超棋艺就是在这里跟女婴姐学的。有时,一本经书读完,姐弟俩就携手跑进伏虎山的密林间,采来香花野草,编成花冠花环,戴在头上、颈上。姐姐常常一边跟弟弟戴花环,一边跟弟弟屈原讲要效法唐尧、虞舜,为楚国效忠,为民造福。

一天天,一年年,在读书洞里读的书可多了,上古典籍、各国史料、诸子百家、诗经楚风,他都读得烂熟。有一天,洞下突然传来樵夫的歌声,女婴姐一听,忙对屈原说:"这是楚国的民歌,唱的大地,唱的众生,你可要好好听,好好记。"从此,屈原对楚国的民歌十分喜爱。什么巫祝词、祭祀歌、五谷调、渔夫曲、蚕花谣、橘农吟……他收集整理了一本又一本。

有一天,屈原同女婴姐又来到洞里,两人忙着整理那些从樵夫、猎人、药老、渔翁、橘农、蚕女、村妇、歌师那里采来的歌,女婴唱,屈原记;女婴记,屈原吟。他俩边记边唱,一边欣赏,一边修改,不觉夕阳早已西下,月亮升起,都忘记了回家。怎么办?眼看天色已经很晚,姐弟俩索性不回家了。他们点起松节灯火,伏在石桌上,继续整理楚风。山风吹来,他们不觉冷;狼和夜莺等动物的吼叫,他们像没听见一样。一直到一把松节都烧完了,才走出洞口,抬头望银盘般的明月。月亮当空的云彩之中,忽然闪现出一位美丽端庄的姑娘,她身着牙白缎舞衣,环佩叮当,三千青丝散下,怀里抱着一捆竹简,坐着龙车在空中飘舞,直奔石洞,将竹简往屈原的石桌上一放。屈原这时想起,这不就是那天在洞里遇见的仙姑吗?屈原连忙下拜:"多谢仙姑照应,恳请指点!"

仙姑微微一笑，一边回礼，一边说道："好久不见，公子更有长进了！如此夜深，还在攻读，可敬可敬！今夜，我给你送了些书来！"说罢长袖一挥，驾着龙车飘然在夜空之中。

屈原和女嬃姐听到仙姑的话语，连忙回到洞内，发现石桌上堆满了东西。打开一看，全是丝帛和竹简作的书籍。屈原说："这真是仙姑天神开恩！"姐弟俩喜出望外，赶紧把这些奇书一卷卷整理放好，在松节灯下一字一句攻读起来。说也巧，山脚下的溪水，"叮咚叮咚"地和着屈原的读书声，为他击拍打板，声音跟敲鼓点一样，好听极了。屈原一听溪水为他打板，读得更带劲了。从此，每当屈原在洞里读书时，响鼓溪水就叮咚叮咚、哗啦哗啦地为他击拍打板。

这响鼓般的溪水声，伴着屈原在洞里读了一箱又一箱书，一年又一年，这响鼓般的溪水声，把屈原在洞里读书的声音也留下了。直到如今，屈原故乡的父老乡亲们还神奇地说："清早，有时在读书洞还能听见响鼓溪的流水声里有屈原读书吟诗的回声。"

（黄荣久，男，中国散文学会会员，湖北省作家协会会员。三峡大学人类文化与自然遗产研究中心研究员，湖北省宜昌市散文学会副会长，宜昌市夷陵区作家协会主席。）

星耀天河

◎ 王　猛

屈原所处春秋战国时代，正值社会大变革、格局大激荡、人心大动荡的时期。西周灭亡、诸侯纷立，各诸侯国竞相招贤纳士，许多仁人志士开始了宇宙、社会与人生的探索与思考，并将自身价值的实现寓意其中，一时间农、道、儒、法、墨、兵、杂、名、阴阳、纵横、小说各家纷至沓来，造就了中国历史上第一个学术思想繁荣、理论争鸣辉映的时代。

屈原身处其中，不可避免地要受到各种思潮影响，并影响到自己著书立论和施政理想。从时间轴来看，屈原生活的阶段与孟子、庄子、惠施、荀子、公孙龙、邹衍有过时间交集，在其生辰之前的200多年间，先后出现了晏子、老子、孔子、孙子、列子、墨子、商鞅等伟大人物，其卒年之后还有李斯、吕不韦、东方朔等辉耀历史的人物登场。考虑到屈原特殊身份地位和影响力，很可能直接接触到部分学派代表人物及拥趸。两千多年前的机缘际会已经无从考证，笔者仅从部分文献中寻一点端倪，大胆推测一下屈原与这些伟大人物彼此之间的相互影响。

一、晏子吃过楚国独立不迁的橘

晏子生于公元前578年，名婴，字仲，谥平，今山东省莱州市人，春秋时期齐国著名政治家、思想家、外交家，与后世孔子是老乡。

春秋初期，庞杂学术尚未燎原，正统思想主要遵从《周礼》《诗经》。齐国地处山东半岛，紧邻崇尚儒学的鲁国，"仁政爱民"是晏子施政的中心思想。晏子重视礼仪、推崇管仲，对外主张睦邻友好，不事挞伐，在当时的齐国及其他诸侯国享有较高声誉。

在春秋战国时代，君臣反目可谓家常便饭，但是晏子却能够历任三朝、辅政50余年且得以善终，足见其高超政治智慧与低调处事风格。

齐国距离楚国路途遥远，疆土之间有鲁、卫、宋、陈、蔡、郑、徐、郯、莒等诸多诸侯国，但是弱肉强食、分分合合的时代特征注定了两国必然建立外交，并衍生出世代延续的恩怨交织。

公元前531年，47岁的晏子受齐景公委派出使楚国。其时，天下正处于楚、晋争霸的末期，楚国是唯一能抵挡秦国锋芒的诸侯国。刚刚上位九年的楚灵王尚不知国内人心倒戈、宗室互相倾轧和诸侯怨愤的多重危机，犹自狂妄自大，以展示优越感为乐。晏子初来，就以"狗洞""齐国无人"相辱，晏子均机智应答、强势反击，以致楚国君臣面面相觑无从答辩。

宴席之上，灵王三杯下肚老毛病又犯了，竟然指派手下押着犯人从庭前经过，楚灵王与士兵一问一答指证犯人为齐国人，遂反问晏子："齐人固善盗乎？"即便如此，晏子仍然礼节不亏避席作答，说出了那一段历史上著名的反驳语言："婴闻之，橘生淮南则为橘，生于淮北则为枳，叶徒相似，其实味不同。所以然者何？水土异也。今民生长于齐不盗，入楚则盗，得无楚之水土使民善盗耶？"把盗窃之罪的根源直指楚地，使得楚灵王无地自容，哂笑作答："圣人非所与熙也，寡人反取病焉。"

南橘北枳的故事，明确地表明了以下事实：一是楚灵王时期，柑橘种植在华夏大地已经有较长的历史且比较普遍；二是柑农在农事中逐渐摸索出了柑橘种植的一些重要规律，并广为人知；三是身为齐国名臣的晏子，一定品尝过楚国的柑橘，并对柑橘的生活习性有深刻的认识。

一枚柑橘，可以将晏子与屈原联系到一起。200多年之后，屈原力主"联齐抗秦"，希望楚国再现"明君贤臣"局面，他一定想到过这位与管仲并称的齐国前贤。也正如此，屈原对齐国有着不同寻常的情感，《天问》篇中，他对于春秋五霸之一的齐桓公未得善终（齐桓九会，卒然身杀）的结局显然难以接受，甚至发出了"天命反侧，何罚何佑"的质问。

我们甚至可以大胆想象，正是因为这个故事的启发，橘树"独立不迁""苏世独立""横而不流"的艺术形象才能在屈原脑海逐渐清晰明朗，并以《橘颂》诗篇流传千古，促成楚人社木在历史长河中熠熠生辉的独特形象：

后皇嘉树，橘徕服兮。

受命不迁，生南国兮。

深固难徙，更壹志兮。

……

二、老子与屈原都是天文迷

老子，姓李名耳，字聃，道家学派创始人和主要代表人物，被道教尊为始祖，与庄子并称"老庄"，其生卒与出生地众说纷纭，至今无定论，大抵为春秋末期人，世界百位历史名人之一。

作为历史上另一个神出鬼没、奇幻无比的人，老子的5000余字《道德经》中很多观点、说辞都在屈原的作品中得到呈现，可见屈原研读过老子作品，并对老子比较推崇。老子"众人皆有余，而我独若遗""俗人昭昭，我独昏昏；俗人察察，我独闷闷""众人皆有以，而我独顽似鄙。我独异于人，而贵食母"等文字将"众人"与"我"作为鲜明对比，屈原"举世皆浊我独清，众人皆醉我独醒"与之一脉相承。

时至今日，世人基本认同老子是朴素唯物主义论者，其《老子》一书中包括大量朴素辩证法观点，如"反者，道之动""正复为奇，善复为妖""祸兮福之所倚，福兮祸之所伏"等论断，既明确了事物的对立统一，又表达了自然中的相互转换。老子提出了"道生一，一生二,二生三,三生万物",试图建立一个囊括宇宙万物的理论,这显然无法达到,就连他自己也明白还有诸多事物无法探明缘由,尤其是遥不可及的太空。

从现有史籍与考古成果,我们只能初步判断中国自古重视天文学研究,虽然很长时间只是局限在皇室范围,用于农事、祭祀和专制统治。5000多年前,中国阴阳历就基本核算出一年的天数,自商以降朝廷就设有官员专事天文历法。西周时期,天文学家已经会用圭、表测量日影,确定二十四节气。战国时期魏国石申著《石氏星表》,测定了120多颗恒星的位置,齐国人甘德就已经发现木卫二星并编制世界上最古老的星表。孔子《两小儿辩日》,直观地反映了春秋战国时期,对于宇宙的探索已经很广泛,且因为许多问题无法得到解答带来了不同程度的社会焦虑与朴素思辨。

老子在《老子》一书中,九十多次提到"天",并试图用"道"来概括天地万物,当然,"道可道,非常道;名可名,非常名。"老子对于复杂的宇宙、奇幻的起源、纷繁的演变自然是力不从心、勉为其难。

老子着重探究了宇宙生成,并将其归纳为阴阳二气和"道","视之不见、听之不闻、搏之不得",恍兮惚兮,神秘莫测,颇有玄幻之感。"道生一,一生二,二生三,三生万物。万物负阴而抱阳,冲气以为和。"逐步形成了中国传统宇宙论的基本概念。

屈原天道思想则主要体现在《天问》中的诘问无穷、穷根究底,一副严谨治学,实事求是的学院派作风。不意成就了一篇千古奇文,却是后话。

《天问》开篇,则问宇宙起源:"遂古之初,谁传道之? 上下未形,何由考之? 冥昭瞢暗,谁能极之? 冯翼惟像,何以识之? 明明暗暗,惟时何为? 阴阳三合,何本何化?"所问与老子所言"有物混成"相暗合。文中屈原继续发问:"圜则九重,孰营度之?""日月安属? 列星安陈?""南北顺椭,其衍几何?"对宇宙构成、星辰运行、地球大小等未知之谜做了进一步的追问。如此这些,可能是屈原所处时代的普遍性疑问,也可能就是异乎众人如屈原之列的深思者独有的思索。

屈原之问,"顾忌皆去……放言无惮,为前人所不敢言"(鲁迅语),对后世影响深远,既体现于哲思,如柳宗元《天对》、刘禹锡《天论》;亦体现于科学,华夏后世从未放弃飞天理想,天问飞船终翱翔太空。

三、慈祥的孔子劝不了激愤的屈原

孔子身为万世之师,始终一副诲人不倦的模样;孔子一心在社会恢复周礼,用儒家思想改造社会,始终一派参政议政的民主做派。

孔子对于社会的改造理想,寄托在"礼"上。孔子幼时做游戏,"陈俎豆,设礼容",算是礼的启蒙;到壮年时期,提出"君君、臣臣、父父、子子"的政治理想,预想从社会的方方面面予以矫正;但春秋时期,周室式微,天下大乱,诸侯无不为名为利纷争不断,听不进去这一套润物无声、泽被后世的主张;孔子游说列国十四年效果欠佳,只好选择在《春秋》中阐述自己的大义。

观其一生，深信"礼"之力量，并忠实践行。孔子曾经在鲁国担任大司寇兼行宰相之职，虽说不是一言九鼎的霸王之国，但也算是权高位重。可是，当鲁国国君贪图女色、祭祀不按照礼仪等行为出现，他决然而去，宁可流浪在外也不再迷信君王。

屈原与孔子相隔一百多年，自然知晓孔子学说，也知道孔子到过楚国。但是屈原这个青年人，却不大听从孔子的这一套，性格、言行上倔强激愤得多。

他耐不住性子，但也不像苏秦、张仪、孙膑之流"择而从之"，他似乎没有孔子大一统的世界性视角，而是"深固难徙，更壹志兮"，偏爱一隅。在一些人眼里，这颇有些小家子气，但正是这份"小家子气"深得人民的喜爱。我曾经列举雷平阳诗歌《亲人》，说明一个人的家人之爱、家族之爱、家园之爱与家国之爱的关系，一个人深爱自己的国家，其前提当然是深爱家人、家族、家园。有诗为证：

我只爱我寄宿的云南，因为其它省
我都不爱；我只爱云南的昭通市
因为其它市我都不爱；我只爱昭通市的土城乡
因为其它乡我都不爱……
我的爱狭隘、偏执，像针尖上的蜂蜜
假如有一天我再不能继续下去
我会只爱我的亲人——这逐渐缩小的过程
耗尽了我的青春和悲悯
（雷平阳《亲人》）

不幸，屈原坚守的楚国恰巧是一个正在倾覆的巨轮，这用情之深必然要带来深深的忧愤。所以屈原就迸发出各种急切的情绪，"忍而不能舍也""指九天以为正兮""恐修名之不立""奔走以先后兮"，要急切地发声发语。

屈原之本性，未必就是这般。他所提出的"美政""民生""香草美人"，与孔孟之道亦有许多相通的地方，这也是后人把他纳入儒家学派的原因。但是我们从屈原作品中能够感受到，屈原对于孔学并不信任。

"接舆髡首兮，桑扈臝行。忠不必用兮，贤不必以。"（《涉江》）所言的楚狂人接舆曾与孔子之间有一段精彩的传奇故事。孔子来楚地游说自己的政治主张，接舆对孔子高歌："凤兮凤兮，何德之衰？往者不可谏，来者犹可追！已而！已而！今之从政者殆而！"劝孔子不要在此耽误时间，早早散了。这个故事记入《论语》，当属史实。屈原在《涉江》文中提及，却是悲愁转恨，自此与楚王决裂，此后他离溆浦、至湘水、抵汨罗，毅然决然地走向生命的终结。

孔子一生波折，受白眼、饿肚子、丧如狗、被追杀，但是孔子却始终能够隐忍不屈、历难弥坚，不轻言生死。其忍，不是卑躬屈膝的求生，而是用理想鼓舞斗志，一再重新上路。

骨子里孔子也有不畏死的决心，"匹夫不可夺志也""杀身以成仁"都表现出为了道义自我牺牲的热血。这种儒家精神的内核是坚强的、无畏的,这也才有后世无数知识分子即便慨当以慷、引颈就戮,也要挽国家于将倾、救民众于水火。

但是,屈原的爱,从周的庙堂聚集到楚国疆域,终于因为一再地缩小范围,变得无法变通、不容更改。屈原既死,不断重申自己的决心志向:"亦余心之所善兮,虽九死其犹未悔。""宁溘死以流亡兮,余不忍为此态也。""虽体解吾犹未变兮,岂余心之可惩。""知死不可让,愿勿爱兮。"……言辞激烈衷情可鉴,如屈原自述,无非是"惜诵以致愍兮,发愤以抒情"。

屈原高冠博带、香草傍身,走的是剑出偏锋的路数,其眼底容不得半点虚假,即便是与孔子生于同一时期,恐怕也是不受约束、听不得劝阻,还是会一如既往地冲在前面,不惜以身死唤起国君国人的警醒。

"独茕茕而南行兮,思彭咸之故也。"对于这个独自走向深水区的背影,我们既要怜惜他的孤独决绝,更要敬佩其壮怀激烈的青年热血。

四、汨罗的涟漪大过"马革裹尸"

屈原到底会不会打仗?有无直接对抗过秦军?这一直是民间争论的一个学术问题、思想问题和历史问题。

何以有此争论?我看主要原因还是民间对于国之外交的一厢情愿和简单遐想。自董仲舒以儒家学说立国以来,不讲究武力、睦邻友好、和平相处是主流,但是灾难深重的中国人民受够了战乱频仍,被外敌入侵怕了,自然地生出一种反抗的基因。是以以暴制暴、以战抗战的思潮在民间大有市场。

有人说屈原学说中有兵家思想之萌芽,有人说屈原担任过民间抗秦游击队队长,更有人定义屈原是"万世兵王",等等,不一而足。抛开这些结论,不妨从屈原生平、作品中寻一些蛛丝马迹,探讨一下屈原的战争观。

乱世,诸侯国之间早已撕破脸皮,只剩下赤裸裸的利益纠葛。各诸侯国内部也是钩心斗角、纲常全失,尤其是朝堂之上时有宫闱丑闻和族人相杀。《屈原贾生列传》载:"(原)明于治乱,娴于辞令。入则与王图议国事,以出号令;出则接遇宾客,应对诸侯。"文中所说"治乱""号令""应对诸侯"等工作,必然包括了军事,屈原一定直接接触过兵戎相见的战事。

屈原在世期间,楚秦征战时断时续,多以楚国大败议和为结局,就连多年前,与吴国打仗,也总是输。

楚怀王十七年,秦军俘获楚国大将屈匄、逢侯丑等七十余人,遂取汉中之郡,斩杀楚军八万,楚国援兵继而在蓝田再败;楚怀王二十八年,楚国大将唐眛、景缺阵亡,楚军伤亡惨重;顷襄王元年,秦军发兵出武关攻楚,斩首五万,取十五城而去;楚顷襄王二十一年,秦将白起再度率军攻打楚国,夺取楚国的都城郢都,焚毁楚国先王墓地夷陵,斩首二十四万,楚顷襄王被迫迁都苟延残喘……此时,屈原已经远离楚国政治圈,二次流放至江南。听闻郢都被秦军攻破,悲痛不已而自沉汨罗。

以孙武、吴起为代表的兵家出现于屈原生前,其中孙武曾经使用谋略数次打败楚军,直捣郢都;吴起则担任过楚国令尹,在楚国大刀阔斧改革,帮助楚王开疆拓土。屈原当政期间的改革措施主要体现在国力、人才、制度等方面,对军事方面的构想则比较少见。

屈原虽然有过短暂的政治高光时刻,也佩带长剑、高冠巍峨,但其直接参与征伐的可能性并不大,对兵家所研究的谋略也并不擅长。诚然,一个善于谋略的人,也不至于如此刚直不阿,进谏不讲技巧,落到流落他乡的地步。

虽未直接参与战争,但屈原对于战争的本质有着深刻的理解。《天问》:"武发杀殷,何所悒?载尸集战,何所急?伯林雉经,维其何故?"描写了战争极其残酷的一面:武王戴孝伐纣,并将纣王尸首悬挂示众。《国殇》主旨就是鬼雄,即战死沙场的将士,通篇颂扬将士英勇无敌、一往无前,对为国捐躯的将士给予极高的评价:"诚既勇兮又以武,终刚强兮不可凌。身既死兮神以灵,魂魄毅兮为鬼雄。"可见屈原身为文臣,其刚强气魄不输于任何披甲冲锋的战士。

作为爱国至死的屈原,没有直接死于对抗秦军的战场,是一个意外。但他的死,在楚地乃至九州大地,都算是一个极其特殊的存在。他的投河,如同一枚当量巨大的导弹,在纷乱的人间荡起巨大的波澜,唤起了更多人的觉醒与豪情,终使"楚虽三户,亡秦必楚"不是一句空话,也一次次在中华民族危难将倾的关键时刻,团结聚集起亿万炎黄子孙共赴国难,推动着中华民族的大船疾驰在伟大复兴的航道。

五、屈原是墨子的一朵剑花

一身黑衣的墨子以及其弟子,在纷乱的春秋战国时代,犹如隐身大泽的侠客,又如昼伏夜出的大盗,行为莫测却深有义名。墨子所为绝不限于连续行进十日、拒楚军救宋国,其思想观点也是灼灼生辉,对后人影响深远。

屈原出生之时,墨子刚刚离世,考虑到墨子曾经到过郢都,且墨子生前活动的区域与楚国相距不远的史实,我们完全有理由相信屈原知晓墨子及墨家学术,并深受其影响。

墨子出身贫贱,初学儒,因不堪儒学之烦琐,愤而反叛,自立门户,终得与儒家分庭对抗之大成。墨子提出的思想观点很多都是经天纬地、治国安邦的良策,至今都有着重要的现实意义,与屈原的奋发上进一脉相通。

墨子自称"贱人",遵守夏制且反对形式化礼乐,过着苦行僧一样的自律生活,为世人所不理解。但凡志向坚定之人,总能咬定青山不放松,丝毫不顾及他人评价与认同。屈原亦是如此,不过他似乎走到另一个极端。屈原装束奇异,"扈江离与辟芷兮,纫秋兰以为佩""既替余以蕙纕兮,又申之以揽茝""制芰荷以为衣兮,集芙蓉以为裳";其理想更是"法夫前修""彭咸遗则","依前圣、就重华",可谓"不周于今之人兮";但其内心却一片赤诚,发出"长太息以掩涕兮,哀民生之多艰"的哀叹,其"民生之叹"与墨子所言"饥者不得食,寒者不得衣,劳者不得息"的"民有三患"一样动人心魄。

墨子以兼爱为出发点,倡导平民政治,选贤任能,法仪义政,并为此做出了不懈努力。墨家弟子遍及诸侯各国,为"兴天下之利,除天下之害"而不懈努力。墨子要求弟子因地制宜实施治国方略,"择务而从事",即尚贤、尚同治理昏乱之国,借用节俭治理贫困之国,非乐、非命治理腐化之国,尊天、事鬼治理无礼之国,兼爱、非攻治理扩张之国。墨家"腓无胈,胫无毛,沐甚雨,栉疾风",在儒学主导的背景下异常艰难。屈原之难,虽然仅仅局限在楚国庙堂,却也冥昭瞢暗、长夜漫漫,只能"路漫漫其修远兮,吾将上下而求索",为了政治理想和民生夙愿,不断地奔走前后、九死未悔。

墨子之卓绝于世间,更在于其任侠尚义之风。"任(侠),为身之所恶,以成人之所急。""义,志以天下为芬,而能能利之,不必用。""以绳墨自矫而备世之急。"其舍生取义相比儒家更加直接,是中国人"侠之大者,为国为民"精神的前身。屈原文采泽被后世,同样尚武任侠,很多民间传说中屈原就是一位有战略思想和战术素养的年青人,传说虽不足全信,也可见其"高余冠之岌岌兮,长余佩之陆离"的外在形象中透露出的武打小生气质比较深入人心。

墨子作为屈原的前辈,其兼爱的平等人权原则、非攻的和平发展原则,早已为联合国《世界人权宣言》以及《联合国宪章》所肯定,其黑衣紧身独行天下的侠客形象更是为所有热血今人所喜爱。

屈原"宁溘死以流亡""伏清白以死直"的姿态,颇有大丈夫风骨;其"诚既勇兮又以武,终刚强兮不可凌。身既死兮神以灵,魂魄毅兮为鬼雄"的气势,犹如墨子长剑舞出的一朵剑花,在昏聩即坠的楚地,耀眼如斯。

(王猛,屈原故里人氏,湖北省作协会员,宜昌市政协委员。文学创作以散文、诗歌为主,作品散见于《中国诗歌》、《诗歌月刊》、《创世纪》〈台湾〉、《诗苑》、《新诗想》、《坐标》、《屈原文学》,曾获得全国屈原诗歌大赛优秀奖,有自选集2册。)

作　　　者：罗海东
作品名称：楷书《望孟夏》
作品尺寸：180 cm×70 cm
释　　　文：望孟夏之短夜兮,何晦明之若岁？惟郢路之辽远兮,魂一夕而九逝。曾不知路之曲直兮,南指月与列星。愿径逝而不得兮,魂识路之营营。何灵魂之信直兮,人之心不与吾心同!《九章》句也 长阳罗海东书
钤　　　印：伴峡一子 罗海东印

望孟夏之短夜兮何晦明之若歲惟郢路之遼遠兮魂一夕而九逝曾不知路之曲直兮南指月與列星願徑逝而不得兮魂識路之營營何靈魂之信直兮人之心不與吾心同

九章句也 長陽羅海東書

屈原与汨罗江

◎李　浩

一

说起我国最为出名的江河,我们定会毫不犹豫地脱口而出:长江和黄河。那是两岸人民血浓于水的母亲河,是传递文化的纽带。

当然还有一些原本安详静伫在历史沟壑的江河,却因某个人的靠近,或是一场灵魂的"对话"而意外名留青史。比如:湖北襄阳的檀溪湖,被刘备纵马一跃而成名历史;还有安徽马鞍山的乌江旧址,千百年来似乎仍能听见楚霸王不屈的呐喊和坚毅。与檀溪、乌江相比,位于湖南东北部的汨罗江则显得更加浓墨重彩。若说前者是因君王政治刀剑镌刻而得名,那汨罗江必然是因文人以血泪书写而成名。只因那长流不息的白练中沉睡着中国伟大的爱国主义诗人,中国浪漫主义文学的奠基人,"楚辞"的创立者和代表作家,有"楚辞之祖"美称的屈原。提到这个名字,用任何褒义词形容他都不为过,并且也没有什么华美之词可以完全地概括他。因为他的名字和其产生的历史价值以及文化影响,大大超越了时代的界定,已经深深植根于我们的文化血液之中,成为后世尊崇和敬佩的文化典型。

在屈原未至前,这条温润清冽的江水,哺育着善良而又勤劳的两岸百姓,或许也包括屈原。只是它从未设想那位曾经踱步苦吟的稚子,将来能成为一位响彻古今的大人物。当然,客观地说,屈原在没有做选择之前,可能只停留在忠君爱国和诗词名家的身份层面,汨罗之水受得起他的赞誉和歌颂。而在他选择之后,性质则完全不同,这既实现小人构陷污蔑之鄙行,又撕扯着后世万千文人的肝肠,同时让汨罗江水承载那本不该受的文化的积淀和痛彻的悲鸣。说不清是屈原成就了汨罗江的千古之名,还是江水荡涤出一个爱国赤诚的屈原。或许,两者都有吧!无论是哪一种,屈原虽逝,但他火一样忠君爱民的精神,被后世的人代代承继,而那浸满诗人悲愤与不屈的江水,直到现在仍然诉说着内心的惋惜与不舍。

二

自古文人雅士多善以江水自喻,柔顺而又坚毅的江水是君子品格的最佳诠释。自大禹治水划分九州以来,漂泊无名的水,终于找到了精神的归宿。它们依地势高低舒缓、自然四时变换的不同,汇入历史的七经八脉,见证一幕幕盛世华章,又悲叹一曲曲后庭哀婉,最终凝结为迁客骚人的诗文名作。《诗经·小雅·沔水》:"沔彼流水,朝宗于海。鴥彼飞隼,载飞载止。"鹔隼飞止是反常之象和小人恶行。不知屈原是否也感慨无奈这鹔隼飞止的小人之行,我想他一定在汨罗江边苦叹过。江汉浮浮,武夫滔滔之景,他必然在心中幻想过,可惜,世事无常,造化弄人,他向楚怀王提出"美政",主张对内举贤任能,修明法度,对外力主联齐抗秦。

很难想象屈原是如何组织青年军跟凶猛的秦军抗衡的,学识和文化并非真正的刀剑,平头青年也难比训练有素的甲士,但屈原却成功了。若屈原以武人报国,成一代名将也尚未可知。然而历史是公平的,千百年来战功卓著的武将不胜枚举,忧国忧民的文人却屈指可数,屈原则是那仅有的桂冠上的明珠。之后他在鄂渚为县丞,又升为左徒,并且首次使齐。这时的屈原是最感有能力改变时局、富国强兵的,所以他便开始打算变法改革,然而改革终究不是分鼎而食,必然要触碰那些所谓贵族集团的逆鳞,这就犹如深山中饥饿的游客,误入虎穴,面对一群正在撕咬猎物的斑斓猛虎,所以他失败了。

于是,屈原因上官大夫之逸而见疏,被罢黜。这时屈原仍有余力,只是从启用到疏远,再由疏远到启用的沉浮之间,正悄然消磨一个热血报国的忠臣之心,他表面虽波澜不惊,然而心中却伤痕累累。而后,他又被流放汉北,伴君如伴虎,若不小心谨慎,即使是稳如磐石的船,也有逆水倾覆的风险。而屈原就如江岸边枯瘦有力的纤夫,紧紧地握着连接楚国这艘风中巨轮的绳子,拼尽全力地向前走去。

三

人只有在内心纷乱到极致时,才能把才情一股脑地倾吐而出。于是那千古流传的《离骚》便应运而生。因此,我们看到他以"哀婉女子"自比的"怨灵修之浩荡兮,终不察夫民心。众女嫉余之蛾眉兮,谣诼谓余以善淫。"君心似冬雪,纵使香草有情,又怎敌那森冷的寒意。然而冰侵刺魄,冻人肌骨,就能阻止其铮铮硬骨吗?再看"民生各有所乐兮,余独好修以为常。虽体解吾犹未变兮,岂余心之可惩。"屈原就是屈原,纵使全世界都与他为敌,只要是他坚信的真理,便无惧一切诋毁谩骂。"亦余心之所善兮,虽九死其犹未悔。"那一次次的荆棘遍身,一声声投枪匕首般的污言,一个个犀利清冷的仇恨眼神,似乎把他鄙夷到尘埃里,痛恨到心底,嘲笑到每一次的朝堂争辩。

终于在历经千万次心灵和思想的淬炼和煅烧后,屈原用血与泪所化之笔,书写了那句"路漫漫其修远兮,吾将上下而求索。"漫漫之路,前方渺茫无期,身后已无退路可选。前进?还是沉沦?他选择得毫不犹豫,上下求索,求的是天清地明,求的是国泰民安,求的是心中的那一团正气之音。这声音震慑千古,成为身处黑暗之人的信念之光,后人用这束光亮驱散了黑暗,迎来了光明。再回到当时,屈原被免去三闾大夫之职,放逐江南。他从郢都出发,先到鄂渚,然后入洞庭。江南的水是被缠绵的哀怨和华丽的乐章沾染而成的。这正符合屈原的心意,无数次的希望被无情地浇灭,不正如这位"香草美人"的心境吗?江南是佳丽地,回到江南,也终于有了归宿。八百里洞庭,烟波浩渺,却装不下一个屈原的忧乱之思、愁情之叹。他又想起了那汨罗之水,虽不如洞庭湖水的气吞万千,却仍是自己心中的那一颗美人泪,那一缕绕不去的白月光。

四

  试想若江水有灵,它是愿意以屈原之死来换取盛名,还是情愿甘为平凡的江水,去守护滋养附近的生灵?这个问题的答案可以说难有绝对的正确,因为江水不会诉说,所以我们无法得知。历史中我们看到的确实是屈原以身投江,以己之躯投入这清冷的江水,然而他的精神和品格之躯,又何尝不是通过这千年源源不断的江水得到延续呢?汨罗之水就是屈原坚贞的信仰,屈原也成了滚滚奔流的汨罗之水。"吾不能变心而从俗兮,固将愁苦而终穷。"俗世的利益倾轧蒙蔽不了他的心,因为他的心早已被汨罗的江水浸润,他的一生似乎早被预料,愁苦是避免不了的。"与前世而皆然兮,吾又何怨乎今之人!余将董道而不豫兮,固将重昏而终身!"字字沁血,声声凄厉!朦胧中我们仿佛看见一位忠君谋国的老者,泪眼婆娑地遥望他理想的国度,然而浑浊的世道让大家都醉心安逸了,只有他是清醒的,于是他曾想唤醒这安逸的世人和浑浊的世道,可惜他失败了,他不是救世主。这举世皆浊"我"独清之人,必定是痛苦的。他的政治主张、伟大抱负只不过是制定规则之人的笑谈,他也只是规则的棋子,身在乱世之局,全在他人股掌之间捏着。

五

  汨罗的水是辛辣的,是烈酒汇入的豪情。屈原投江后,人们为了打捞他的尸体,千帆竞发相寻,出发前定饮上几坛美酒,举杯痛饮间再洒美酒于江中,所以汨罗的水清冽中带有辛辣,澄澈中带有浓烈的豪情。汨罗的水是浓香的,是糯软绵长的思念。汨罗的水是灵动的,是传承文化的标签。千百年来,屈原式的爱国志士在这之后层出不穷,他们都以"为往圣继绝学,为万世开太平"为己任,成就了一段段动人心魄的慷慨悲歌。历史独特的魅力就在这,前人未竟之功,总有后人前赴后继地赶上。

  千百年来,无数仁人志士为了祖国统一而奔波。那颗爱国的心始终跳动着,诚如屈原一般,将自己的豪情和血泪沾染出爱国的丰碑。作为炎黄子孙,两岸一家,同根同源,在中华文化的历史长河中,我们砥砺前行。历史的今天,无数的爱国人士,必将怀抱一如屈原的坚定信念,必将实现中华民族的伟大复兴!那时,我们可以跟历代先贤说道:中国已是腾飞的东方巨龙,不可欺也!

(李浩,普通的教培机构的语文老师。通过每天研究练习和整理知识,同仁分享以及老教师们的引领,不断地寻找什么适合孩子,孩子的作品该怎么写,感觉心被打开了。希望通过文字的书写,让孩子们感受到文学之美。)

寻芳汨罗江

◎ 刘青洺

攘攘乾坤,气象千万;悠悠汨罗,奔向西方;唯我屈子,独领风骚;病舸载杜,气宇非凡。襟洞庭之浩渺,屏玉笥之毓秀,倚罗子之古国,源平江之崇岭。怀峦抱嶂,吞山吐江,尽得山水之宠,独享造化之功。文人墨客,云集之所;龙舟文化,寰震五洲;集一身中华所独有;三五形胜,鬼斧神工,蟠湘北举世而无双。骄在我有,奇在人无。泗水之城,皆惊乎其异;五湖之滨,俱叹乎其绝。

两千年了,迤迤逦逦的一条江,中国的一条江,却因一个人忧郁了两千年,呜咽了两千年,咆哮了两千年。这条江是汨罗江,这个人是屈原。

未到汨罗江向往其神秘,到了汨罗江知悉其忧郁。我是在暮秋时节,匆匆抵达汨罗江的。伫立江畔,秋风萧瑟,渡船如织,秋江如练。飘然而过的一群大雁,把我的思绪缩短又拉长……

两千多年前的一个仲夏,屈原独自在汨罗江畔行吟。然哲人已杳,德艺流芳。余光中先生说过:"蓝墨水的上游是汨罗江。"清湛的汨罗江水仿佛在诉说屈子感人的事迹,仿佛在吟诵屈子用血泪铸就的不朽诗章。品味楚辞,唇齿留香,《离骚》的孤高无援,《九歌》的肆情无隐,《天问》的放言无忌,"纷总总其离合兮,斑陆离其上下",时而让人爽然自失,时而令人热泪盈眶。屈赋的灵光把诗国的天空照亮,屈子的美政成为永恒的理想。每逢乱世,贤士无名,逸人高张,忠贞耿介之士与屈原灵犀相通,悲苦时高歌一节《离骚》,千古的志士泪涌如潮。屈原用鲜血控诉肮脏,用生命指示方向,用不幸与苦难铸成中国诗魂傲岸的脊梁。

我不敢对先人气节妄自评判,遂引《渔父》中屈原自沉前的情景。汨罗江前。屈原既放,游于江潭,行吟泽畔,颜色憔悴,形容枯槁。渔父见而问之曰:"子非三闾大夫与!何故至于斯?"屈原曰:"举世皆浊我独清,众人皆醉我独醒,是以见放。"渔父曰:"圣人不凝滞于物,而能与世推移。世人皆浊,何不淈其泥而扬其波?众人皆醉,何不餔其糟而歠其醨?何故深思高举,自令放为?"屈原曰:"吾闻之,新沐者必弹冠,新浴者必振衣。安能以身之察察,受物之汶汶者乎?宁赴湘流,葬于江鱼之腹中。安能以皓皓之白,而蒙世俗之尘埃乎!"渔父莞尔而笑,鼓枻而去。歌曰:"沧浪之水清兮,可以濯吾缨;沧浪之水浊兮,可以濯吾足。"遂去,不复与言。

"黄鹤一去不复返,白云千载空悠悠。"屈原作品中"举世皆浊我独清,众人皆醉我独醒"我记忆最深。先人对后人的影响是极其深远的,而我却对"举世皆浊我独清,众人皆醉我独醒"有着不同的理解。从屈原的人生经历看，他也有过辉煌的历史，春风得意过，只是社会的历史往往有残酷的一面，辉煌过后的黯淡接踵而至，屈原几次被流放，怨气油然而生，不免滋生悲观厌世的情绪，埋下自投汨罗江祸根。

  历史的更替犹如浩瀚的星辰，璀璨之中总是带着短暂。我想即使屈原没有被流放，秦国的统一也是必然。后人敬仰他的爱国情怀，是他的精神有着敬仰之处。爱国，作为人的最基本素质是应该推崇的，也是必备的，唯有这样，社会才能向前发展。然而，作为古代伟大的爱国诗人，在身处逆境的环境下，滋生"举世皆浊我独清，众人皆醉我独醒"是否有失公允？是否是因自己本身黑暗的境遇而否定阳光的存在？是否自己本身思维有偏颇而产生判断上的误差？"举世皆浊我独清，众人皆醉我独醒"给后人的启迪也各异：多少人总认为自己是对的，别人是错的；别人的为人处世都一无是处，自己一言一行都充满着崇高……只看到阴的一面，而看不到阳的一面。时间久了，势必形成高傲、孤僻的特点，不能同别人和睦相处，缺乏相容的胆识、气魄，有时还会走极端，甚至践踏自己的生命。若是这样，对自己、对社会的发展是有害的。又有多少人一谈到社会的某些阴暗面，总是咬牙切齿，有点痛心疾首的感觉，更表现出"举世皆浊我独清，众人皆醉我独醒"的形象，带着一副沾沾自喜、得意忘形的清高、自负模样。这样的认知状况能否说明我们自身存在缺陷？我推崇"举世皆浊我独清"的境界，不欣赏"众人皆醉我独醒"的感叹。

  我不赞成先生投江，我赞美的是先生那种刻入骨髓的真爱，九死而不悔，而此时先生的诗文已是楚文化的一曲挽歌。因为不管先生如何不愿看到楚文化被异化，但秦国的扫清六合、席卷八荒，不仅统一货币、度量衡，当然也包括文字，所幸的是先生已随江而去！绚丽就这样与黑白交替，诗意就这样与自然交融。徘徊江畔，寻寻觅觅。惊喜的是《离骚》中出现的艾草、菖蒲依然生长在汨罗江边，那些"中洲""椒丘""兰皋"就是水中的岛屿、水旁长满香椒隆起的土丘、泽畔长满兰草的高地。多少年了，它们依然在江畔与时空作着亘古的对峙。

  我想所有阅读你诗篇的人，一定要读懂你的灵魂。你的离去，并不是逃避、你的进谏，并不是愚笨。是你宁愿"举世皆浊我独清，众人皆醉我独醒。"那样奸臣当道、污浊不堪的世界本也与你格格不入。汨罗江，似乎已等你多年，而你恰恰在这里留下最美的注脚，一切那么顺理成章，又那么必然。

  汨罗之厚厚于史。春秋战国，建罗子国城。重镇，经数朝而久不衰。有通江达海之便，向为万商云集舟来楫往之区。有鱼米之乡其名，有长江文化其位。更倚控江制湖之势，历为兵家必争之地。多少金戈铁马，几许折戟沉沙。彭大将军于江源之处举，开一代元勋，树百十将之威，风雷激荡。王将军转战于斯，杀倭征战。红旗指处阴霾扫，罗城从此乾坤壮。

  汨罗之胜胜于风亮骚人。灵山秀水，英才辈出，勋垂汗青，名扬千秋。屈子行吟江渚，一部《离骚》成千古绝唱。报国怀沙，使汨罗江名动古今，歌扬海外。开国元勋，弱时故居。骆驼精神，流芳百世，传承万代，启迪后人。韩少功文甲天下，甘征文楚才精英。挥洒满腔诗情，文采于江渚，魁星高耀，文章长存。名人名文，锤炼罗城之品格；名家名辞，铸造汨水之灵魂。

汨罗之美在山水。汨水源于平江,山峦雄秀,奇峰雾海。百溪竞流,胸纳五洞。碧波水潆,鱼美稻香。物阜民勤,乃珍禽福地。罗水源于渭洞,途经长乐等古迹名镇,于玉笥山以东汇合,夏日水涨,浩浩荡荡。春光到来,大片湿地,花草遍野,虫鸣蛙鼓,绿柳金堤,绵绵百里。秋黄菊影,江枫渔火,鱼肥稻香。冬观候鸟,大雁云会,不见首尾。最祥是白鹤飞临戏水,最壮为大雁引项高歌。湘北滨城,汨罗市城崛地而起;城伴江行,江随城转,城江交映,江碧城秀。岳阳楼翘首可望,屈子祠游旅缤纷。大桥飞架通南北,轮渡繁忙穿玉梭。

屈原沉汨罗江后百余年,司马迁跋山涉水来了,他站在屈原沉江的旧址,涕泪交流,至今传说司马迁洒泪的洲滩之处,从此寸草不生,民间有诗云:千载史公流涕处,至今无草怆江潭。文学大家韩愈来了,他写道:"苹藻满盘无处奠,空闻渔父扣舷歌。"柳宗元来了,左宗棠来了……一顶雪冠的余光中来了,"蓝墨水的上游是汨罗江。"余先生秀口吐珠,凭借汨罗江水将锦绣中华源远流长的泱泱诗河,从两千多年前一脉相承连接到了遥远的未来。"那浅浅的一湾汨罗江水,灌溉着天下诗人的骄傲。"

是的,岁月远去,屈原先生成了一种范式,成了一面旗帜,更成了一批人命运的注释。苦役的行程使他们都成了璀璨的星星,排列在永恒的苍穹下。屈原先生,你的远去激起了一条江的忧郁,更使一个民族忧郁。于是每年有了一个名叫端午的节日,这是你一个人的节日,这是一个温暖的日子,也是一个忧郁的日子。站在那条江的中央,你嗅到粽子的清香了吗?香草美人,于深层的汹涌中为你招魂,一条划了两千多年的龙舟欸乃着隐痛的楚歌。还有千古锤炼的《离骚》,在血脉之上,超度出心空苍郁的肃穆。有水的地方就有人想家,有岸的地方楚歌就四起,先生就在歌里,风里,水里,任浪花飞溅,涛声忧郁。迤迤逦逦的汨罗水,忧忧郁郁的汨罗水,就这样流淌在中国人的诗里,心里,血脉里。刘伶的汨罗江是一把酒壶;杜甫的汨罗江是让人心怀温暖与感伤的《茅屋为秋风所破歌》;苏轼的汨罗江是一蓑烟雨任平生;鲁迅的汨罗江是俯首甘为孺子牛。每一株草都挺直了茎秆,昂扬起尊严的头颅与长发,大地上的风景就不再是匍匐的草坪,而是雄阔恢宏的草原了,这是鲁迅先生的期待,也是我们的期待,何曾不是屈原先生的期待。

今日汨罗,英姿飒爽。改革潮涌,波澜壮阔舒长卷。开放风劲,云水翻腾起苍黄。经济疾飞,社会振兴。凯歌高奏,月异日新。循环经济,重点引领。崛起新型工业,气壮豪门。人流物流,商贾云集。山川美景,旅游兴盛。红色旅游观光胜地,爱国主义教育览胜基地。稻香鱼跃,瓜甜果美,凸显生态农业新区。新型城市化建设,日新月异。高楼比肩,大街溢彩,天蓝水清,草绿花红,写意魅力城市之风韵。兴科重教,素质教育誉满中华。人才济济,诗词之乡。卫生城市,环保之乡。关注民生,百姓如意安康。思想道德之果,丰硕饱满。文学艺术之花,竞相怒放。龙舟文化,光耀国门。故事、高跷、山歌、民艺,无不精湛,源远流长。民心凝聚,目标"五强"。齐心协力,高举科学发展大纛;披荆斩棘,谱写和谐汨罗新章。

三峡壮兮诗人归

◎房春桥

"轻汗微微透碧纨,明朝端午浴芳兰。流香涨腻满晴川。彩线轻缠红玉臂,小符斜挂绿云鬟。佳人相见一千年。"

提起描写端午节的诗词名篇,当推苏轼的《浣溪沙·端午》,这首词主要描写妇女庆祝端午佳节的情景。她们按照民间风俗,彩线缠玉臂,小符挂云鬟,互致祝贺。从全词里我们依稀看到词人的侍妾朝云的影子。

卿卿我我的浪漫似乎不属于端午节,在我的心里深处,端午节紧紧地与爱国诗人屈原联系在一起,诗人浓厚的浪漫诗意,无声地融在飘着淡淡粽香的空气中。

中国历史上伟大的爱国诗人很多,比如屈原和陆游,这里只说屈原,说说屈原的故事。人们纪念屈原,是因为屈原的爱国情怀给人们留下永不磨灭的印记。

屈原出生在战国时代的楚国。那时正当强秦连年侵略,楚国遭遇危险的时候。为了挽救楚国,屈原劝楚王与齐、燕、赵、韩、魏结成六国联盟,制止了秦国的进攻。但是没过多久,屈原受到奸佞排挤,势孤力薄,昏庸的楚王疏远了屈原,解散了联盟,最后还把他流放到南方去。

诗人被流放,却成就了伟大诗篇《离骚》:

彼尧舜之耿介兮,既遵道而得路。

何桀纣之猖披兮,夫唯捷径以窘步。

惟夫党人之偷乐兮,路幽昧以险隘。

岂余身之惮殃兮,恐皇舆之败绩。

……

路曼曼其修远兮,吾将上下而求索。

……

《离骚》被称为"屈原的政治生涯传记",诗中表达了他内心的苦闷、孤独、愤慨以及强烈的失望,唯独不变的是他的身体里仍然涌动着爱国的热血!前路漫长,身影孤单,屈原坚信,夜再黑厚,总有透过黑暗的星光;路再漫长,走下去,最终会走到目的地。在黑暗中,在铺满荆棘的路上,他仍然不遗余力地去追求,去探索。

屈原在长期的流放生活中,受尽了千辛万苦,但是始终没有熄灭他爱国的火焰。

有一天,他看到一座古庙的墙壁上,画着天地神灵,也画着古代圣贤,心事被触动,他大声喝问:"这世上究竟有没有是非?……"《天问》诗篇就这样诞生了:

遂古之初,谁传道之?上下未形,何由考之?
冥昭瞢暗,谁能极之?冯翼惟像,何以识之?
明明暗暗,惟时何为?阴阳三合,何本何化?
……
天何所沓?十二焉分?日月安属?列星安陈?
出自汤谷,次于蒙汜。
……

屈原急切地发问,他问苍天大地,问日月星汉,他也问神灵圣贤,问善恶兴衰,他问人世间的一切事物!屈原把困惑变成一个个突破传统观念的大胆疑问,把丰富的想象化为一个个奇绝的具体内容,他那超卓非凡的学识和惊人的艺术才华,也凝固成一个个探求真理的问句。这"天问",苍天有泪,大地无语!

屈原越来越老了,但是他复兴楚国的愿望,一天也没有熄灭过。在楚国就要灭亡时,屈原决定回到郢都去死在出生的土地上。他昏昏沉沉地走了几天,来到了汨罗江边。他在清澈的江水里看见自己满头白发,心里像波浪一样翻腾起来,他在江边疾走着,呼喊着。

楚国占据着屈原的整个心灵,楚国本不会灭亡!这个信念强有力地支撑着他越来越虚弱的身体。他怀念郢都,怀念百姓,憎恨敌人,憎恨奸邪,他决心用自己的生命去警告卖国的小人,激发全国百姓的爱国热情。

屈原摸索着江边的一块光滑的石头,觉得这里就是他的楚国,就是他的郢都,就是他出生的地方,这里的土地没有被秦兵践踏过,是干净的。于是,他解下衣服铺在地上,把那块光滑的石头包了起来,用带子紧紧缚在自己的身上,然后用尽力量跳进江里。他带着永不熄灭的复兴愿望,带着这块楚国干净的土地,很快沉了下去……

这一天是农历五月初五日。

百姓相信爱国诗人不会死,每年五月五日,人们摇着龙舟,到处去寻觅诗人,他的爱国精神已经在人民心中生了根。

故事已经讲完,但是还有一个小小心结。有学生问我,为什么屈原和陆游是伟大的爱国诗人,李白、杜甫、白居易却不是?

我是这样给他们讲的——

国家安定强盛,诗人的爱国之情变得奔放而含蓄;国家处于战乱,诗人的爱国情怀就会强烈而直接。是否被后人称为爱国诗人取决于他所处的时代和诗作的内容。

屈原的《离骚》《天问》抒发了对楚国强烈的热爱之情,对后世影响极大。陆游的大部分诗作都表达了对不断衰落的国家的无限热爱和关注。他独卧孤村,仍然"尚思为国戍轮台";他临终写诗示儿,"家祭无忘告乃翁"……他们的诗作与国家的命运连在一起,他们用血泪抒写对国家对人民的爱!

诗坛的夜空群星闪烁,李白、杜甫、白居易、苏轼……这些伟大的诗人是夜空中最为耀眼的明星。他们也爱国,只是他们处于相对稳定发展的朝代而被人们淡化了这种情感。

2019年8月,我乘游轮沿江而下,朝发白帝,午至宜昌,真可谓"千里一日"。站在屈原祠前,心中涌起波澜。屈原故里不再让我哀叹,它面对雄伟的三峡大坝,浩浩江水让屈原的《离骚》有了更为宽广的内涵,175米水位高度厚厚地容下了他那倔强的爱国情怀。

三峡壮兮诗人归!国家设立端午法定节日,并且在三峡大坝边上重建屈原祠,意在纪念伟大的爱国诗人屈原,也提醒国人时刻不弃那份恒久的爱国之心。

(房春桥,瑶族,中国少数民族作家学会会员,鲁迅文学院第31期少数民族文学创作高研班学员,有散文、诗歌散见于《中国民族报》《民族文学》《散文诗世界》《飞霞》《清远日报》《贵港日报》等报刊。广东省清远市连南瑶族自治县田家炳民族中学教师。)

屈原故事三则

◎ 林文楷

屈原避祸屈原洞

宜昌市夷陵区和宜昌市秭归县都是古楚国属地,两地相连,且秭归县屈原沱是著名爱国诗人楚大夫屈原的老家。每当屈原从楚国都城郢都回家,若走旱路,必从现在夷陵区下堡坪乡中柳坪村茶耳山小溪经过。

相传楚怀王二十八年(公元前301年),屈原接到家书,说父亲病了,而且还病得很重,要他回去看望。是有很多年没有回老家了,自打从老家出来,屈原一心都在国家治理、楚国强盛上,就很少回来,这么多年,也是对不起父亲。想到父亲病重,就告假马不停蹄往回赶。离开郢都,屈原日夜兼程,一路奔波十分疲惫,到了茶耳山小溪边时,停下来歇息。屈原躺在一块石头上,因为过于疲劳,不料一躺就睡着了。屈原做了一个梦,梦见他的小妹妹穿了一身素缟来接他,泪流满面地说父亲伯庸已经病逝,哥哥咋不早些回来?听到父亲已故,屈原吓出一身冷汗。屈原醒了,回想梦中情景,十分凄凉,站起来又急行赶路。没走多远,突然听到了急促的马蹄声,前面有一队人马过来。

前面过来的是楚怀王小老婆郑袖的表弟。郑袖受宠得势,表弟是投奔表姐去的。郑袖小人,常在楚怀王面前吹枕边风祸乱朝政,与屈原有仇,正愁害屈原不得。此地遇到了屈原,荒郊野岭的,无人知晓,正好杀了屈原给表姐做见面礼。郑袖表弟便命令几个随从上来追杀。眼看就要被抓住,在这千钧一发的危急时刻,侧面的一堵山崖突然青烟升腾,穿开了一个洞口,屈原见状赶紧冲了进去。

几个随从们追到洞边,只见洞口青烟弥漫,一股寒气直从洞里往外冲,随从感到害怕停下脚步。郑袖的表弟和随从们正在犹豫,只听"轰隆"一声巨响,山上岩石崩塌,把洞口堵了个严严实实。郑袖表弟一众吓得屁滚尿流,拼命逃离,胯下的大白马也是受惊不浅,连声嘶吼,奋力挣脱缰绳,竖起尾巴朝南一气飞奔二十多里,一头撞进山里(现蛟龙寺白马洞)不见了。

郑袖表弟一行人不知了去向,天渐渐暗下来,暮色四合的时候,屈原从摞着的石缝中爬了出来,也是惊魂未定,"是洞府神灵救了我的性命",跪下来对着石洞深深地拜了三拜。

过了这座山就是秭归老家了,屈原连夜赶回家里,其情景果然和梦中见到的一样,家里设了灵堂,妹妹披着素缟,父亲伯庸已经去世。

为表对屈原的怀念,后来当地人把屈原避乱的山洞取名"屈原洞",至今仍这么称呼。

此洞高大宽阔,冬暖夏凉,可容纳百余人。

晒胖仙人是屈原

相传春秋战国时期的楚国,为了通行运输和传递信件方便,修有一些驿道,其中从都城郢都到秭归就有水旱两条。水路是长江自不必说。旱路驿道则是经当阳、夷陵到秭归。传说楚大夫屈原就多次走旱路回家,有时还是单人步行。

有一次,屈原独自一人回去探望家人,他从郢都出发,过当阳,到夷陵,风尘仆仆,长途跋涉。当时正是入秋时节,路上草木森森,夜长露重。为了早日回去与家人团聚,屈原是日夜兼程。他走了一通宵的夜路,当他走到夷陵区下堡坪乡锅厂水库这里时,已经是第二天的清晨了。古时的官服是长衣,屈原穿的是白色丝绸长袍子。由于路边草木密集露水太重,身上的绸袍早已湿了个透。加之一夜的艰辛,人也困得不行,正好天上又是艳阳高照红火大日头,不如就地休息一会儿,也好晒晒身上的衣服。好,路边正好有一方平坦干净的大石板,于是屈原便在路边的大石板上躺了下来。他叉开双腿仰着身子面朝青天,绸袍铺展在两条腿中间,像是躺在石板上晒胖巴。也是太困了,他躺下之后,很快就睡着了。

此地有一户姓陈的人家,家中陈老汉每天清晨起来放牛,屈原在石板上休息晒袍睡着的当口儿,正好陈姓老汉从此经过。陈老汉看见石板上睡着一个人,骨骼清奇,长髯白袍,腰系玉带,仙风道骨,疑为是天上仙人下凡,便伏下身来,恭恭敬敬地对着这个人拜了三拜。陈老汉也不惊动石板上睡觉的人,只是悄悄离去。

回到家里,陈老汉十分兴奋,将此事讲与家人与乡邻,说自己运气真好,今早遇到仙人了,如此这般。陈老汉讲了所见仙人的地点和容貌,乡邻们纷纷议论,其中一个有见识的人说楚国大忠臣屈原大夫就是这般容貌,这条路是郢都通往秭归的驿道,屈原大夫是秭归乐平里的人,有时就从这条驿道回家,你老看到的莫非是屈原大夫。陈老汉一想也是,没想自己遇见了屈原? 说原屈大夫真仙人啊! 陈老汉想到屈原忠诚勤恳,一心为国操劳,累得路途就睡着了。这样的大忠臣陈老汉十分敬重,是自己平生想见而不能见的人,也是有缘啊,何不请来家里做客好好招待,也让他能在床上好好歇息一下? 他忙带了家人再次来到这个地方,不料屈原一心匆匆赶路,已经离开了。

从此,当地人便把这里称作"仙人晒胖",也说是屈原睡觉的地方。说来也巧,如今站在锅厂水库大堤上,眺望传说屈原晒太阳的地方,山脉起伏朝向东南,的确很像一个叉开双腿睡觉的巨人。

朱老汉醉酒救屈原

相传战国时期,夷陵区下堡坪乡十八湾村一带,方圆几十里少有人烟。这里有一条楚国都城郢都通往归州的驿道,为方便过往行人,自己也混口饭吃,有一姓朱的老汉在道路翻山的垭口上搭了几间茅屋,开了一家升斗小米的客店,卖点酒茶饭食,也可供少量行人住宿。

屈子传说　屈原故事三则

屈原是秭归乐平里的人,为人忠诚耿直,与朝廷奸臣格格不入。楚怀王二十八年(公元前 301 年),屈原被贬。去贬地前他先回了趟老家,他一路奔波,路过此地山垭时,已是饥肠辘辘饿得不行。屈原进到朱老汉店中,讨了一壶酒自酌自饮。正在这时,店里又进来了三个人。这几个人贼眉鼠眼,一进来就打量先前进来的人。他们见屈原穿戴整洁,长须白袍,腰带佩剑,带着大包袱,心想必定是个很有钱的人,顿时生了谋财害命的邪念。这几个人相互使眼色,也一人要了一大壶酒。他们提了酒壶来到屈原桌前,假惺惺笑着给他敬酒。屈原遭贬,心情郁闷,自喝闷酒,一壶酒已喝了大半。朱老汉常年在这里开店,什么样的人没见过?屈原不止一次路过来他店里,他认识屈原。这三个家伙心术不正,他们给屈原敬酒无非是想把他灌醉后抢他财物。朱老汉心里敬重屈原,暗中保护,忙上前制止。朱老汉不让这三个人敬酒,他们极为不满,说:"你开你的店,我们敬我们的酒,都是店里的客人,关你何事?不让我们敬这位客官,你把这酒喝了?"朱老汉一边示意屈原,一边应付这三个人。屈原会意,借故去上厕所撂下半壶酒走了。

屈原出去后没再回来,煮熟的鸭子就这么飞了,这三个人十分恼火,非要叫朱老汉把剩下的三壶酒全部喝了。朱老汉平时不太喝酒,是为了救屈原才上来阻止,被逼无奈,也是为了给自己壮胆,说道:"喝就喝,还怕你们不成?"提起酒壶就一饮而尽。喝完第一壶接着又喝第二壶、第三壶,三大壶酒他一气喝完。喝完第三壶,趁自己人还清醒,他借势壮胆,厉声喝道:"你们看着,老汉喝了这三壶半酒,再和你们一人喝三壶。"说着,朱老汉提过屈原剩下的半壶酒,一仰脖子又干了。如此厉害,三个人看得目瞪口呆,心想这绝不是好惹的主,不如快快离开,站起来溜了。

三壶半酒下肚,朱老汉很快就醉得人事不省,好在这三个不怀好意的家伙已被吓走了。

(林文楷,湖北省作家协会会员。著有小说、散文、诗词多部。中国当代小说奖、中国当代散文奖获得者,散文《渔坊》被选入《2014 中国散文排行榜》。)

《屈原故事三则》（连环画） 2023
杨柳之（三峡日报社美术编辑、摄影记者）

《屈原避祸屈原洞》(连环画)

《晒胩仙人是屈原》(连环画)

《朱老汉醉酒救屈原》(连环画)

屈原精神 光争日月

◎张天一

宜昌是世界四大文化名人之一屈原的故乡,是世界人民仰望的地方。

这儿山清水秀人杰地灵,这儿文化厚重源远流长。

屈原不仅是中国第一位伟大的诗人,也是中国第一位伟大的爱国诗人,更是对中国历史产生过重大影响的历史伟人,是被公认的中国诗歌之父,是中国的诗魂、国魂、民族魂。

两千多年前,司马迁在《史记·屈原列传》中对屈原予以高度评价,通过记叙屈原的生平事迹特别是政治上的悲惨遭遇,表现了屈原的一生和楚国的兴衰存亡悠悠相关,赞颂了他的爱国精神和正直的品德。特别赞扬屈原精神"推此志也,虽与日月争光可也",为后世所铭记。

司马迁对屈原的推崇,最主要是屈原的高尚人格和斗争精神。因为楚怀王昏庸贪婪,对外则亲齐亲秦摇摆不定,对内则宠任奸佞,听信谗言。屈原虽系贵族,并非近亲;虽有远大的政治眼光和卓越的政治才能,并没得到长久的重用。

两千多年来,除历朝历代史学家们不断对屈原史料进行挖掘整理之外,更有文化大家或撰文或以诗词形式抒发对屈原的由衷敬佩之情,或亲自来三峡屈原故里拜谒屈原,接受屈原精神洗礼,获取创作灵感;生于斯长于斯的人们,近水楼台,耳濡目染,许多爱国志士和文化名流从这儿走向全省、全国和全世界。

"节分端午自谁言,万古传闻为屈原。"传说屈原投江之后,楚国百姓哀痛异常,纷纷涌到汨罗江边去凭吊屈原。渔夫们划起船只,在江上来回打捞他的真身。有位渔夫拿出为屈原准备的饭团、鸡蛋等食物,"扑通、扑通"地丢进江里,说是让鱼虾吃饱了,就不会去咬屈大夫的身体了。人们见后纷纷仿效。一位老医师则拿来一坛雄黄酒倒进江里,说是要药晕蛟龙水兽,以免伤害屈大夫。后来为怕饭团为蛟龙所食,人们想出用楝树叶包饭,外缠彩丝,发展成粽子。以后在每年的五月初五,就有了龙舟竞渡、吃粽子、喝雄黄酒的风俗,以此来纪念爱国诗人屈原。在中国历史上,一个人与一个节日、一个民俗有如此密切的关系,恐怕只有屈原了。屈原精神是在战乱纷繁、风云变幻的战国时代产生的,具有极其丰富的内涵。

《史记》是西汉史学家司马迁的著作,也是我国二十四史中的第一史,一直以来在我国历史学界享有盛名,对后世的史学家记录历史产生了重大影响。伟大的文学家、思想家鲁迅曾在《汉文学史纲要》中评价《史记》是"史家之绝唱,无韵之离骚"。

中国现代文学家、历史学家、新诗奠基人之一郭沫若为弘扬屈原精神做出了独特贡献。

郭沫若在1942年创作的五幕历史剧《屈原》，是其最著名的代表作，是作者以高度革命激情创作的一部具有强烈政治倾向性的历史剧。通过屈原对楚怀王绝齐亲秦、甘心投降的谴责，以炽热的爱国主义激情揭露和控诉了国民党顽固派对外丧权辱国、对内积极反共，迫害抗日志士的政治阴谋和卖国行径，以历史事实反映现实斗争。剧本感情奔放，充满革命浪漫主义精神，鲜明地塑造了爱国诗人屈原的形象。

郭沫若对屈原生活的家乡予以高度关注。1965年，郭沫若先生为秭归题写了"屈原故里""屈原祠"，对屈原有着深厚的感情。

回忆我们这代人对屈原的认识，也就是从历史剧《屈原》开始的。由此上溯至两千多年前，历朝历代虽然都认定屈原的独特精神贡献，但毕竟离我们很遥远。在抗日战争时期，郭沫若的历史剧《屈原》的上演，极大地唤起了中华民族的爱国热忱，其当时的影响和意义巨大。

"皇天之不纯命兮，何百姓之震愆""长太息以掩涕兮，哀民生之多艰""亦余心之所善兮，虽九死其犹未悔"……表达屈原为追求国家富强的初衷梦想，坚持高洁的品质，不怕千难万险，至死不悔的忠贞情怀，表达了屈原对祖国和人民的深爱之情。

屈原精神对宜昌人民日常生活的影响无处不在。在文学领域，走出了著名作家鄢国培、张映泉、著名诗人黄声笑、习久兰，等等。

耳濡目染、潜移默化受熏陶，屈原精神伴随人生全过程。每次踏上秭归的土地，对屈原的敬仰之情油然而生，是屈原求索精神对人生的种种启迪和人格滋养。

当年因公多次乘坐"屈原号"客轮，到秭归县城归州镇，由郭沫若题写的牌坊"屈原故里"分外醒目，成为到秭归留影的标志性景点。每到秭归县城都要参观拜谒屈原纪念馆，感受屈原与日月争光的一生。

尤其是1989年秋，受宜昌地区书画协会指定，作为时任协会副秘书长，接受了为兴建屈原碑廊创作一件赞颂屈原诗歌的书法作品的任务，以四尺宣纸行草字体，内容是明朝诗人边贡的《午日观竞渡》。这首诗从端午节期间戏水、赛龙舟的风俗开始写起，表明了诗人对屈原的思念，对异乡的端午风俗的赞同……作品镌刻于青石之上，陈列于屈原纪念馆碑廊之中。兴建三峡工程时期，碑廊随着纪念馆所有文物一道，整体搬迁至现在的秭归新县城的凤凰山。

从此，我的书法也与屈原的诗结缘。在行书练习时，重点临习了文徵明《离骚》帖，朝夕相伴好几年。在临习过程中，亦慢慢弄懂了诗歌含义。在漫长的书法学习与创作实践中，多次以小楷形式创作《离骚》，以行草形式创作《九章》《橘颂》等，在不断解读屈原诗歌之中，无论是书法还是文学乃至人生观、世界观的形成，均受益多多。

从文学创作角度，到屈原故里乐平里感受屈原。秭归屈姑国际农业集团组织的"屈姑有约"采风，作为系统了解屈原一生的源头和入口。我胸怀虔诚之心，以朝圣的心态，感受乐平里的山川河流和一草一木，静静地聆听屈原庙守庙人徐正端先生声情并茂地讲解和吟诵屈原诗歌,思绪跨越几千年。美丽的传说故事令人难忘,见证了屈原故里的人们对屈原的无比崇敬和怀念。

"鸟飞反故乡兮,狐死必首丘"是屈原《九章·哀郢》里的名句,屈原忠诚爱国的家国情怀展现得入木三分。"路漫漫其修远兮,吾将上下而求索"是屈原《离骚》里的名句,激励着世世代代的人们去探索未来、去追求真理。

近年来,本人有幸观看过中国诗歌节和年度秭归端午诗会活动,真切感受到家乡人民对屈原的由衷爱戴和深深的怀念之情。

在端午诗会期间,赛龙舟将祭祀活动推向高潮,热烈庄重,置身其中,无限感慨,由衷敬佩。历史巨人的高大形象定格在人们心中。

在学习欣赏名家诗歌的同时,自己也悄悄地写了一首七律诗《端午祭屈子》:
三闾大夫悲愤吟 / 以身报国哀民生 / 求索刚正后人敬 / 炎黄子孙铭记心
华夏端午粽传情 / 龙舟竞渡楚辞声 / 光争日月千秋颂 / 神州处处祭英灵

(张天一,男,汉族,湖北当阳人,中共党员,湖北省宜昌市交通运输局原三级调研员。中国散文学会会员,湖北省作家协会会员,湖北省书法家协会会员〈资深书法创作研究员〉,宜昌市散文学会副会长兼秘书长。传略收入《宜昌文艺家辞典》《湖北作家辞典》《中国散文家大辞典》。已出版个人散文随笔集《弯弯的河流》《随波听涛》《静静的港湾》。)

又是一年端午时

◎吴德纯

又是一年端午时,远在外地的同学回宜省亲,提议要到屈原祠去看看,一同来到了秭归县新县城屈原祠。没想到,屈原祠里繁花似锦,游人如织。听讲解员娓娓道来屈原的点点滴滴,游客们被深深吸引,我尽管来过多次,也多次聆听讲解员的精彩讲评,但我还是被屈原的故事感动,被屈子的作品震撼,被他的人格魅力所折服,作为屈乡儿女无不为之骄傲与自豪。

屈原是我国历史上第一个伟大的爱国诗人,也是一位伟大的政治家、思想家和战略家。两千三百年来,他一直活在华夏儿女心中。一年一度的端午节,划龙舟,吃粽子,赛诗会等,就是后人对他最真挚的纪念。

巴山楚水,云梦萋萋,青藤素崖,橘灯高挂。湖北秭归孕育了坚贞气节的橘树,更诞生了伟大诗人屈原。诗人在《橘颂》中曾忘情地赞美:"绿叶素荣,纷其可喜兮。曾枝剡棘,圆果抟兮。青黄杂糅,文章烂兮。""受命不迁,生南国兮。深固难徙,更壹志兮。"橘树刚毅忠贞,成为诗人眼中圣人。

屈子身为贵族,自幼便接受良好的教育,长大以后官拜左徒、三闾大夫之职,兼管内政外交等诸多国家要事。可惜时运不齐,命途多舛,屈子有着和橘一样刚毅直爽的品格,注定不能同口蜜腹剑的小人共事,遭受谗言与猜疑而被楚怀王流放。被判流放或许是屈子政治生命的结束,却是他文学生命的新生。诗人诗意的品格在被放逐和流浪的过程中充分展现出来,创作了《离骚》《天问》《九章》等惊世名篇。可怜的屈子在自己的文学世界中上穷碧落下黄泉,始终找不到能匹配自己高洁品格的地方。终于在听闻楚国郢都被秦军攻破后,挥毫绝笔一首《怀沙》,于五月初五,从容坦荡投身汨罗,以身殉国。

作为浪漫主义的诗人,屈子结束生命的方法也极度富有浪漫主义的诗意色彩。投身汨罗江,这是典型的质本洁来还洁去的优雅死法。由于对屈原崇高品格的热爱和对诗人伟大作品的崇拜,中国人民开始大范围地、自发性地祭祀屈原。祭祀的日期就定在屈原的祭日——农历的五月初五,俗称端午节。

诗人走了,但屈原的爱国情怀和民族精神对后世的影响可谓源远流长。两千三百年来,历代政治家特别是文人墨客对屈原的研究从来就没有停止过。例如,司马迁特别推崇屈原的"发愤抒情"。而班固则指责屈原"露才扬己",认为他太不懂得"明哲保身"的道理。以后各时代的文人对屈原虽然有不同的态度,但大多数是肯定的,接受屈原的积极影响,揭露封建社会的黑暗,发扬爱国主义精神。现当代闻一多、郭沫若同志对屈原的《楚辞》研究较深,贡献较大。特别是郭沫若同志的《屈原赋今译》,用现代诗歌形式准确、生动地翻译了屈原的全部作品,不仅受到了我国各族人民的喜爱,也赢得了世界人民的赞誉。屈原的作品在日、美、法、德、俄等几十个国家被译成各种不同的文字出版。一九五三年,世界和平理事会决定纪念世界四大文化名人,屈原就是其中之一。

每当那春桃、玉兰缤纷又落尽,每当那碧绿的芦苇塘又开始苍茫,每当古树的繁荫已经遮不住盛夏的烈日,我们便知道:端午的脚步声近了。这一天,全国各地,天南地北,都在祭祀屈原。虽然各地风俗各异,但有几种类似的方式:清晨早起,踏青采艾;有江河湖海的地方便有龙舟下水,健儿竞渡;缺乏水源的地区也不甘落后,组织开展更加考验团队配合的旱地龙舟;家家户户都会在这一天腌咸鸭蛋,包食粽子。在后世的逐渐演变过程中,本是用来祭祀的粽子早已逐渐演变成了一道美食。两片苇叶提前一天泡好,卷成漏斗形填入馅料和糯米,再用马莲草扎紧,上蒸笼蒸透。打开食用,粽叶香,米香,馅料香,扑鼻而来。粽子的品种大体分为甜粽和咸粽两大类。甜粽又细分为纯糯米粽、红枣粽、红豆粽等,咸粽则是肉粽和蛋黄粽并驾齐驱。中国人对于祭祀的重视和对美食孜孜不倦的追求,成就了今天粽子的美味。

在屈原的故乡湖北秭归,人们更是从未停止过对诗人的追念。千年来承载着端午习俗的历史记忆,传播着屈原爱国精神。每年五月初五黎明,人们在龙舟下水前祭江,为龙舟"披红",举行游江招魂等一系列仪式。礼毕,众人便会一起到江边安龙头下水。同时,龙舟中的击鼓人扮屈原之妹屈幺姑,呼唤:"我哥回,我哥回……"龙舟开始游动,不久舟至江心,便接唱《游江》:"安安然然回故乡,好和乡亲过端阳……"呼唤屈子魂归。

屈原,给家乡人民留下了太多太多的精神财富。为了纪念屈原,宜昌人民习惯将"端午节"叫"端阳节",并且要过"三个端阳",即每年农历五月初五为"头端阳",五月十五为"大端阳",五月二十五为"末端阳"。因为屈原,宜昌成了"中国龙舟之城";因为屈原,宜昌人吃的粽子是三角形的,带文化味儿,说那是刚正不阿、有棱有角,红枣是说那一片忠心、忠贞不屈;因为屈原,宜昌"屈原故里端午文化节"被文化部明确指定为全国唯一的端午节文化节庆活动,并在宜昌长期举办;因为屈原,屈原故里文化园成为"海峡两岸交流基地";还是因为屈原,人们记住了一个诗意村庄——秭归乐平里,宜昌成了中国诗歌之城,中国诗歌节每年都会在这里召开,届时明星大腕云集,文人骚客齐聚,精彩活动目不暇接。

其实,早在明清时期,屈原的故里——橘乡便已成立以咏骚体诗为主的自发性的民间诗社——骚坛诗社。即便当时还是旧社会,很多人都只是农民,乡人依然以读诗写赋为傲。现在,宜昌人更是在端午节运用现代信息手段传播屈原文化,传承着端午文明。端午节期间,宜昌各大中小学一般都会举行赛诗会。临近端午,关于祭祀端午、纪念屈原的稿件如雪花般从全国各地纷至沓来；端午当天，学者、名流、学生齐聚一堂，或朗诵，或表演，或挥毫，将对于端午节的赞颂一一演示；届时活动的现场视频和照片会及时推送到互联网，供全球华人观赏和学习。

宜昌是千年文脉的历史文化名城，楚辞诞生之地，现代中国诗歌之城。作为宜昌人，自当肩负起传承中华诗词这一民族优秀文化的重任：让爱国主义这一精神动脉永远流淌着新鲜的血液，传承优秀文化，传习先人优良品行，不效艾符趋习俗，但祈蒲酒话升平。让端午文化风雅中国，让屈原精神世代流传。

（吴德纯，男，湖北省宜昌市审计局干部。）

一见钟情,两情相悦

◎吴婷梅

周显王四十七年(公元前322年)。

楚国三户中的昭氏,仅次于屈氏的家族,在朝中的地位也相当高,与屈原也是远房亲戚。那段时间屈原在昭府做客,除了收获众多藏书以及享受昭老爷子垂青之爱外,还认识了很多与自己年龄相仿的昭家表亲,其中就有昭老爷子最疼爱的孙女昭碧霞。

昭碧霞是昭氏年轻一代中的佼佼者,出生在贵族家庭,知书达理,温婉善良。从小,昭碧霞就展露出了非凡的艺术天赋,在音乐方面造诣很高,在楚国有第一琴师之美誉。碧霞是昭老爷子众多孙辈中最小的,也是最受宠爱的孙女。

碧霞生得花容月貌,聪慧可人,与屈原一样喜欢读书,善于辞令,琴棋书画无所不能。那些对碧霞垂爱的少年公子,都快把昭府门槛踏破了。奈何碧霞一个也没看上,眼看到了出阁的年纪,昭老爷子很是发愁。而屈原的拜访可谓是恰逢春光雨露,将昭老爷子为碧霞寻找归宿的心思给转移了。

周显王四十六年的秋天,屈原拜访昭家。

屈原陪着昭老爷子在书房中夜以继日地苦读藏书。昭老爷子看在眼里,喜在心上,蓦然大悟自语道:"这真是天赐良缘啊,我一开始怎么没想到他呢?为碧霞择佳婿,屈原不就是一个很好的人选吗?"昭老爷子想着想着,竟孩子般的笑出声来。

碧霞跟随母亲走亲戚去了,要十天半月才能回府。昭老爷子决定把屈原留下来,待小孙女回来,二人见过面,若是互生爱慕,就成全这桩美好姻缘。

那天,屈原正在藏书室内读书,家仆匆匆进来报信:"屈公子,我家老太爷请你到他书房去。"屈原一听,匆忙放下手中藏书,起身前往昭老爷子的书房。屈原正欲开口询问老爷子有何吩咐或赐教时,蓦然瞥见屋内站着两个人——一位雍容华贵的妇人,一位美艳动人的少女。只见这妇人,一身华服,发束高绾,簪饰斜插,眉目慈祥,笑起来亲切温暖。而这少女跟妇人长得有些相像,比妇人清瘦些,衣着比妇人素雅,让人一望便觉清荷悠悠,如沐春风。

昭老爷子邀屈原坐下,轻语介绍说:"这两位是我的儿媳妇和小孙女碧霞,就是你那些表兄妹们常挂嘴边的小才女。"屈原听罢,连忙上前拜见妇人,又向妇人和小姐介绍了自己。妇人听罢,笑说着客套话,小姐缄默浅笑。

屈原先前不知二位身份,没敢仔细打量。现在细瞧,这位小表妹长得真靓丽,适中的个头,匀称的身材,体态轻盈,笑容清浅,颔首低眉地站在那里,出落得娉婷端庄。再看她那满头秀发，如瀑布般垂挂双肩，一双柳叶弯眉，描抹得似两弯新月，两只忽闪忽闪的大眼睛，清澈如湖水，一对小酒窝，不笑也含黛如烟……这样的女子，楚楚动人，他竟有些魂不守舍，意乱情迷。

这位碧霞姑娘，初见屈原有何印象呢？她刚回昭府，就被几个姐姐拉去讲了私房话，内容当然离不开来府上的客人屈原。几个姐姐在碧霞面前众口评说对屈原的印象。有说他长相俊朗，风流倜傥；有说他才情横溢，博览群书，总之把屈原夸得仙人一般。听过如此描述，碧霞便迫不及待想要见见这个素未谋面的表哥了。

不闻人声，犹见微澜。碧霞终于如愿见到哥哥姐姐口中的"仙人"。屈原果真如大家形容的英俊潇洒，听他说话便知满腹经纶，深交定然谈吐不凡。只不过，碍于初次见面，碧霞未敢与屈原有太多的搭讪。在屈原上下打量她的时候，碧霞也偷偷望向屈原，四目相对时，碧霞收回目光羞涩地垂下头，生怕屈原看出她小女子的心事。

正当两人尴尬时，碧霞母亲开口了，她笑着对屈原说："孩子，听我家老太爷说你酷爱读书，跟我这女儿倒是很对脾性。你不妨在府上多留些时日，与你这小表妹切磋一下，也好压压她狂傲的气焰，省得她仗着才学戏弄那些哥哥姐姐们。"听母亲这么说，碧霞的脸不由得一红，轻推母亲臂膀嗔怪道："我哪有欺负哥哥姐姐嘛！"了然于心，碧霞心田里情枝摇曳，蓓蕾初绽。

得到长辈的允许，两人名正言顺一起探讨起文学来。碧霞是个贤良淑德的女子，她不仅每天随屈原一起到藏书室翻看藏书，抄录书简，还主动照顾屈原的饮食起居。每到屈原读书到痴迷处，碧霞就捻脚捻手将饭菜端到他面前。屈原读书到深夜时候，碧霞还会提醒他添加衣物，并叮嘱他早些就寝。

岁月迈步，晓晴初绽，几月后的一天。碧霞被昭老爷子叫到跟前，询问她对屈原的感觉如何。碧霞虽然害羞，但是在最敬爱的爷爷面前，还是吐露了心声："爷爷，这些天与这个表哥朝夕相处，我觉得他是一个知识渊博且有礼有德之人，也是一个满腔抱负的热血男儿，一心想做楚国的栋梁之材，为百姓谋福之人。爷爷，他与别家公子少爷不同，正是孙女心中的理想伴侣。"昭老爷子听完宝贝孙女的这番话，自是喜不自胜，想想还得去听屈原的意愿。

"身无彩凤双飞翼，心有灵犀一点通。"屈原得知自是满心欢喜，早想抱得美人归呢。

那年，二九年华的屈原与碧玉年华的碧霞定亲成婚。

屈原迎娶昭碧霞，是屈氏和昭氏的珠联璧合，也是楚怀王心之向往的，只要楚国三户团结互助，楚国的阵地就不会乱。

昭碧霞嫁给屈原后，成了屈原背后的女人。无论屈原经历什么曲折坎坷，或是后来几次流放的颠沛流离，她始终陪伴在屈原身边悉心照顾，倾心陪护。屈原也是看在眼里爱在心上，对她的默默付出心怀感激。

屈原飘蓬断梗的一生中，昭碧霞的奉献精神是可贵的。她对屈原痴情陪伴，毫无怨言，后来将屈原的诗作谱写成琴曲，千古流传。奈何，家国情怀与儿女情长，屈原更看重国情，一次次直谏楚怀王,就算被流放,也不放弃为国多尽一分力量的决心。昭碧霞懂得屈原的悲欢冷暖,也感知他的悲愤无处寄,她便倾其所能给予爱,得以疗愈屈原受伤的灵魂。

"闻佳人兮召予,将腾驾兮偕逝。"犹听碧霞殷殷切切的召唤,犹见屈原策马扬鞭归故里,夫妻恩爱,你侬我侬,一同归乐园。

(吴婷梅,女,宜昌人。湖北省作协会员,自由撰稿人,微旬刊《大文坊》"人物坊"主编。散文、小说等作品散见纸刊和诸多网刊。有散文集《遇见》出版。有若干篇作品荣获各类征文奖项。)

孤影傲立何可追

◎李晓梅

归去来兮……天问际响祭君回,峡江悠鸣山河泪,冰心玉壶汨罗魂,孤影傲立何可追? 嗟兮,吁兮,悲兮,叹兮,归去来兮……

峡江苍鹰一飞冲天,奋展双翅云霄翱翔;方圆曲直不通框格,黑与白又怎能一概相量? 屈原,彪炳青史中华诗祖,世界文化名人;立清白之志、死忠贞之节,英名传扬千秋万代。

往事越千年,我们仿佛看见,屈原正奋笔疾书:"唐尧虞舜光明正大,国家兴旺昌盛;夏桀殷纣狂乱放荡,国家遭受祸殃。而今我忧心如焚,忧我楚国盛衰兴亡! 出路在何方? 在何方?"

屈原伏案而眠,渐入梦境,九嶷山拜见虞舜:"崇敬的舜帝老祖先,您'勤为民,忧苦人,只为苍生不为身',万民敬仰。我生长在楚国,山林茂密、土地肥沃、物产富饶、民众丰衣足食。可今朝国家遭磨难,有人为国家操心劳神,有人为衣食茹苦含辛,有人忠君爱国屡遭贬黜,有人欺君卖国媚上求荣,有人清正廉洁一贫如洗,有人腐败占贪万贯缠身。好端端的一个国家,被昏君们糟蹋成了这个模样,根源在哪里? 求舜帝赐一良策解怅惘。"

虞舜答道:"善有善报,恶有恶报,昏君自会失国疆。"

屈原闻言心碎,腾空而起随风而去,背负青天朝下看,山河破碎,虎狼横行,百姓流离,饿殍遍野……他痛苦地呼唤:"这就是我的祖国、我的亲人、我的百姓啊——!"作孩子拥抱母亲状,却从高空跌落。骇然惊醒方知是一梦,遂起身执如椽大笔疾书,尽情挥洒,天幕降下巨幅竹简,《离骚》问世。

洞庭湖边,屈原与渔父对饮,叹气道:"唉,上次遭流放到汉北,正赶上鱼汛丰收季。又哪知国课、河租、渔债连番来,逼迫渔民家破人亡妻离子散,苦啊!"

渔父举起粗瓷酒碗:"先生旷世奇才万人敬仰,齐王求贤若渴。先生三次使齐拒绝纳贤返楚邦,可叹熊槐、熊横双目蒙翳,实在令人可笑!"

屈原摇摇头:"我生为楚国人,死为楚国鬼,只愿大楚江山处处似锦绣、村落户户如宫阙!"

渔父冷笑两声:"三闾大夫醒醒吧! 您道是'举世皆浊我独清,众人皆醉我独醒',我看您啊,清,确实清;醒,却未必醒! 还记得女嬃阿姊从丹阳来,朝夕相伴,是怎么劝您的吗?"

远方似乎传来了女嬃的歌声:"叫一声灵均,我胞弟,你心地善良,一身正气。可你独来独往瞎碰撞,逆耳忠言他们怎么能听进去? 王朝是座黑水潭,政坛已经将你弃!"

屈原答一声:"阿姊,听我说,别人不理解我,您也不理解我? 古往今来,有道明君济世臣,无不大力推良策。先贤这样做了留赞誉,我照着这样做,又有什么错呢?"

仍有歌声传来:"你没有错,一切均是当权者在殃民祸国,国家病入膏肓无可救药,你不要痛苦,不要难过,是非功过留与后人评说!归来吧,回到丹阳,远离是非,继续你的写作。多么喜爱你的诗歌啊,那《离骚》、那《九章》、那《天问》、那《九歌》!"

"阿姊啊,一切都已晚了!我知道,自己的路该怎么走,飞天荆楚高深远,纵身洞庭更寥廓!"

女嬃惊呼:"啊,不,灵均啊——"

渔父惊呼:"屈大夫——"

屈原面对汨罗江,仿佛看到死去了的熊槐,痛斥道:"你这楚国的大王,大芈的罪人!我楚国立旗八百年、经王四十代,展五千里江山,开疆拓土,列"春秋五霸"之位,登"战国七雄"之榜,国基伟业灿烂辉煌。可现在的楚国,已经不是当年的楚国了,锦绣河山狼奔豕突。熊横比你更谬妄,齐、秦纵横捭阖忙称帝,他却忙着搜刮民脂民膏,民不聊生怨声载道,楚国大好河山将由他埋葬!长太息以掩涕,哀民生之多艰,丧钟敲响,噩耗传来,国破山河碎,民众扶老携幼四处逃亡。"

逃难民众涌来,围住屈原,急切地呼叫:"屈左徒、屈大夫、屈先生……"

屈原摇摇头:"哀莫大于心死!别了啊!我的楚国,我的郢都,我的故乡,我的丹阳!"向着汨罗江水抱石奋身一跃,腾起惊涛骇浪。

渔父与众难民惊呼:"啊,屈左徒!""三闾大夫!""快来人哪!""屈先生跳江了!"众乡亲急急划舟救人。

渔父见汨罗众乡民身挂粽子提有酒,焦急地道:"快,快!快把粽子扔到江中去,免得鱼儿们咬坏了先生;快把这雄黄酒倒进江里,免得蛟龙祸害了贤人。"

众人一起吆喝了起来:"船儿快快划呀,寻找屈左徒,划遍浩浩重湖洞庭,划向滔滔楚峡西陵!"汨罗乡民划起了龙舟。

女嬃立于西陵峡礁石上呼唤:"灵均,归来吧!归来哟,我弟灵均!"唱道:"归到故乡丹阳,返回九畹不再背井离乡。灵均啊,归来吧!为什么还要滞留远方?归来吧,返回故居,乡邻礼敬有加,放歌江上。唱罢《涉江》再唱《采菱》,更有《激楚》一曲音凄扬。灵均我弟啊,归来吧!阿姊盼弟归,快快回故乡!"

两千年光阴如梭,而今西陵峡江,龙舟竞渡。歌声仍回荡在山谷:"骄阳,映照着巨鱼坊山谷,那是烈焰燃烧在屈子故土,年年五月,岁岁端午,今又端午!"

一阵凄美的女声传来:"云雾,抹过西陵峡苍白的悬崖,那是招魂的灵幡在悠悠飞舞,年年五月,岁岁端午,今又端午!"

一阵雄壮的男声传来:"龙舟,鼓声催动,万桨竞渡,只因悲歌千载冤,忠魂逝于楚,年年五月,岁岁端午,今又端午!"

更加悲壮的祭奠歌声响起:"角黍,白瓤绿肤如粒粒哀思坠江底,只为托起屈左徒,只为托起三闾大夫,年年五月,岁岁端午,今又端午!"

（李晓梅，女，宜昌市公安局西陵区分局退休警察。中国戏剧文学学会会员，公安部公安文联作家协会会员，湖北省作家协会会员。在全国各级报刊发表小说、影视剧本、散文、诗歌、歌词、随笔等各类作品百多万字，并多次获奖。）

作   者:杨千石

作品名称:草书《入不言兮》

作品尺寸:57 cm×21 cm

释   文:入不言兮出不辞,乘回风兮载云旗。悲莫悲兮生别离,乐莫乐兮新相知。屈原《九歌·少司命》节选 壬寅冬月 千石

钤   印:敬事 杨氏 千石 抱山居

入不言兮出不辞，乘回风兮载云旗。悲莫悲兮生别离，乐莫乐兮新相知。

屈原九歌少司命节选

壬寅冬月　书

粽子余温

◎魏以进

少时,粽子是稀罕物,至于它所承载的文化内蕴更是闻所未闻。这种国人皆知的食品,还是父亲告诉我认识的。父亲生前也是一介书生,山里长大的他,大学毕业后又申请去了山里——屈原故里秭归。那时的秭归是湖北省的贫困县,交通不便,生产落后,一切都处于蒙昧状态。父亲之所以选择那里,除了青春的激情,皆缘屈子的情思,为了理想,为了播撒教育的情怀。

那是一九五八年夏天,父亲从武汉师范高等专科学校(现湖北大学)一毕业,就义无反顾地去了长江臂弯里的秭归县,做起了培训老师的老师。在四年多时间里,他翻山越岭,走街串巷,把青春的智慧和汗水撒向了那里的山山水水。父亲的心中一直装着一个屈原,一个向命运抗争的不屈的灵魂。父亲不仅仰慕屈原的人品,而且特别喜爱屈原的作品。我看过父亲生前的讲义,他是这样评价屈原的人品和作品的:屈原的作品充满了积极的浪漫主义精神。其主要表现是他将对理想的热烈追求融入了艺术的想象和神奇的意境之中。屈原浪漫主义的创作手法对后世文学创作影响深远。特别是中国唐代伟大的浪漫主义诗人李白,还有意识地学习屈原积极的浪漫主义的创作手法,在诗篇中大量植入神话传说、历史人物、日月风云等意象,构成一幅幅雄奇壮丽的图画。父亲也尝试着写诗,描写秭归的风土人情,讴歌勤劳的秭归人民,抒发自己建设屈原故里的志向。无论是语言,还是情感,都令我敬仰。

受父亲的影响,我也对屈原产生了兴趣。后来,我知道了,作为一个伟大的诗人,屈原的出现,不仅标志着中国诗歌进入了一个由集体歌唱到个人独创的新时代,而且他所开创的新诗体——楚辞,突破了《诗经》的表现形式,极大地丰富了诗歌的表现力,为中国古代的诗歌创作开辟了一片新天地。楚辞这种诗歌样式无论是在句式还是在结构上,都较《诗经》更为自由而且富于变化,因此能够更加有效地塑造艺术形象和抒发复杂、激烈的感情。能爱上文学写作,在繁杂的尘世中坚持不变的情怀,都是因为父亲把屈原的精神和品格介绍给了我,一个纯粹的人,一个有着追求的人,不能没有信仰,更不能因为现实的压力而自我妥协。

父亲走了,但他讲给我听的故事还在。由于工作的性质,父亲时常需要下乡。有一回,父亲在秭归磨坪的一所中学里,听一个年长的老师讲了一个关于屈原的故事。当年,屈原

屈子传说 粽子余温

在朝中做官,一度权倾朝野,朝廷上下无不艳羡他的呼风唤雨。有一年大旱,粮食歉收,民不聊生。屈原受朝廷派遣,到民间巡查,回到了家乡。看到路边奄奄一息的灾民,他心中悲愤,眼泪忍不住直往下流。地方官员看到了,询问原因。屈原强忍痛苦,一字一顿地说,民情如此,如何不痛?地方官员听了,连忙安慰他,希望屈大人不要过度伤心,先去喝茶歇息,吃饭饮酒,再作打算。屈原一听,怒火中烧,厉声呵斥,百姓如此,岂能吃喝?遂拂袖而去。地方官员见状,急忙赔罪,恳求屈原息怒。屈原虽是钦差,可他心里清楚,旱情如此严重,百姓连年饥馑,长此以往,天下恐难太平。他顾不上鞍马劳顿,察旱灾,访民情,准备把实情上报给朝廷。那天艳阳高照,田里的土都已裂开了口子,像鳄鱼张开的血盆大口。屈原和随从的马匹要饮水,就向一老农讨要。老农没好气地说,人都快要干死了,哪还有水给牲口喝?屈原知道,天下大旱,老百姓没有饭吃,心里有怨气是肯定的。屈原当即决定,把自己的马车送给百姓去长江运水,浇庄稼,煮饭吃。老农傻眼了,把这么贵重的东西送给自己,无论如何都不能要。正在他不敢相信眼前的事实时,屈原和他的随从早已走远了。老农牵着屈原送给他的马车,眼里噙满了泪水。回到朝廷后,屈原立即上书国王,建议兴修水利,改革吏治,重用贤臣,体察民情。可惜屈原的一片苦心,都化作了青烟。眼看吏治腐败,民不聊生,君王昏庸,屈原绝望了,毅然决然地投了江。屈原的壮举,震惊全国,百姓自发地来到江边,向江水中投放食品,免得鱼群伤害了先生的遗体。那个得到过屈原赠送马车的老农闻讯,伤心欲绝,直骂老天瞎了眼,让这么好的人离开人世。他跑了几十里路,把家里能吃的东西全都投入了长江中,只求鱼群不要伤害先生的遗体。老农怎么也不明白,把百姓捧在手心的人,怎么会遭遇这样的厄运。政治倾轧,权力之争,离百姓虽远,可终究会波及民间,伤害到普通的老百姓。

  从那以后,每到端午,老农都要怀揣刚出锅的粽子步行几十里山路,来到长江边上,跪在奔腾的江水边,把还有温度的粽子一个一个地放到水中,高呼着先生好走,鱼儿莫动,百姓心中装着先生,先生不死,先生活在大伙心中。后来,老农走不动了,就要他的儿子背着他来到江边,把亲手做的粽子放到江水中,让粽子去陪伴先生的英灵。年复一年,老农离开了人世,他的子孙接着把煮熟的粽子送到江水中,护佑先生的英灵。直到现在,老农所在村子的同姓族人中仍保持着端午送粽子的习俗。他们知道,是屈原救了他们的祖宗,也是屈原的精神激励着他们一代一代奋进在岁月的长河中。

  岁月是一部奇丽的楚辞。受故事的感染,父亲在教学中一直推崇屈原的精神和诗歌,用屈子的光辉照亮学生的内心世界。调回家乡宜昌县时,父亲带回了屈原的诗歌和包粽子煮粽子的方法,直到后来我记事起,才知道父亲从屈原故里带回了一种精神和品格的载体,一种寄托怀念与表达情感的象征。那时家贫,没有包粽子的原材料,可父亲总要给我们讲屈原的故事和作品。我记得最熟的就是"路漫漫其修远兮,吾将上下而求索",只要一想起这句充满了正能量的诗句,我浑身便热血沸腾。转眼,父亲已走了十几年了,但他讲给我的屈原的故事和品格还在我脑海中延续与光大。每当吃着温热的粽子,我便想起了屈原,一个带有为民情怀的爱国诗人;也想起父亲,一个把屈原精神传承给我们、爱学生胜过自己孩子的老师。

(**魏**以进,宜昌市作家协会会员,有百余篇散文散见于香港《文汇报》《湖北日报》等报刊,出版有散文集《故乡魏家坡》。)

《橘颂》绝唱传千古

◎ 李雅靓

那是一个美好的春天，一位婴儿在楚国丹阳秭归呱呱坠地。那年正值寅年，恰巧又是寅月寅日，古人有云"人生于寅"，是真正符合"人"的生辰，注定了他的一生定不平凡。他的父亲仔细端测他的生辰后，取名正则，字灵均。在当时有着"言正平可法则者，莫过于天；养物均调者，莫神于地"的说法，同他的出生年月日配合起来，正符合"天开于子，地辟于丑，人生于寅"的天地人三统，乃是吉兆，也寓意他能守正而重法度、良善而公平。他没有辜负父亲的期许，虽历经坎坷，但高洁忠诚的他，不断求索，不忘初心，为国家奉献了自己的一生。从"后皇嘉树，橘徕服兮"到"遂古之初，谁传道之"，再到"路漫漫其修远兮，吾将上下而求索"，他的这种炽热的爱国情怀和敢于发问的求索精神，更是影响了此后的两千多年。他，便是享誉中外的伟大爱国主义诗人，屈原。

在中国文化史上，屈原有着不可取代的地位，宋代大文豪苏轼曾说："吾文终其身企慕而不能及万一者，惟屈子一人耳。"唐代诗仙李白更是有"屈平辞赋悬日月，楚王台榭空山丘"的感慨。就连伟大领袖毛主席也非常推崇屈原，曾经对苏联汉学家费德林说："屈原的名字对我们更为神圣。他不仅是古代的天才歌手，而且是一名伟大的爱国者，无私无畏，勇敢高尚。他的形象保留在每个中国人的脑海里。无论在国内国外，屈原都是一个不朽的形象。我们就是他生命长存的见证人。"

两千多年后的今天，屈原的家乡宜昌秭归，已被誉为中国诗歌之乡，而且还是中国的脐橙之乡。屈原的一首《橘颂》，每每想起总会让人热泪盈眶："后皇嘉树，橘徕服兮。受命不迁，生南国兮。深固难徙，更壹志兮。"皇天后土孕育了这美好的橘树。这些橘树生来就适应南方的水土，禀受天命，不离故土，永世扎根在楚国的土地。《橘颂》是从屈原生命中萌发出的一篇诗歌，对楚国的热爱，伴随着他的成长。相传屈原小时候，楚宣王让年幼的楚怀王熊槐到兰台跟宗族子弟交朋友，其他宗族子弟顾忌熊槐的身份，不敢接受他带来的橘子，只有屈原愿与熊槐相交并成了很好的朋友。有次屈原与熊槐相约在橘园吃橘子，熊槐对屈原说手中的橘子酸，屈原便毫不犹豫地将自己手中的甜橘子给了他，熊槐吃后非常开心，他心中感叹，和屈原说道："祖父告诉我，只有南国才有橘子吃，想吃橘子就不能离开楚国。"而后一段岁月，橘子便成了二人友谊的见证，也是《橘颂》创作的萌芽。屈原少年时期，和熊槐的友谊越发坚固。有次熊槐吵着要屈原手中的橘子，屈原笑他说："王子，都是一样的橘子，到你嘴里就酸了？"少年熊槐一边吃着屈原的橘子一边说道："甜的，你手里的橘子总是甜的。"屈原调侃道："你父亲做了楚国的大王，你都做王子了，还抢我的橘子吃。"听到此处,熊槐一改平日的嬉闹,郑重地对他说道:"父王改名了,叫商,商於之地的商。"屈原听后神情悲伤,他皱着眉,看着熊槐说:"商於之地,是楚国的发祥之地,秦国夺走了它,赐给了大良造卫鞅。"说完看向商於之地的方向。熊槐握紧了拳头,顺着屈原的视线也看向商於之地的方向:"父王一定会把商於之地拿回来的。"屈原听后开心地看向熊槐:"真的?"熊槐雄心壮志地说道:"等拿回来,我让父王把商於之地封给我。"看着踌躇满志的好友,屈原正色道:"你想干吗呀?"熊槐负手而立,豪情万里地说:"种橘子!"屈原听后连连拍手称赞:"这样就有吃不完的橘子啦!"

　　日月交替,岁月更迭。此时的熊槐已经继承大统,成为楚怀王,他看着手中的《橘颂》,不由得连叹三次:"写得好!"转身看向屈原,激动地说道:"这篇《橘颂》一定能流传于后世,成为千古绝唱。"他将写着《橘颂》的竹简交予屈原,神情坚定地说道:"当我的三闾大夫,将这篇《橘颂》教授给所有的宗室子弟。"屈原听后热泪盈眶,连忙点头:"好! 我要教所有的人爱国家,爱人民,上下一心,收回商於之地,强大楚国。"楚怀王听后甚是欣慰,从随从那取过两个橘子,随手丢给屈原一个:"私下我们还是最好的朋友。"仿佛又回到儿时的时光,屈原拿着橘子,感动地点点头:"对,我们还是最好的朋友。"楚怀王瞅了瞅屈原手中的橘子:"我怀疑你的橘子呀,比我的甜。"屈原看着耍赖的楚怀王,哪里还有一国之君的模样?"那换换呗。"说完便把手中的橘子抛给了楚怀王,楚怀王和屈原一边吃着手中的橘子,一边又开始斗嘴。楚怀王:"嗯,好甜。"屈原:"嗯,我的也甜。"楚怀王不服地说道:"我的甜。"屈原朝他摆摆手:"我的肯定甜。"楚怀王将剩下的橘子一把剥下,毋庸置疑地说道:"肯定是大王的甜。"说完将橘子送入口中,大笑而去。

　　屈原与楚怀王因橘结缘,一句简单的"你手里的橘子总是甜的"道出多少楚怀王对屈原无条件的信任之情。能够成为熊槐儿时的玩伴,少年屈原无疑是幸运的。楚怀王即位之初,群臣以"屈原毫无经验,无德无能"为理由,阻止楚怀王封屈原为三闾大夫,楚怀王勃然大怒,当场大喝道:"若说没有经验,那寡人也没有经验,诸位大人是何用心?"而后更是在朝堂之上亲自诵读屈原的《橘颂》,大臣们听后质疑道:"只是一首咏物诗歌而已。"楚怀王冷哼一声:"这何止是一篇诗歌。"并示意屈原讲述《橘颂》的真正含义。屈原本是高洁之人,哪还能容忍奸佞之臣的污蔑,他背负双手,意气风发,盯着众人说道:"这是楚人的立身之本。橘树生于南国,如我等生在楚国一般。既然生在这里,就应像橘树扎根热土,为国家之富足繁茂自己,为国家之强大奉献自己。这不仅是宗族子弟应该有的美德,更应该是天下楚人,都应有的美德啊!"还未等众臣回过神来,楚怀王浑厚的声音又在朝堂上响起:"爱家国,是人人应具有的美德。寡人愿做一棵橘树。"屈原听后甚是感动,转身面向亦君亦友的楚怀王:"屈原愿做一棵橘树,扎根故土,爱我家国。"这时群臣才听懂其中意味,接连附和。随即楚怀王亲自给屈原赐三闾大夫印。得此恩宠与信任,屈原心中豪情顿生,势要为楚国的兴盛鞠躬尽瘁。

　　此后屈原官至左徒,为楚国制定新法,励志图强。在楚怀王的支持与重用下,屈原亲自参与法律制定,提倡"美政"。对内改善民生,增强军备;对外交好诸国,促成合纵。怀王初年,曾争到合纵之长,楚国成为新兴大国,可与秦国比肩,国家实力达到顶峰。

  这篇《橘颂》是屈原的早期作品,他用橘子这个意象来见证他与楚怀王共同成长的经历,而且那是他对楚国土地、对那片土地上的人民的一种情感的隐喻,而且还是他对自身的一种期许。时隔 2000 多年,我们仍然深深感慨于屈原初心未改的家国情怀和一心为民的"美政"之思。因为它凝结了中国人数千年来对爱国的那种浓烈的情感与最深厚的寄托。"路漫漫其修远兮,吾将上下而求索",屈原不仅为我们留下了在世界文学史上熠熠生辉的文学瑰宝,更是将他勇于探索的思想精髓和情牵百姓的家国情怀,镌刻在华夏文明绵延不断的血脉之中。

  (李雅靓,女,汉族。1995 年出生,湖北宜昌人,本科学历。毕业于湖北师范大学,现任湖北省宜昌市伍家岗区梧桐邑幼儿园教师。)

屈原的"私房菜"

◎ 彭定新

屈原是伟大的爱国者,楚国政治家,浪漫主义诗人。他还是一位美食家。

翻开《楚辞》里的名篇《招魂》,可以看到大篇幅关于美食的描写。我笃定是屈原的"私房菜"。

《招魂》节选如下:

室家遂宗,食多方些。稻粢(zī)穱(zhuō)麦,挐(rú)黄梁些。大苦醎酸,辛甘行些。肥牛之腱,臑(ěr)若芳些。和酸若苦,陈吴羹些。胹(ěr)鳖炮羔,有柘(zhè)浆些。鹄酸臇(juǎn)凫,煎鸿鸧些。露鸡臛(huò)蠵(xī),厉而不爽些。粔(jù)籹(nǚ)蜜饵,有餦(zhāng)餭(huáng)些。瑶浆蜜勺,实羽觞些。挫糟冻饮,酎(zhòu)清凉些。华酌既陈,有琼浆些。

这段2000多年前的文字,读起来有点艰涩,这是描写屈原家族聚餐的情形。先认字:稻,大米。粢,小米。穱,早熟麦。黄粱,黄小米。腱,蹄筋。吴羹,吴越之地浓汤。柘浆,甘蔗汁。鹄,天鹅。鸿,大雁。鸧,即鸧鸹,一种似鹤的水鸟。臛,肉羹。蠵,大龟。粔籹,用蜜和面粉制成的环状饼。饵,糕。餦餭,麦芽糖,也叫饴糖。酎,醇酒。把五谷杂粮掺和在一起叫"挐"。"臑"是放在小火上炖烂。"煮"称为"胹";"烤"叫作"炮";"露"借为"卤",或曰借为"烙",等等。

可见,聚餐时,从吃的到喝的,从主食到甜品,从大菜到拼盘,应有尽有,让人眼花缭乱,叹为观止。不仅如此,还有烹饪方法。简单翻译成白话文,就明白了:

家里的餐厅舒适堂皇,饭菜多种多样。主食有大米、小米、新麦……还有最上等的高粱米掺杂。烹调的味道有酸、甜、苦、辣……五味俱全。肥牛腿上的腱子肉,炖得又香又烂,芳香扑鼻。散发着酸味的汤,加上一些特制的黄豆,真稠,正宗吴国大师傅的手艺。清炖甲鱼肉,烧烤小羊肉,拌上甜酱,最为可口。干烹天鹅肉,烧烤野鸭肉,大雁肉在锅里煮起来直冒油。卤鸡和焖龟的味儿地道,香喷喷的。米面煎的点心味道香甜,上面还涂满了浓浓的麦芽糖。浓郁的美酒醇厚,甜得像蜜一样,满满的,喝了一杯又一杯。如果冰镇一下,喝起来更醇香可口,通体都会觉得清凉舒爽。摆好华美的酒器,里面盛满醇厚的美酒。

现在挖掘屈原"私房菜"已成为一种文化现象。将屈原家的"私房菜"重新摆上餐桌,在继承的基础上创新发展。一道道带有古朴屈风的珍馐佳肴,深受现代人的喜爱,有文化大餐的情调。

大米、小米掺着玉米煮饭,就是如今流行的五谷丰登杂粮饭了,也叫金包银。炖煮肥牛腱子肉,就是家常的炖牛肉了。用牛腱子肉做卤牛肉,是最好的下酒菜。清炖甲鱼汤,不再名贵。白水煮野鸭,就是白切鸭,当然野鸭是保护动物,不能吃,家鸭也凑合。煎大雁和鸽鸟,跟我们常吃的炸乳鸽一脉相承。还有"露鸡",露通卤,卤水鸡,在今天也是一道常见的美食。"炮羔",是指烤羔羊肉。但是"炮"在古文里代表的是一种烹饪技法,大致等同于我们如今流行的放在火上用锡箔纸包裹烧烤或者在火堆的灰烬里焖熟。

当然这些美食,是要烧酒陪伴的。吃烤羊肉时,喝点凉茶,可以清火,通体凉爽。

具体介绍宜昌几道菜品,可以看出开发者把《楚辞》精神理解得透彻,做出来的菜品富有地道宜昌风味:

古菜名:炮羔。现菜名:烤全羊。

宜昌市夷陵区黄花镇成祥养羊专业合作社烤全羊有讲究,很出名。成祥烤全羊出自全国劳动模范李红艳之手。羊是宜昌白山羊,全国农产品地理标志,养羊专业合作社繁育养殖的;烤箱是特制的,电脑控制;调料是专用配方。李红艳提供烤全羊全产业链服务,在宜昌周边有一定市场。

新鲜出炉的烤全羊金黄色,焦香四溢。吃的时候,割下热气腾腾的羊肉,也可直接用手撕,再加点配菜洋葱拌黄瓜,一口下去,羊肉喷香。可直接吃,也可蘸佐料吃。仔细品味,每一块肉都饱含汁水、柔软细嫩,一点也没有其他烤肉那种干涩的感觉。

古菜名:肥牛之腱。现菜名:牛腱子肉。

牛身上最好吃的部位绝对是牛腱子肉了。牛腱子肉是牛大腿上的肌肉,有肉膜包裹的,内藏筋,硬度适中,纹路规则,最适合卤味,但用来红烧更为好吃,不油腻,不塞牙,入口软糯化渣,也可加入白萝卜、笋子等一起红烧。汤汁浓香鲜美,可用来煮面、烫米粉做早餐,一点都不会浪费。

在宜昌,好牛肉出自牛郎山牛业小镇。在枝江市仙女镇,牛郎山有1500亩自有牧场、12栋标准化牛舍,可存栏1200头肉牛。牛是优良品种夷陵牛,以非转基因玉米、大麦、黑麦、酒糟、青储等谷饲为主喂养。自建屠宰分割车间,0~4摄氏度排酸,按国家标准精细分割生产,根据烹调方式选择不同部位,纷繁需求,尽可畅享。在城区中南路湖北牛郎山餐饮管理公司牛味央餐厅,就有各种各样的牛食品,什么牛气冲天、水煮牛肉、红烧牛肉、酱牛肉等,牛的各部位都可以做菜,牛蹄筋、烧牛脚、牛杂等,当然卤牛腱子肉最畅销,是"网红"菜。牛味央餐厅是典型的生态全牛宴文化主题餐厅。

端阳蒸五黄、屈姑唤哥鮰鱼、椒酱肺鳖、橙皮牛肉、屈乡蒸腊蹄、青滩嗦嗦丢等品种繁多,不一而足。

在屈原的故乡秭归,开发屈原家宴最为成功,品牌最为响亮。勤劳智慧的秭归人民对家乡的热爱融进了一道道菜品。以屈原曾经歌咏的香草、柑橘入味烹调,开发出秭归独特的药膳宴、脐橙宴,令游客大快朵颐,赞不绝口。如粽橙之恋是用秭归脐橙果肉、果皮和果汁秘制而成的脐橙酱均匀拌在糯米里做成的脐橙粽,用料非常讲究,手工裹粽。包粽子的箬叶来自秭归本土,富含丰富的氨基酸,粽子软糯微甜、橙香四溢,橙皮解油腻助消化,营养丰富。

2018年,"中国美食之乡"花落秭归,屈原家宴被评为"中国名宴",古法炮羔羊、端阳蒸五黄等14道菜被评为"中国名菜"。

(彭定新,男,湖北省作家协会会员,供职于湖北省宜昌市总工会。)

生命的加持

◎ 张 雷

艾蒿是从何时起植根脚下古老的土地？这一生物学命题已无法考证。在史前遥远的人类记忆中，艾蒿早就已经进入祖先的视域，熏染了他们颠沛流离的生活。

"彼采艾兮，一日不见，如三岁兮。"长在《诗经》里的艾草，一出场，就跟浪漫建立了关联，弥散着持久的缠绵。"合百草兮实庭，建芳馨兮庑门"，芳香清远、样式繁多的香草构成了瑰丽的楚辞世界。而自《楚辞》遗世之后，艾蒿则以一种低伏、纤弱、坚韧、顽强的力量，将农历五月的艾香酝酿成一种亘古的习俗，一直延续至今。

艾蒿的生命历程，自始至终演绎着朴素的辩证。荒郊的野草、时令节气的本草、辟邪的神物、上天惠赐的草药、端午节的关键元素，这一个个身份标签让平凡的艾蒿充满了神话色彩，为这草根植物增添了无穷的魅力，构成扑朔迷离的艾文化，伴随了人类多少个世纪，至今仍以相生相克的道承，续写着和光同尘、和谐共生的传奇。

艾蒿是有灵性的植物。它们生于隐逸的荒郊，却有着入世的情怀。万木葱茏、百花竞放的季节，乡间的田野，城市的郊外，潺潺的河边，到处可觅见它的踪迹，绿蓬蓬地扎堆长着，与千千万万不知名的野草一起，随遇而安，随风摇曳，因循着四季的天道，诉说着枯荣的轮回。

艾蒿的出身可谓低微。它没有艳丽的花，娇媚地为春增色；也没有伟岸的身姿，用一树堆绿的云鬟独撑起一大片春色，从来也不曾想跻身于千娇百媚的观赏草本之列。它仅有一茎苍翠，昂立于荒野，自然、质朴而又本真，听命于季节的召唤，顺从春天的安排，以一丛丛挤挤挨挨的牵攀，只为着荒原铺天盖地的锦绣布局。

春天原不是因为繁花似锦、浓妆艳抹，而是因了万木竞秀，因了接荒城的晴翠和碧连天的芳草，也因了艾蒿，才支撑起错落有致、多姿多彩、雍容华贵而又接地气的春，才有了春天多样性的包容……

然而艾蒿绝不是庸碌的杂草。郁郁葱葱、生机盎然的艾蒿，不惧风雨，不畏炎热，无论生在哪里，都给人一种精神饱满、积极向上、执着达观的力量。气味的芳烈和颀长的身材相对于遍野臣服的野草无疑具有很高的辨识度，一丛艾蒿在田野里总是显得那样的突兀，那样的鹤立鸡群别具一格，自然傲立于荒野，接受春的检阅，迎接短暂一生中的高光时刻。微风吹过，数片嫩叶任凭春风胡乱地翻阅着小小的心思，对着春天，对着陌生的路人报以最热烈最真挚的欢迎。

故乡五月的艾蒿，芳香四溢，流年不减。

"风来蒿艾气如薰"。芒夏五月的艾蒿烈性最强。谁也想不到,荒野贫瘠的土壤竟能孕育如此芳烈的气味,牛羊闻到这种气味躲得远远的,敬畏它傲然的身姿和张扬的气味。这是一种类似于野菊花的辛香,但野菊味偏苦,艾蒿的香气更绵长耐闻。这种气味与生俱来,暴露了它的中草药身份,让祖先很早就能辨识它的药性,熟悉它的脾气,确定它的疗效。这种气味有着强大的传播力和穿透力,兼具春天的浓烈和夏天的热烈,只需一株,蒸腾扩散的辛香就能铺陈一片属于它的领地。无论是春天还是夏天,大自然需要这种气味来烘托一个个活色生香、五味杂陈的季节。

　　很多人见过艾蒿,却没有见过艾蒿的花朵和果实。这是因为艾蒿每年7至10月开花结果,端午前后大部分艾蒿还来不及开花结籽,就被艾刈收集,并与菖蒲扎成一束,悬挂于寻常百姓家门口,担负起守护净化、辟邪驱瘴的重任。其实,艾蒿的初心,就是用蓬勃的生长默默地为春天争辉,用芳香和高洁净化梅雨季节毒虫肆虐秽气弥漫的人间,用扎成虎形的图腾以应节景,禳解灾异,祈求平顺。酷热难耐的时节,细嗅艾蒿清凉的辛香,清脑提神,明目聪耳,活络通筋;触摸它亭亭的身姿、蹁跹的叶爪,仿佛又能回到万物葱茏的原野,又一次感受到料峭甘冽的春寒。

　　"无意争颜呈媚态,芳名自有庶民知。"艾,这根植大地的草本,却有着普济苍生的情怀。在靠天吃饭的漫长岁月里,芸芸众生如蝼蚁、如草芥、如微尘,野生的艾蒿与草民相伴相亲,同病相怜,生死相依。凄风苦雨贫病交加的日子里,困厄的人们采摘随处可得的艾蒿洗去病痛,驱逐毒虫和瘴疠,熏走恐慌和惊惧,维护家人的平安和心灵的安宁,醇厚的草本清香在茅屋氤氲,缕缕辛香长久地抚慰着他们。艾蒿这数千年村落的守护神,让苦涩的生活有了丝丝芬芳,给困顿迷茫的人们点亮了一盏希望的明灯。

　　千百年来,艾蒿承载着人们对健康平安的祈愿,已成为端午的一个元素、芒夏的一个符号、生命的一份加持。艾蒿法力无边,可内服,可外灸,可熏亦可洗,可医病痛的身体亦可医不宁的心神。每逢瘟疫之年,都是艾叶丰产之季,这是大自然赐予人类抵御病邪的武器。艾蒿与菖蒲、粽子一起,为屈子代言,为端午代言,为大地代言,为文化代言,是节日给了它生命的意义,是时令撮合了缘分,赋予它神圣而又亲民的宿命。

　　端午节每年只有一次,然而人们对家庭平安、幸福、顺遂有着永恒的祈愿。家家户户门口的艾蒿忠诚地履行着看家护院的使命,记录曾经邂逅的热烈奔放的岁月流年,记录缠绕着芬芳的光阴。炎热的季节耗尽艾蒿的鲜绿和芳香,它默默褪去青春的颜色,小心翼翼地收敛每一片叶掌,匆匆收拾离别的行装,回归简淡素净,紧紧依附在蒿秆上,依然保留朴质挺拔、严格自律的姿态,作别烟火人间,作别浮世绚烂的虚华,去开启另一段生命的轮回……

　　(张雷,男,江苏省散文学会会员,作品散见于《青春》《佛山文艺》《躬耕》等期刊。)

遇见屈原

◎杨 芳

　　知道屈原这位伟大的爱国诗人,缘于读书年代老师讲述端午节的来历、划龙舟、吃粽子,还有对《楚辞》的逐步了解,对《离骚》中"路漫漫其修远兮,吾将上下而求索"这句话的崇拜和神往。

　　那一年的秋天,刚参加工作的我有幸在秭归老县城学习一周。那是我第一次到屈原故里归州,记得先是乘坐轮船,下船后沿着青石板路走一段台阶,来到一座古老的小城。印象中的老县城依山傍水,小巷里步履蹒跚的老人和蔼可亲,活泼可爱的孩童从小巷的这一头奔跑到那一头,人们说话多是轻言细语。这让漫步小巷的我想起陆游的诗:"江上荒城猿鸟悲,隔江便是屈原祠。一千五百年间事,只有滩声似旧时。"顺着台阶走上去,走进那透着历史沧桑印记的屈原祠,依稀记得那里有"屈原故里"的高大门楼,有屈原的衣冠冢,还有清嘉庆年间归州人民镌刻的屈原像。从此,由书本和故事到身临其境,屈原的形象在我的心中变得越来越清晰。后来修建举世瞩目的三峡大坝,屈原故里搬迁到新县城,归州古城淹没于滔滔江水下。

　　秭归新县城内的屈原祠,有古朴庄重的山门楼牌,白墙黛瓦的楼房,依山修建的纪念馆、回廊,满山都是橘树。我来到这里,自然而然地想起两千年前让楚地美名远扬的《橘颂》,橘树宛若屈原高洁的象征。漫步纪念馆,在这里了解屈原的族谱生平;绕着回廊前行,在这里欣赏《离骚》《九歌》《九章》《天问》石刻,仿佛穿越千年和屈原对话,聆听诗人用生命呼唤祖国,感受爱国之情。陈列馆里的三闾大夫屈原栩栩如生,他站在那里,深情凝望着青山绿水,仿佛吟诵着《离骚》:"路漫漫其修远兮,吾将上下而求索。"

　　2019年的秋天,我在荆州方特东方神画,有幸观看了《屈原》剧。远古的楚乐声中,我看到了面容清瘦的屈原,他腰挎宝剑,宽大的衣袍被风吹起,迎风傲立。水墨画上出现了屈原的许多诗句,画面拉近到汨罗江,一身白衣的屈原缓缓沉没江底。刹那间,心仿佛擂鼓般重击,眼泪夺眶而出……厚重的竹简打开,我看到了勤奋好学、刻苦练剑的屈原,战火纷飞中出使齐国、联齐抗秦的屈原,被流放到江北的屈原,身怀民族大义、悲而投江的屈原。舞台上的屏幕里,一只凤凰浴火重生,飞翔俯瞰荆楚大地,屈原以另一种形式长存于世。整个演出如梦似幻,全息投影和真人表演令人叹为观止,坐在观众席上的我心潮起伏,仿佛穿越千年,看见屈原波澜壮阔的一生,领会到楚文化的独特魅力。

　　"长太息以掩涕兮,哀民生之多艰。"翻阅《离骚》,今天的我们读到这里,每一位中华儿女仍为屈原深情浓醇的民生情怀而感动唏嘘。屈原是属于宜昌的,是中国的,更是属于世界的,1953年屈原被列为世界文化名人加以纪念。千万次的呼喊,几千年的召唤,人们包粽子、划龙舟、插艾蒿、做香包……给孩子们讲端午节这个节日的来历,讲屈原的爱国故事。老百姓用这些方式帮助孩子们了解屈原,遇见屈原,让孩子们从小受到教育,让屈原文化润泽四方。"路漫漫其修远兮,吾将上下而求索。"今天的我们深深地怀念屈原,愿屈原精神永世长存、代代相传!

(杨芳,女,70后,土家族,小学教师,中国散文学会会员,湖北省作家协会会员。有散文随笔在《新青年》《新教师》《当代教育》《中国教师报》《湖北教育》《三峡文学》《三峡日报》《三峡晚报》等报刊发表,2018年11月由民族出版社出版个人散文集《清浅时光》。喜欢阅读,愿平凡的日子里笔耕不辍。)

香溪河畔的龙珠

◎彭海文

这天傍晚雨霁过后,西天的晚霞正值灿烂,落日的余晖将一名峨冠博带的贵族少年身影拖得老长。平日里,从香炉坪到寺大岭的官道上行人总是络绎不绝,寺大岭紧靠着香溪河和峡江交汇处,是一处繁忙的水陆码头。今天下午下过暴雨,故行人少了许多。

贵族少年姓芈、氏屈、名平、字原,刚下了学,正好去香溪河边捞几条桃花鱼带回家养。香炉坪是溪边一片沙地,雨后沙地湿润又未积水,屈原见状玩兴大起,放下书箱、脱了鞋子、挽起衣裳下摆,赤足在沙地上走了几步,看见河边隐隐有七彩光辉在闪,走近一看,靠河边一处小水凼里积了水,几条粉色的桃花鱼在小水凼里安静游弋,屈原数了数,足有五条。水凼边土坎上长着一株桑树,仲春时节桑叶青翠蓬勃,枝条上挂满了红色和紫色的桑葚,已熟透的就成了紫黑色,一碰手上就沾上了黑色的果汁,尝了一颗果然甘甜鲜美。水凼里似乎也掉落了一颗,七彩光芒正是这颗沉在水里的桑葚发出的。屈原好奇地伸手捡起了这颗发光的桑葚,拿到手里却发现这似乎又不是桑葚,虽是紫色黑条桑葚形状,却没有桑葚表面的小颗粒。屈原好奇地看了看,心念一动,尝尝不就知道了吗?抬手放进嘴里还未来得及品咂,已滑下肚。正像后来《西游记》中唐僧师徒吃人参果一样。这东西甫一下咽,香溪河面上传来一阵喧闹,抬眼望去,河面上密密麻麻的鱼群翻跳出水面,瞬间又落回水里。天上云层散开了一个洞,露出了一缕阳光,不偏不倚斜照在香炉坪上,人和树似镀上了金光。阳光照耀下,一弯七彩霓虹映现出来,一头弯进香溪河,另一头斜上天空,像极了邑人所说的天龙饮水。正看得出神,屈原感到脚底一阵凉沁,低头一看不知何时香溪河的水已经涨到这块沙地上来了。水浅浅地没过他的脚背面,他往后退了退,水瞬间又涨了起来,正好还是没过他的脚背面,他又往前水深处走了两步,水马上退了,但还是能没过他的脚背。他来回走了几趟,感觉十分有趣,也明白了他走到哪儿水就漫到哪儿,水位就只漫到他的脚背面。他走了几步,走近小水凼,水马上漫了过来。水凼里的五条小鱼欢腾起来,顺着水流往香溪河游去。只见夕阳照射下五条小桃花鱼粉色的伞盖泛起了金光。一会儿,金光闪过,小鱼游进香溪河不见了踪影,脚下的水也退回到香溪河里了。河畔的那一弯彩虹也消失了。

此番涨水退水,恢复平静的香溪河上往日能看见的桃花鱼都看不见了。屈原只好穿上鞋、背起书箱往回走,走了没多远,书箱的系带突然断了,书箱落在地上,路边一个戴着斗笠披着蓑衣的老农牵着牛走了过来,老农和蔼地叫住屈原,不要急。老农缓缓解下穿在牛鼻子上的牛绳,帮屈原重新绑好了书箱,屈原道过谢。老农缓缓道,"刚才也是奇怪,牛在河边喝水，一会喝得到，一会水退了又喝不到了，反复了好几次。你这样在河边走路鞋子还没打湿？"屈原笑了说："刚才我是脱了鞋子在沙地上玩。还捡了桑葚吃了，我走到哪儿水就漫到哪儿，可有意思了。"老农愣了愣，问："是什么桑葚？"屈原答道："一个水凼里，紫黑色的完全熟透了，像桑葚，但没吃出来味道。旁边还有五条小桃花鱼呢，我吃完之后走到哪儿水就漫到哪儿。"老农若有所思，又问道："那后来水怎么不跟着你走了？"屈原答道："我走近水凼，水漫过来，那五条桃花鱼就游进香溪河去啦，然后就好了，水就退回香溪河了。"老农一阵沉默，然后缓缓道："我在西北山下种田，年岁比较大，听说的故事多，乡亲们都叫我巴山野老。这峡江边一直传说，龙能行云布雨，以利农桑。龙到哪儿，水就到哪儿。你刚才吃的不是桑葚，而是龙珠。那五条小鱼也是龙珠所化生，它们已经龙归大江了。你将来定是人中龙凤，爱国护民。"说完老农就微微一揖，呼唤着没有牛绳的牛慢慢走远。屈原赶紧还礼，目送老农离开。

　　从此以后，香溪河畔的耕牛即使不用牛鼻子穿牛绳子，也听农人指令。屈原则继续求学读书，长大后果然忠诚贤能，出任楚国左徒、三闾大夫，管国家内政外交大事，他明于治乱、娴于辞令，为国家人民"上下而求索"。公元前278年，秦将白起破楚郢都(今湖北省江陵县)，屈原含恨怀石沉江。是年，峡江大水，平地三尺，水色赤如血，荆南一片泽国。当年那小水凼里的五条小鱼龙，从香溪河游进了峡江，游弋在南津关一带，镇住水口，很快峡江就恢复了平静。到了东晋末年，杨广起兵讨伐陈朝，在峡州双方作战，民不聊生。一日，双方军队见南津关江面上腾起五条几十丈长的黄色巨龙，长身泛着七彩金光，昂首抖须，五条长龙顺流鱼贯东下，一时间风大浪急、黑云压城，白昼也是一片漆黑，双方军队感觉十分恐怖，战斗赶紧停下来了(见《隋书》)。一片漆黑中，五条黄龙跃出江面，化作青山屹立江边(今湖北省宜昌市点军区五龙山)，永镇峡州。

　　两千年过去了，峡州历经沧桑变化成为今日之宜昌城。河东岸镇江阁旁一座屈原石像静静地注视着江面，看江上往来舟楫、河清水晏。国之重器三峡大坝已经建成，高峡平湖、楚天辽阔，昔日香溪河畔的香炉坪和寺大岭已沉在蓄水线下，大坝下游，水势平缓、水色碧青，河西岸的五龙山倒映在江面上，满目青绿，宜昌铁路大桥横亘江上，恰似白虹卧波，好一派春水月峡的丽日胜景。屈原理想的光芒在时光缓慢流淌的两千年里逐步照进了现实，在两千年后，依然迸发着璀璨光芒。

　　(彭海文，宜昌籍，笔名大海。湖北省宜昌市作协会员。医学博士，历任军医大学、军队医院的教员、军医，现从事军事医学教学科研临床工作。)

崇 敬 屈 原

◎ 田　鑫

　　每次到宜昌,总是要带着"不尽游心、无穷畅想"前去屈子故里秭归游览一番,以表达对爱国诗人屈原的崇敬之情。其实,对于这位爱国诗人的崇敬之情已经融入了中国人的心中,并且上升到了中华民族传统人文精神的高度。

　　我不止一次,怀着对屈原的崇敬之情,来到屈子的诞生地乐平里。乐平里位于富有传奇色彩的香溪河畔,至今保存着大量关于屈原的遗迹遗址,如屈原宅、屈原庙、乐平里牌坊等,其中以"屈原八景"最为有名:读书洞、照面井、玉米田、擂鼓台、滴帘珍珠、伏虎降钟、响鼓岩、回龙锁水。

　　最引人注目的屈原庙位于乐平里北沿的降钟山麓,小青瓦砖木结构,由山门、配房、大殿组成。庙前立石狮一对,有石阶67级。庙宇依山为两段,硬山顶,猫拱式山脊,青瓦粉墙。彩绘淡雅素净,为民间寺庙风格。上有郭沫若先生手迹"屈原庙"。正殿内有屈原塑像、清乾隆以来的石碑7块及当代名人书画。怀着崇敬的心情观瞻屈原庙,有一回,我诗情涌动,顺口吟出"亲民为本,爱国是根,诗人风骨自传承,统领千年文化;托物言情,放歌寄意,作品精神当接力,诵吟万里河山"的联语。

　　的确,当年屈原满怀壮志,一心救国,却被奸臣排挤,昏王远离,最终报国无门,创作楚辞体作品《离骚》《天问》《九章》等寄托爱国情思,最后悲愤自杀。但其伟大的爱国主义精神永垂不朽,爱国诗篇永垂不朽,爱国情怀激励世代中华儿女。懵懂间,"屈子涉江来,不改情怀,信念拨高三百丈;忠魂任我咏,宏开气象,人文光大五千年",一种豪情不能自抑,并且越发逼真。

　　神奇的是,在乐平里,有"灵牛耕田"的趣事。耕牛犁田不用牛绳,实乃一大奇怪现象。《归州志》记载:"此乡牛不需绳引,如售之别乡,亦仅三日,自后非用绳不利;如他乡牛入三闾之境,过三日亦不必引绳,而自然贴服。"所以人们把这里的牛称为"灵牛"。相传屈原在郢都为左徒官后,常回乡察民情,观民风,整理上谏和写诗,当时用的竹简往往一收就是好几捆。一次,屈原挑着担子起程回郢都,不料脚一滑,竹简散落一地,绳子也断了。他看见不远处有位老人在耕板田,于是走上前向老人求绳。老人说:"我这里只有牛撇绳,给了你,我把牛无收管,那怎么耕田呢?"屈原说道:"不要紧的,以后你的牛耕田不要撇绳也能听使唤。"老人于是把牛绳递给了屈原。说来也巧,老人回过头来,把牛一试,牛果然和先前一样听使唤。从此以后,乐平里的牛耕田、耙田都不用牛绳。

　　乐平里还有一处"玉米田",生长一种红梗红穗的稻子。穗粒异常饱满,传说屈原少年时代曾躬耕于此。唐代沈亚之《屈原外传》描写：屈原"蒙谗负讥,逐放而耕。吟《离骚》,倚耒号泣于天。时楚大荒,原堕泪处,独产白米如玉。《江陵志》有玉米田,即其地也。"后来这块田的稻子变成了红梗红穗,乡民们都说这是屈原泣血而染,因而田名玉米田,稻名金粳稻。这足以印证屈原"痴心泣血难圆志；回首悯农不畏艰。"

崇敬之情尤烈！灵牛耕田也好,玉米田也罢,都是对爱国诗人屈原崇敬之情的淋漓表达。记得三年前,我去秭归凭吊屈原。步入屈原祠,眼望郭沫若先生手书的"屈原祠"三个苍道的大字镶嵌在牌楼上方正中的天明堂,还有襄阳王树人所书的"孤忠""流芳"分嵌左右额枋。刹那间,我诗兴大发,吟道,"孤忠不媚；千古流芳",对额枋四字做了最好诠释。山门的匾额上闪烁着"光争日月"四个金光灿灿的大字。于是,我为其配一副对联,"精神昭日月；信念写春秋。"面对屈原青铜像,热血沸腾,我慨然吟道,"放眼滔滔江水,焉能忘屈子情怀,忠贞许国；跻身滚滚洪流,岂可抛人生信念,忧乐为民。"

屈原祠里还有屈原衣冠冢,也叫屈原墓。随屈原祠迁徙而建,占地120平方米,墓四周石阶石栏环布,翠柏苍松掩映。墓上青狮白象,鱼吻翘昆,墓前拜台,香炉正中,供凭吊屈原燃烧香火之用。墓前三排六柱八字开扇。外石柱镌有"汨水怀沙千古遗恨；归山枕岫万世流芳"楹联。四根内柱的楹联是"崔嵬丰碑矗在地；凛然浩气贯长虹""千古忠贞千古仰；一生清醒一生忧"。上柱间嵌着一块《重修楚大夫墓碑记》,将屈原生平及不朽精神镌刻其间。墓前两侧一对明代大石狮,凸眼阔口,威风凛凛。墓中有一通道,透过石门可窥见一红漆古棺悬吊其内,棺被一巨大莲花石座所托,俗称"屈原吊棺"。我虔诚地祭拜了一番,低吟道,"青冢掩流年,风中对话谁修远；长天舒醒目,梦里哀民你求真。"

崇敬屈原,更加深了对爱国二字的彻悟。再仔细回味屈原祠大门处,千年矮树植成的"求索"二字,不正象征着屈原精神万古长青吗？有道是,"桑田沧海永求索；天道勤酬不放流。"人生一世,应当有所建树,更应当为理想信念去努力追求,纵然遇到万险千难,也要矢志不渝。于是,我心头波澜起伏,吟曰,"栖凤更腾龙,屈子归来,再赋离骚重奋志；亲民当报国,豪情不减,欣吟盛世共吭歌。"

啊,崇敬爱国诗人屈原,总有一种精神在！

（田鑫,供职于河北省怀安县柴沟堡镇工业街1号中国人民银行怀安县支行。）

在陵阳山区寻觅屈原履迹屐痕

◎ 王熙政

池州,位居吴头楚尾,所辖区域的大部,古时概称陵阳山区。屈原,在其怀沙自沉汨罗之前(公元前278年以前)连头带尾的九年间,曾经三度被流放陵阳山区,给这一地区从古到今的炎黄子孙,留下诸多津津乐道的话题。端午包粽子、划龙船的习俗,从古代一直流传到今天;遍布其间的遗迹和祭祀遗址,赋予这一地区炎黄子孙们一种与生俱来的神圣而又高贵的愉悦感!

说句掏心贴肺的话,我是真的有这种感觉:我和屈原喝过同一条山涧中清凌凌的泉水,吃过同一种入口即化的鲜醇爽口的野果,仰望过同一轮从自己头顶缓缓滑过的、皎洁的明月,鞋面子上沾过从同一棵香草上滴落的露珠……这种感觉,使我动荡不安的心地趋向平和,准备"俗"它一把的灵魂即刻转身,由纸醉金迷或不快而凝结的杂色云层所遮挡的目光砰然一声,射向更加遥远的星空。

诚然,人的能力有大小,天赋有差异,我实际上的所作所为无法与我的愿望同时抵达彼岸,但是,对先哲的敬慕,"高山仰止,心向往之"啊!

屈原,作为伟大的爱国主义者和浪漫主义诗人鼻祖的双重形象,他的九死不悔的爱国主义精神和取义深远、汪洋恣肆、辞藻瑰丽的诗篇,如江河行地、日月经天,给后人留下不可磨灭的印象——不仅如此,尤其是在做人、做事和作文的多个方面,都给后人提供了正确而又积极的方向引领。

比如,他在担任楚国左司徒职务的时候,在其位、谋其政。学政治,钻业务,"博闻强志,明于治乱,娴于辞令",政治上靠得住,信得过;业务上过得硬,拿得准。因此,他"入则与王图议国事,以出号令;出则接遇宾客,应对诸侯"。在遭遇诬陷、蒙受冤屈的情况下,他也没有颓废潦倒,而是对国家的前途命运,时刻萦系于心;并且能够化悲愤为力量,创作了《离骚》《九歌》等大量瑰丽的诗篇,给后人留下宝贵的精神财富。

特别可贵的是:以他名闻天下的才情和娴于辞令的"公文大师"的名望,在遭受重大政治迫害的情况下,仍然对自己的祖国钟情如初,永怀赤子之心。假如他当时恃才傲物,一气之下,把"户籍"迁到秦国、赵国、齐国,抑或其他的什么国,相信没有哪个"国"的什么"君",不会敞开大门,以高规格的礼遇欢迎他加入本国的"国籍"。但是,屈原没有那样做。他就是受苦、受气、蒙冤,也只是在国君规定的流放区域内活动,把"任劳任怨"四个字,不折不扣地贯彻落实到自己日常具体的行为规则中;他也没有把自己随身携带的郢爱——那可是一种代表身份的特种货币呀——存入外国的"银行"。宁可丢失,也只是丢失在自己的国土上。正是由于他的这种坚定不移、执着不渝的"国家情怀",才在古陵阳山区的土地上,给后人留下令史学界、考古界专家学者们大为惊异的"中山墩出土郢爰"惊世骇俗的故事。二十世纪八十年代中期,古陵阳山区境内"中山墩"(现属池州市石台县怪潭漂流景区),先后出土的若干枚郢爰金币,促使知情专家学者对此作出别无选择的推测:除了屈原或者至少与屈原级别相仿的楚国高官之外,又有谁有可能把这种具有身份"标签"意义的特种货币,丢失在这古陵阳山区的土地上呢?!

需要特别提及的是,近人在涉及"陵阳"地名时,多半特指现在池州市青阳县的"陵阳镇"。其实,这里面存在着无法否认的局限性。尽管我也是"陵阳说"的附和者、赞成者,但我的目光却不能不受相关地方典籍和近人研究成果的牵引。综合康熙《石埭县志》和2014年安徽人民出版社出版的《安徽地区城镇历史变迁研究》等典籍和当代有关地情书上的记载:"陵阳"这个地名,曾经属于现在石台县最早的县治名称;换句话说,历史上"陵阳县"的部分地区是现在石台县的"老祖宗""老根据地",具体的地点就是现在太平湖淹没区上游的老广阳镇。借用《安徽地区城镇历史变迁研究》上的原话说:陵阳在作为县级建置所在地的历史时段内,名称有过多次变更,起初是因避杜陵皇后讳,改"陵阳"为"广阳";入隋之后,又因避杨广讳,改"广阳"为"南阳",等等。由此可见,今天陵阳地名的锁定,实际上是在经历了一个漫长时间的演变,并在发生位移的前提下而沉淀下来的结果。由此可知,"陵阳山区"和"陵阳"是两个并行不悖的地名词,唯一的区别是存在广、狭义之分:"陵阳山区"所指的是涵盖若干个县的区域,"陵阳"则是这个区域中的一个点。

面也好,点也罢,如今,当我们的足迹踏上古陵阳山区当年屈原曾经走过的山路,双手攥紧屈原曾经抚摸过的小草,耳朵聆听着屈原曾经聆听过的鸟鸣,抬眼眺望着屈原曾经瞩目过的远方——我想,尽管人的天赋有别,此时无一例外都会产生一种同样的感觉:爱国是崇高的,敬业是必需的,诗歌是圣洁的。宇宙无限空灵而美好!

(王熙政,安徽省池州市屈原学会常务理事,中国散文诗学会会员,安徽省作家协会会员。)

二千三百年的记忆

◎赵文静

为什么屈原在大家的心目中会有如此崇高的历史地位呢？屈原是战国时期，楚国著名的政治家，伟大的浪漫主义爱国诗人。说起屈原，人们会想到端午节，每年农历五月初五这天，人们通过吃粽子、赛龙舟这些习俗，来纪念两千多年前投江自尽的屈原。

屈原是在他最艰苦的时候写下了《离骚》。说起屈原的作品，我们能记起的就只有"路漫漫其修远兮，吾将上下而求索"等为数不多的句子，但在大文豪苏轼的眼中，他的文采与屈原相比"不能及屈子之万一"，而司马迁、陶渊明、李白、杜甫等文学大家也都对屈原评价极高，他甚至成了中国文人的象征。作为战国时期的楚国人，屈原二十多岁就官拜副相，一生渴望楚国强大，但光明磊落的他在官场上却受尽了排挤和打击，即使如此，屈原的心中却始终只装着一个楚国，直到生命的最后一刻。

公元前278年的某一天，有一名男子在江河边上长时间徘徊着，沉思着；他花白的长头发被江风吹得凌乱不堪，但他丝毫都没有感觉到。在司马迁的《史记》中有这样一段文字记载："屈原至于江滨，被发行吟泽畔，颜色憔悴，形容枯槁。"在屈原的不远处有一位渔夫，慢慢向屈原靠近，深深一鞠躬问道："先生，您是不是三闾大夫？"屈原也马上拱手回礼说："在下正是屈平。"屈平，名平，字原；又自云名正则，字灵均，三闾大夫，是他流放之前担任的官职。渔夫问："先生，您怎么会来到这里呢？"屈原长长地叹了一口气，回复说："举世皆浊我独清，众人皆醉我独醒。"（天下都浑浊不堪，只有我清澈透明，不同流合污；世人都迷醉了，唯独我清醒。）你宁愿"赴湘流而葬于江鱼腹中"，也不愿以皓皓之白，而蒙世之温蠖，这就是你屈原！

对屈原来讲，所爱的楚国，所爱的家族，所爱的楚王，青春、理想、爱情、信念、希望，所有的美好都不复存在了，而上层贵族仍在国难家难中你争我抢，对改革触碰了他们利益的屈原怀恨在心。屈原由此把巨大的爱变成巨大的悲愤，在作品中留下了永恒的不甘。一个抱着石头死去的屈原身后是千千万万个觉醒的楚人，屈原由此成了楚人永恒的记忆，后来也就成了中华文明永恒的记忆。在中国历史上，屈原是一位备受人民景仰和热爱的诗人。虽然屈原离开人世已经两千三百年了，但他的精神和作品却一直在人间闪耀着晶莹夺目的光彩。

作为一名新时代的青年教师，我希望自己也能将屈原之爱国精神践行在平凡的工作中。要忠诚于党的教育事业，遵守教育法律法规，履行教书育人的职责，引领幼儿健康成长，争做一名有理想信念、有道德情操、有扎实学识、有仁爱之心的合格教师。

（赵文静，2000年出生，湖北宜昌人，现工作于宜昌市伍家岗区梧桐邑幼儿园。）

走在屈原走过的路上

◎ 熊先春

屈原在62岁死的。我的父亲2003年去世也是62岁。

之所以把自己的老父亲和屈原扯上关系，是因为查阅屈原生平，知道他是楚武王熊通之子屈瑕的后代。我想，我们也姓熊，是否和屈原是家门呢！我们现在走过的路是否就是屈原曾经走过的呢？

因为这个家门问题，我去年还专门请教久仰的郦学研究名家、杨守敬族重孙、《屈原研究》一书的作者杨世灿老师。在他简陋堆满书籍的屋子里，两个人一见如故。他给我娓娓道来屈原的伟大长诗《天问》，如数家珍地谈到自己的研究成果，佩服屈原十分高超的驾驭文字能力，赠送我他的新著《屈原研究》。

笑谈间他说我姓熊与屈原也有渊源啊，《史记·屈原列传》开宗明义，说："屈原者，名平，楚之同姓也。"说明屈氏家族是与楚王同姓的王室贵族。楚王姓熊，屈原姓屈，他们怎么会同姓呢？这里面有个穷本溯源的问题。熊、屈二姓都是古帝高阳氏的后裔。熊、屈二姓虽然共着一个远祖高阳氏，但只能算同源，还不能算同姓。直到高阳氏传到他的第五代孙陆终，陆终有六个儿子，第六个儿子名叫季连，随羊叫声"咩"姓芈，熊、屈二姓都是季连的后代。杨老师讲得我都头晕哒，季连有个后裔名叫鬻熊，辅佐周文王有功，却过早地去世了。鬻熊有个儿子名叫熊丽，是从他父亲的名字里截取了一个"熊"字来作姓。熊姓便从这个时候起出现在中国历史上。

屈原在宜昌肯定是家喻户晓的。带着媒体走读江河到秭归的时候，特别留心去屈原的出生地乐平里屈原祠，拜见这个伟大的高不可攀的"家门"。三年前的初夏，我们宜昌河川行走读江河采访组，一行五人，沿着香溪河，从兴山县一路往南经峡口镇，抵达了秭归县屈原镇的七里峡口。抵达屈原村的时候，屈平河畔的文化广场上正在布置舞台，舞台的背景是一幅屈原年轻时期的画像，明眸皓齿、衣袂飘飘，让人眼前一亮，这可能也是在故乡的年轻屈原的最佳写照：风华正茂，踌躇满志。这或许也是我第一次看到年轻屈原的画像，与之前见到的中年屈原迥然不同，也只有屈乡的人们才能赋予先祖这样英气逼人的气质。

杨世灿老师在《屈原研究》里，把屈原出生地精确到秭归乐平里的"落脚坪"。著述里介绍屈原在这里只生活了四年，屈原四岁就被召入郢都楚宫，即当今的当阳草埠湖镇楚城遗址，陪伴四岁登基的楚怀王读书学习、游戏玩耍。走在乐平里的路上，想象着童年屈原在这山川小河里蹒跚学步，仿佛穿越了历史，同时对附近屈原的读书洞等遗迹产生了怀疑。刚读到黄荣久作家发表在《南方散文》的大作《屈原的"读书洞"》，带着疑惑我又给杨世灿老师打电话,他哈哈大笑回复我说,传说仅仅只是传说,不能较真的。屈原研究要结合古代文献特别是考古印证才有说服力。

屈原生活的时空与我们的交集,寻找屈原在宜昌的轨迹。在秭归乐平里的小河边我沉思过,在当阳季家湖楚城遗址我独自徘徊过,在枝江的百里洲我也呐喊过,我们和屈原究竟有什么渊源。

季家湖城址位于当阳市草埠湖镇季家湖村南,为文化遗存。2001年6月25日,公布为第五批全国重点文物保护单位。地处江汉冲积平原西端,沮漳河流域西侧,位于宜昌市的当阳、枝江与荆州市交界处。城址南北长1600米,东西宽1400米,叠压在新石器时代晚期遗存之上。现存夯土南垣长86米,底宽13.4米,残高1.4米。一号台基位于城址北部中间,曾出土"秦王卑命竞瑭王之定救秦戎"铜钟和大型青铜构件及绳纹筒瓦、板瓦。"杨水出,东南流,为夏水之首",正是屈原所谓"过夏首"也。

从屈原的作品自述中,在宜昌的山川湖泊和广袤的大地上,寻找着屈原的足迹。

听闻远方有你,动身跋涉千里。

追逐沿途的风景,还带着你的呼吸。

真的难以忘记,关于你的消息。

陪你走过南北东西,相随永无别离。

可不可以爱你,我从来不曾歇息。

像风走了万里,不问归期。

我吹过你吹过的风,这算不算相拥。

我走过你走过的路,这算不算相逢。

……

歌手刘钧《听闻远方有你》这首歌完全可以表达我们和屈原的这种感情,我们正走在屈原走过的路上,是不是正和屈原相逢。端午即将到来,这种心境越甚。

屈原的《哀郢》写于公元前289年。"至今九年",指前297年,屈原葬怀王于枝江,去汨罗居所,至前289年,九年未回宜昌楚王城郢都。通篇思想尊君爱国爱都爱乡爱民。背景是离开枝江郢都至湖南汨罗居所九年的历史回望。

屈原《少司命》当是怀王魂归停殡的丧鼓词。在我的故乡枝江人老了,打丧鼓流传至今。屈原《东君》,举太阳之功德,抒怀王之情感。唱曰:哎呀,你看东方啊,泛白已起,我的先魂啊,归来啊,送你上天庭!词句反复,悲恻婉转。恰似东君,流转招魂。这样的丧鼓词在枝江、宜都、长阳等地流传甚广。秭归、五峰都有举办河神节和山神节,不知道和屈原的《河伯》《山鬼》是否有内在的渊源?有幸参加二次活动,甚为震撼,洗涤心灵。

36岁之前的屈原,就在我们宜昌打拼,从秭归随江而下,到枝江、当阳的郢都(季家湖楚城遗址),这些地方正是我的故乡和工作之地。我爱人就是当阳草埠湖的,岳母是枝江问安的,投身水利工作三十多年,特别是近五年来在河湖办工作期间,经常到季家湖退耕还湖工地现场,仿佛这一切都是老天眷顾让我行走在屈原走过的路上,冥冥之中与伟大诗人屈原重逢。

在央视《典籍里的中国》节目中,自称生于荆楚之地的撒贝宁,以屈原的"小同乡"的身份,演绎着屈原的早期作品《橘颂》。特地带了一箱来自屈原故乡的柑橘,把屈原老先生"甜"到泪流满面。

开场戏中,屈原一尝撒贝宁带来的家乡特产,赞不绝口:"好像比我小时候吃的更甜!"几瓣橘子,勾起了屈原对往事的回忆……走在屈原曾经走过的路上,一代代地延续他"路曼曼(漫漫)其修远兮,吾将上下而求索"的精神。

每一颗柑橘、每一颗粽子里都满载着跨越千年的浓浓"乡情"。二十一世纪的今天,走在屈原走过的路上,应是与三闾大夫相逢的最好机遇。

庆幸。我也生在丹阳枝江,生活在诗歌之城的宜昌,每天也唱着歌儿走在屈原曾走过的路上,弘扬屈原精神,也想念我的父亲……

(熊先春,男,1967年出生于湖北枝江,系中国水利作家协会理事。1985年开始创作,有多篇诗歌、散文和小说发表,著有诗集《太阳底下是故乡》。)

屈　问

◎ 上官婉儿

当你来到宜昌博物馆，这座大气稳重的一级博物馆，请随我来到二楼巴楚夷陵厅。迎接你的就是"屈子忠魂"展厅。墙上用图片介绍了屈原出生的故乡——宜昌秭归乐平里黄阳畔。山峦起伏，清流潺潺。他在这里，他抚井照面，高声诵读。郎朗之声和山顶白云相拂。山间百鸟相和，林间百草相媲美。

满腹才学，怀一颗追求"美政"之心开启辅佐怀王政路。明于治乱，娴于辞令，对内积极变法图强，对外坚决主张联齐抗秦。使楚国一度呈现复兴强国的局面。

"国之不幸，诗之幸。诗书沧桑句便工"，如果这句话印证了屈原的后半生，我想他一定不想以故国人民的生灵涂炭为代价。

贵族排挤，君王信疑，二度流放，曾经的三闾大夫，一介心中饱含民生疾苦的诗人，在现实生活中跌跌撞撞，上下求索，百思不得其解。开启问天，问卜，问渔父之路。

"曰：遂古之初，谁传道之？

上下未形，何由考之？

冥昭瞢暗，谁能极之……"

请问远古开始之时，谁将此态流传导引？天地尚未成形之前，又从哪里得以产生？（二千多年前的呐喊依旧在苍穹回响。）

瘦削的脸颊上，胡子灰白落尘，一根根似刺似针刺向天空，悲愤的双目为苍生落泪，却不向权贵低眉，用决绝向上的姿势与苍穹对视。

"我楚国八百年基业，筚路蓝缕，开创一代盛世，为何毁于秦人之火？我黎民百姓为何饱受战乱国破？"日月更替，星空熠熠，唯有江河东流，岸边芦苇絮白飘扬。

"余有所疑，愿因先生决之。"上天不语，就来问卜吧，蓍草根根，龟甲掷地。

"吾宁悃悃款款，朴以忠乎？将送往劳来，斯无穷乎？"（我是宁愿忠实诚恳、朴实忠诚呢，还是迎来送往，而使自己不会穷困呢？）

郑詹尹收起蓍龟，淡然一笑。"数有所不逮，神有所不通。用君之心，行君之意，龟策诚不能知事。"

龟策也无法解惑。

"沧浪之水清兮，可以濯吾缨；沧浪之水浊兮，可以濯吾足。三闾大夫何不为？"渔父拍桨而歌。

"安能以皓皓之白，而蒙世俗之尘埃乎？"

濯缨濯足的湘水最终收留了那个不屈的灵魂。你看啊！他长冠高束。深衣紧束,宽袖飘扬,衣带飞飞。左手执简,右手指向苍穹。五指以凌厉之势,似利剑,似笔锋,弯曲最终向上,以圆形碗状以求天之应。

一百年以后,贾谊《吊屈原赋》发问:"彼寻常之污渎兮,岂能容夫吞舟之巨鱼?"

陆游:"有谁知,鬓虽残,心未死。"

"妈妈,屈原爷爷为什么要投江?"

"妈妈,我们为什么要用吃粽子、划龙舟纪念屈原爷爷?"

"妈妈,为什么越来越多的人敬佩他?"

二千年以后,无数的孩子在他的雕塑前发出一声声质朴的疑问,这个寻找答案的过程也将是一个民族追寻自己脊梁的过程。屈原用他六十二年的求索,给我们中华民族带来了怎样的精神滋养?我们这座城市的诗歌文化如何传承?

我们个人在自己的理想与现实生活之间进行抉择时,如何"用君之心,行君之意"?也许发问之处,亦是心之所向。

走出展厅,阳光透过屋顶倾泻下来,金色的光芒照在扶梯而上的游客身上,他们带着这身光芒走向了面朝苍穹发问的灵魂。

(上官婉儿,本名官凤群,现居湖北宜昌。宜昌博物馆志愿者,热爱诗歌、小说。白纸黑字间探寻生命的本真,触摸生活的温度。)

屈原"人生观"的时代影响

◎ 刘孟珂

两千多年来,不同时代,不同学者,对屈原有着不同评价,屈原的形象也就随着时代变化而改变。关于屈原的"人生观"问题,自汉代开始,士人们各抒己见,评论屈原的态度与方式,基本上受到时代主流思想的影响。在两汉时期,屈原的形象是具有悲剧色彩的;在宋代以后,屈原的形象逐渐被忠君忠国所代替;明清以来,屈原形象是具有民族气节的爱国勇士;在20世纪以来,随着中西方文化的交流与发展,传统的屈原形象发生了改变。因此,对屈原自沉而产生的"人生观"也会产生不同的时代评价,屈原"人生观"问题对于时代产生不同的影响。

在历史岁月中,一般伟大的文人都具有超越时空的精神价值。屈原是我国著名的伟大爱国主义诗人,对中国的传统文化和精神上的影响较为深远。屈原积极的"人生观"更是对后人产生了深厚的影响。

屈原"人生观"的时代影响,首先,就表现在屈原高尚人格、独立不迁的精神,以及他在任何情况下都能够坚持自己的理想,反抗黑暗势力的斗争精神。就如同劳伦斯·A.施奈德曾经说过:"每个时候的中国知识分子都有一个自己所需要、所解释的屈原。"屈原以他独特的魅力影响着一代又一代人。屈原是中国传统文化精神的重要组成部分,又同时影响着中国的传统精神文化,更是由于其身上的宝贵精神品质,几千年来影响着文人志士。继屈原之后,又出现贾谊、杜甫、李白、白居易等;近代的龚自珍、梁启超等人物。在历史的记忆中,屈原是精神上的伟大胜利者,他用自己的生命殉国,殉理想,使得屈原的人格具有强大的感染力和号召力。同时也使得屈原的这种精神一直流传下来。

其次,是屈原的爱国精神。作品《橘颂》很好地证明屈原深固难徙的爱国感情,其他的作品中字里行间也总是流露出屈原的爱国情感。爱国情感是大部分人所具有的,但屈原有其独特的成分在里面:屈原对楚文化的喜爱,深深地留恋着楚国;屈原骨子里的宗教、大一统思想;屈原把个人的理想情怀与国家的生死存亡联系在一起。学者云:"把个体的生存意义与祖国的命运紧密相连,并付诸人格实践,这是屈原爱国情操作为文化积淀进入和留存于人们的深层心理,数千年影响不衰的根本原因。"屈原的爱国精神成为中国文化精神的一种宝贵传统。同时,屈原的忧患意识,也是其爱国思想的又一表现,主要表现为忧国忧民。屈原的忧患意识已经超越了个体的生命意识,做到了真正地与国家的命运紧密联系在一起。屈原的忧患意识与儒道两家的都不太相同,没有儒家的"穷则独善其身",也没有道家的避世解脱,而是不懈地追求,上下求索。正是由于屈原的忧患意识,影响着后人的心理,忧国忧民成为中华文化中的优良传统。

屈原的"人生观",不少学者认为屈原自沉是为了保全自己心志的完美,其心志充分体现出屈原在人格实践中一生所坚持和追求的理想。自沉,是屈原坚持美政理想的体现。正是屈原积极的生命观,历代的知识分子往往以屈原作为自己修炼的目标,广大的民众也深深热爱着屈原,崇拜着屈原。正是在中国这片几千年文化生生不息的土壤上,更加凸显出屈原的生命力和感召力,显示出屈原"人生观"的伟大价值。屈原能够享誉世界,证明屈原精神不仅仅是中华民族的宝贵精神财富,也是全人类的宝贵精神财富。

总之,屈原是中国传统文化精神的伟大传播者,其精神在今天依然具有重要的意义,屈原积极"人生观"所产生的屈原精神是永存的,给广大爱国主义者带来精神的寄托;屈原勇于探索的精神,对于我们现在改革开放的中国特色社会主义国家来说有重大的学习借鉴意义;屈原内外兼修的思想,一直对我们起着重要的督促与鼓励作用,对于当今的精神文明建设有着重要的意义。

(刘孟珂,女,1992年生,河南商丘人。贵州大学历史与民族文化学院硕士研究生,商丘工学院马克思主义学院中国近现代史纲要专职教师,主要研究方向为中国思想文化史。)

科学传承屈原文化

◎张志善

屈原文化博大精深,集中体现为热爱祖国的爱国主义精神和同情最底层人民的民本思想,以及大无畏的批判精神。鲜明的荣辱观是屈原文化的核心。那么,如何科学传承屈原文化?笔者深思熟虑,一吐为快。

把屈原文化规划谋得更实。屈原文化是世代相传的瑰宝。俗话说一方水土养一方人,生活在屈原故里的人们,世代接受着屈原文化的泽被和熏陶,享受着这天赐的荣光,作为屈原子孙的我们,有义务将屈原文化传承和发扬光大。学习屈原文化,其价值在于传承屈原文化、激励屈原故里人民。并整合屈乡风俗,探索屈原故里人们的生活习惯及其民间文艺的相关知识,使净化心灵、启迪智慧、情感互补的作用和功能得到有效的发挥,以利于人们养成健康的、高尚的审美情趣和积极的、乐观的生活态度。围绕这一目标,应加强顶层设计、系统规划,切实推进屈原文化的研究、挖掘、传播和应用。通过推行一批屈原文化工程、实施一批屈原文化项目、打造一批屈原品牌活动、培育一批屈原文化精品,形成更加浓郁、更加和谐、更加生动的屈原文化育人环境和氛围。

把屈原文化研究做得更深。屈原不仅是一位伟大的诗人,而且是一位杰出的思想家。屈原所处的时代,是战国末年,是从奴隶主所有制转变到地主所有制、从奴隶社会转变为封建社会的大转变时代。春秋战国是我国哲学思想百家争鸣的时代,屈原生活在由儒到法的过渡时期,其思想反映了儒、法两家思想的演变。他的政治理想"德政",吸收了一些法制观念,形成反映新兴地主阶级利益和广大被压迫、被奴役人民的某些要求的思想。屈原作为一个诗人,从同情人民关心人民的角度出发,揭示了当时的社会的阶级矛盾,揭露了统治集团的腐朽和反动,为坚持自己的美政理想而斗争。作为屈原故里,应建立健全屈原文化研究组织,开辟研究平台,创建研究基地,加大投入,创新机制,深入挖掘整理屈原文化资源,全方位系统研究屈原文化精髓,凝练大方向,组建大团队,承担大项目,推出大成果。

把屈原文化故事讲得更好。屈原爱憎分明。他热爱祖国、热爱人民,憎恨误国误民的昏君和奸臣。他正道直行,为朝廷竭忠尽智,虽忠而被谤,却矢志不移。屈原精神感人之处,在于他坚持自己的理想和对理想执着的追求。屈原的理想就是实现"美政"。为了理想,他"虽九死犹未悔""虽体解犹未变"。当理想无法实现时,他宁为玉碎,不为瓦全,宁效彭咸之所居,也不出走他国,不苟且偷生。汨罗江畔"惊险一跳",定格成伟岸人格的永恒。在他身上发生了许多耐人寻味的故事。传承屈原文化,应突出教学主渠道,将屈原文化精髓贯穿于课程体系和人才培养方案中。在开设系列精品通识课程的同时,把体现屈原文化的爱国思想、民本理念、人文精神、道德操守等有机融入专业课程教学之中。不断改进教学方式和话语体系,力求故事化、系列化,通过屈原文化故事的传播,把屈原文化的历史渊源、发展脉络、基本走向、独特创造、价值理念和鲜明特色讲清楚、讲透彻、讲完美。

把屈原文化产品创得更新。屈原的一生,是耿介的一生,是光明磊落的一生,是光荣的一生。在一个物欲横流、世风日下的时代,屈原越发显得耀眼夺目。弘扬屈原文化,就是要加强屈原文化供给,把屈原文化符号在广场、公园、社区、学校、企业、乡村街道等人群密集的地方进行生动固化,把优秀历史故事在音乐会、科技节等主题活动中有机活化,把文字、图片、视频、音频等优秀历史文化作品在网络空间中着力强化,让收藏在屈原故里的文物、散落在屈原故里的遗产、流行在民间的传说、书写在书籍里的文字,在线上线下、在人们身边活起来。比如,在展示屈原故里风情中,可以概述屈原故里八大景观及其相关传说;观看"屈原故里风情"视频;了解屈原故里风俗,体味端午、龙舟诗话,感受红棺、哭嫁和转丧等民间艺术。还可以搜集一些古朴、诙谐的"地花鼓",搜集一些民歌宝藏中的瑰宝——五句子山歌,搜集一些田间文艺形式"薅草锣鼓""船工号子"等,还有寻找"彩莲船""蚌壳舞"等,并把屈原文化融入进去,提升感染力和渗透力。

把屈原文化声音传得更广。屈原的伟大,不仅在于他矢志不移的爱国精神,不屈不挠的斗争精神,不与奸佞小人同流合污的高风亮节,而且还在于他用毕生心血写成的20多篇作品,这些作品成为中国文学史上的瑰宝,世界文学殿堂的精品。要把屈原文化声音传得更广,就要扩大文化传播,办好传统文化活动,让人们在日常的言行举止中,把这一优秀历史文化传下来。要开好培训班,让专家、学者把爱国爱民、正道直行等屈原文化带出去;搭好平台,让国际国内各类文化组织和有识之士把洁身自好、激浊扬清等体现屈原精神的好声音发出去;组好团队,让全球专家学者通过屈原文化节、全球华人国学大典、屈原文化讲坛,把屈原好故事讲出去,使屈原文化光前裕后,发扬光大。

(张志善,男,汉族,1952年出生,汉语言文学专科毕业,山西省作家协会会员、绛县作协副主席。1971年开始写作,在《人民文学》《人民日报》《文汇报》《火花》《山西文学》《晋阳文艺》等报刊发表各类作品500余万字,并有260余篇获全国赛事等级奖。编著出版了《绛山撷薇》《绛水觅珠》《绛野寻梦》等10余本书。)

传说与祭祀——关于屈原的最后一天

◎ 刘　剑

　　五月初五,我们这片土地上的人们不约而同地进行着一场宏大的祭祀,就像余秋雨所写下的那样:"只要有江河,有村落,到了端午节,包粽子、赛龙舟,到处都在祭祀。"而这一次又一次难解的奇迹的源流发生在史书停止的久远时间里。

　　楚顷襄王二十一年五月五日的这天,渔夫在一阵蝉鸣里醒来,打开门,迎面而来的是热浪。

　　汨罗江上流溢着金色的波。四野的草木在炎炎的烈日下蔫蔫然,在这天色下,渔夫看见了一个奇怪的男子。

　　这个男子骨瘦嶙峋却身姿挺立,随着时日愈发宽大的衣裳上挂着花花草草,那不过是路边山间遍地都是的花草,这些花草随着他的步伐在山林间飘散着奇异的香气。

　　他是那个楚王宠信又被放逐的三闾大夫吗?听闻他曾带着楚国的令信从江水一侧的郢都前往齐国的稷下学宫访学,南蛮之地的年轻贵族走向神往已久的中原文明开化之地,许多圣贤都曾在此坐而论道、著书立说,孟轲的雄辩与浩然正气,荀况的天行有常与礼法并施,《晏子春秋》《司马法》《管子》的编撰成文,齐鲁之地的政论国策……万万千千的见地、理论、理想被汇集在这里,年轻的屈原神往地去了,也踌躇满志地回来了,回到了他理想与情感的起点——楚国。

　　这个被时人冠以"南蛮"的诸侯国,传说其君主有着古老尊贵的华夏祖先的血脉,颛顼的血脉在这个年轻的贵族身体里流淌着,不曾开化的巫风之气流动在新开的热土上,心中的思绪如他在齐国之东见过的潮水一般在他的心里澎湃。

　　他一定在前往黄河流域、中原文明之前思虑良久,也一定在从泰山之下前往郢都的路途里设想了一次又一次。

　　后代的司马迁在《屈原列传》里写下了这么一句话:"入则与王图议国事,以出号令;出则接遇宾客,应对诸侯。"左徒和三闾大夫的权责、屈原政治得意的岁月已掩埋在历史的尘埃里,不知所踪,但正如屈原访学时所看到的齐鲁之东的海潮一般,有涨有落,无可逆转。

　　深思高举的屈原被放逐了,一次比一次离郢都更远。他一次又一次地徘徊在这块热土上,一步又一步地丈量着自己的步伐,是迈大了吗?是迈错了吗?

　　"遂古之初,谁传道之?上下未形,何由考之?"

　　他走在山树晦暗处,走在巫风山水里,走在神人对话里。他一步一步地丈量、一次一次地审问,他得到一个与陈蔡之地类似的回答,一个同样在穷途末路的境地里的回答。屈原从未感觉到自己与孔子这位先贤这般近。但令他更加悲痛的是,孔子能同他的弟子游历于诸侯国之间,而他却不知与谁同道。

"出不入兮往不反,平原忽兮路超远。"

强秦南下时,屈原走在汨罗江畔时听闻郢都被攻破,都城下尸横遍野、血流漂橹,他听着恍惚间看到满身创伤、首身相离的那个为国事而战死的英魂徘徊在荒凉的四野里,年轻的生命、鲜活的生命依然依恋着他的家人与身下的土地。

渔夫看着屈原停下了丈量似的脚步,开始在山间舞之蹈之,古老的歌谣在林间响起。一场祭礼在烈日的见证下开始,风与山林为之动容,云雾停止了变幻,长长的江水为之和声。屈原舞动着身姿,身上的花草围绕在他的身旁,奇异的香气与江上的金波流动着。屈原作罢,在江水边行吟着"举世皆浊我独清,众人皆醉我独醒",吟罢,投入江水。

他祭祀给了这片山水天地。

渔夫也走到了江水边,吟唱道:"沧浪之水清兮,可以濯吾缨;沧浪之水浊兮,可以濯吾足。"这句吟唱与屈原的祭祀一同顺着江水传到远处,可能是被谁听闻,便这样流传了下来。

谁也不能知道渔夫到底说了什么。就像《传说》里说的那般:

"除了盘古,没有人明白为什么中国五代以后都不太画人像,却爱画山水;除了庄子的浪漫,没有人知道他与蝴蝶一场关于美的牺牲;除了渔夫,没有人明白屈原临死之前的姿态与自我纾解。"

汨罗江的江水同漫长的岁月一道走来,带来的并非只有一方水土,更带来了自那之后把祭祀屈原作为主要内容的端午民俗文化与传统。

人对自己的出身、处境、病衰都没有控制力,唯一能控制的,就是如何结束自己的生命,这是一个重要的哲学命题。屈原在千百年前用自己的生命谱写了一个传说、一部史诗、一个奇迹。

(刘剑,湖南岳阳人,湖南理工学院南湖学院文法系学生。)

在乐平里寻找"我们的屈原"
——《我们的屈原》后记

回望过往的那个千禧年,源自我的个人专栏文章的文化散文集《巴楚文人》,在长江文艺出版社出版问世。"应邀"入列的那些"巴楚文人"们,都是三峡宜昌、屈原故里这片多情的土地上的文化使者。在那本书的封底,我以"上个世纪的力人"面对读者。我在那段文字中写道:公元 1966 年 7 月 2 日,一个赤裸的瘦娃,在长江之滨杨家山下一栋带天井的清代瓦屋中来到人间。这段文字,比较准确地记录了我那少年时代的真实生活。我出生的那个日子,正是中端午的前夜。时间的巧合,空间的叠加,注定了我的人生,必然会与千古不朽的"老乡"屈原,产生千丝万缕的联系。

屈原,在 2300 多年前,从乐平里来到人间。从乐平里到杨家山,直线距离不过二三百华里。千百年来,乐平里从天而降的雨,流入香溪河,汇入长江后,当然要从杨家山前流过。历史烟云中的杨家山,就这样默默地注视着来自乐平里的水流,昼夜不息地滚滚东去。我太骄傲了,也太兴奋了,我为拥有这份与屈原的"亲情"感到三生有幸!

屈原是乐平里和秭归的骄傲,也是宜昌、湖北、中国的骄傲,更是世界和人类的骄傲。屈原虽然生活在久远的战国时代,但他"苏世独立,横而不流"的高贵品格与高尚情操,他那穿越千年历史浊浪而清流不污的文化力量,却永驻人间。在数千年亿万人的视野里,有万千个屈原形象,高悬在浩瀚神秘的夜空,但"我们的屈原",终究会成为一种历史的必然,一种必然充满温暖和力量的人间最大公约数。

在静谧的星空,屈原一定在恒久地注视着我们。在阳光灿烂的日子,我忽然觉得,应该用心掂量一下,"我们的屈原"这份文化遗产的思想价值与艺术分量。数十代人共同的责任和情怀,共同的理想与追求,鞭策着屈乡的后人们:永远不能遗忘从历史的风云中走过来的乐平里,永远要记住从乐平里的山道上走过来的三闾大夫。

按照宜昌市委、市政府对未来宜昌发展新的文化定位,屈原必然会成为宜昌永恒的文化地标。在宜昌市委、市政府的正确领导下,宜昌市政协、宜昌市炎黄文化研究会的领导和学者们,正是秉持着这样一种历史责任与文化情怀,长期坚持对屈原思想文化精神的学习、研究、阐释、传播与推广。为全面挖掘传承屈原文化,推广屈原文化教育普及和传播交流,更好地服务宜昌建设长江大保护典范城市,宜昌市政协与宜昌市炎黄文化研究会精心组织、周密策划、通力合作,于 2022 年 3 月正式启动了大型文化文史普及读物《我们的屈原》作品征集出版工程,并纳入 2022 年宜昌市政协审议通过的《七届宜昌市政协文史资料选题协作规划》。《我们的屈原》作品征集工作团队,对应征作者提出了明确要求,希望大家围绕屈原深固难徙的爱国情怀、哀民多艰的民本思想、上下求索的实干精神、洁身自好的清白节操，以及流传民间的屈原故事展开文本写作。要求来稿始终坚持思想健康、视角独特、文笔流畅的写作标准。

宜昌市政协主席王均成，宜昌市政协副主席冉锦成，宜昌市政协党组成员、秘书长张毅，宜昌市政协原主席李泉，宜昌市政府原副市长符利民（符号），宜昌市政协原副主席、宜昌市炎黄文化研究会会长徐炜等同志，他们在百忙之中，充分贡献自己的人生智慧，正确指导、精心呵护、大力支持本次文化文史普及读物作品征集活动。宜昌市政协文化文史和学习委员会与宜昌市炎黄文化研究会宜昌名人文化研究学术委员会，联合组成精干高效的征文活动工作专班。他们牺牲个人的休息时间，开展卓有成效的策划、组织和宣传工作。征稿启事发布后，来自北京、辽宁、吉林、河北、山东、山西、江苏、河南、陕西、新疆、四川、湖南、安徽、福建、广东、贵州、云南、湖北等全国20余个省市自治区的近万名读者、作者，关注、支持、参与了本次征文活动。在一年时间里，1000余篇来稿纷至沓来。征文编辑工作团队，从来稿中精选近百篇作品，修改编辑成册，形成了今天呈现在广大读者面前的《我们的屈原》整体面貌。

来稿的作者中有文史专家、文化学者、作家、诗人，也有大学教授、青年博士、国家公务员，还有大学生、普通市民等。拜读一篇篇应征文稿，我们真切地感受到了"我们的屈原"，在万千读者心目中的神圣地位、文化价值和历史分量。捧读一份份带着温度、情怀和道义的文章，我们发现，"我们的屈原"引起了大家的情感共鸣。

屈原是属于宜昌的，也是属于湖北、中国乃至于世界的；屈原是历史的，但在今天，三闾大夫仍然活在很多地球人的心海里；屈原是官员、学者，也是文明使者、浪漫诗人。在党的二十大召开以后新的历史时刻，我们建设中国式的现代化，必然"是物质文明和精神文明相协调的现代化"。推进文化自信自强，讲好中国故事，必然要讲好"我们的屈原"故事。因此，我们认为，编辑出版《我们的屈原》，可以为屈乡儿女和炎黄子孙，提供丰富的精神养料和强劲的文化动力。建设中国式的现代化，《我们的屈原》一定能够发挥出她应有的特殊作用。

乐平里，一个在巴山楚水崇山峻岭之中的小山村，因为诞生了屈原，数千年来，吸引了人类数十代人追求真理和光明的目光。中山大学中文系谢有顺教授，在多次学术讲座中谈及"诗歌中国"的概念。他认为，中国自古以来有以文治国的传统，而诗歌又在"文"中占有中心地位，中国的诗歌在中国代替了宗教的意义，具有塑造人的情怀的作用。每次经历自然灾害，往往出现叙述灾难的诗歌，诗歌由此具有了宗教式的抚慰人心的作用。而与信仰宗教的国家的人不同，中国人在取名时，往往以名字是否有诗意、有出处、有用典等文学标准，评价取名水准的高下。谢有顺教授说，中国人人生的终极追求是审美的、艺术的，而文学参与塑造了中国人的人生，不了解中国的文学、中国的诗歌，就无法了解中国文化、无法了解中国人。古代人不为自己作传，而他们的诗歌即是自传。谢有顺教授认为，诗歌为中国人提供一种普遍的价值观，诗即是国人的宗教。我们的先贤屈原，他用自己的高尚人格与伟大作品,为"诗歌中国"埋下了最宏大的伏笔、演绎了最深刻的叙事、提供了最精彩的注释。

宜昌籍云南著名作家汤世杰,他在生命的最后时光,回到了故乡宜昌。这位数十年来一直漂泊在彩云之南的屈乡游子,"希图真正从精神上回归故乡"的梦想,得到了终极圆满。在人生倒计时的最后岁月,汤世杰先生还在惦记着"我们的屈原"。他的鸿篇巨制《寻声楚吟缓缓归》为本书增添了一抹靓丽的色彩。他在作品中写道:"只有在乐平里,才能感受到横亘于屈原与当下间的两千多年时光,整整一部中国文明史。岁月如同山河,多少高山峻岭江河溪流布于其间?你会惊讶它的漫长与博大,又会叹息它的短促与匆忙。一代代帝王将相已沦为粪土,万千芸芸众生也已云散烟消,唯屈原和他的诗歌一直流传至今。说屈原只知忠君报国的论者,是不懂辩证法的。他们忘了屈原终其一生都是个追寻真善美的诗人。在他那里,美政与美人同为一体,二者不过是'美'的不同形态。而真正纯粹的美,则远远高于美人、美政,高于两者的总和。他是人类历史上为数不多的以'美'为终极目标的歌者。以为他只是为自己的被黜痛苦,透露的只是论者自身的狭隘与浅薄。美是这个世界上最崇高的。她高踞于山河之上,与日月同光。"陕西著名诗人阎安,则称赞屈原是"南方自然主义的灵魂歌者"。

在宜昌本土生活着的作家、作者们,在他们的心目中,"我们的屈原"又是别样一种特殊感受。李华章先生在文中写道:"伟大而瑰丽的屈原文化,萌生于三峡乐平里,沉淀于荆楚华夏,她的魅力永存,将与江水长流,与日月同辉!"甘茂华说:走进乐平里,就是"走进心仪已久的诗乡","乐平里就是中国诗歌的背景","从上个端午到下个端午,屈原就在歌里,风里,水里。我想屈原也一直没有离开过峡里,山里,乐平里。当我去拜谒位于乐平里钟堡山上的屈原庙时,站在初夏的跨过小溪的吊桥上,仿佛嗅到了汀芷浦兰的流芳,还有那溪水,也依稀流淌着诗人行吟泽畔的忧伤和悲怆。"韩永强更是直接在呐喊:要在"浪漫源头寻屈原"。温新阶在文中写下了这样的感受:"雨,还在下,整个乐平里笼罩在朦胧的烟雨之中,屈原庙,在细雨之中更加肃穆庄严,庙门口的那棵黄连树愈发高大苍劲。乐平里的雨,浇开了屈原文化艳丽的花树,等待明朝的初阳,在漫山遍野绽放。"张学元饱含深情地说:"走进乐平里,我把一掬热泪倾泻在这方曾经养育了屈原的土地上。走出乐平里,我把一腔激情深深地埋藏在心灵底层。"在家乡人的心目中,屈原是伟大的历史名人,也是我们可爱的"老乡"。彭定新的文章别出心裁,他说:"屈原是伟大的爱国者,楚国政治家,浪漫主义诗人。他还是一位美食家。翻开《楚辞》里的名篇《招魂》,可以看到大篇幅关于美食的描写。我笃定是屈原的'私房菜'。"

刘开美认为:"屈原出生在宜昌秭归,是中华民族伟大的爱国主义诗人,在宜昌历史文化符号中名列榜首。"龙会忠发出感叹:"要读懂屈原,就要穿越屈原的乡愁"!数十年潜心研究屈原文化的秭归学者郑承志作出这样的判断:"屈原廉洁思想具有强大的生命力、感召力和时代感。它已经伴随端午节和诗词艺术融入民众、融入生活、走向世界。"秭归作家周凌云,在他的眼中:"屈原庙是孤傲的,它挺立在钟堡之上。钟堡是乐平里小小盆地边缘的一个山包,这是乐平里地理的中心,也是屈子故里思想的中心。"三峡大学屈原文化研究中心主任彭红卫教授在文中写道:"楚国山川,特别是长江三峡,既雄奇壮美,又变幻无穷,多姿多彩,给骚人墨客以创作的对象和触媒。在这里,花草树木丰富多样,烟雨风云诡谲奇异,民俗风情巫风炽盛,这一切,使屈原和楚辞作家既具有丰富的想象力,又具有深邃绵渺的情感,因而香草美人的比兴寄托,天神地祇的比附象征,使《楚辞》在《诗经》之后,有着汪洋恣肆、惊采绝艳的浪漫特质和坚毅个性。"

　　来自全国 20 余个省市区的应征作者,他们的家乡虽然可能和屈原故里相隔千山万水,但这丝毫没有削减在他们心中,对于屈原精神的那份敬仰与虔诚。来自江西的王志强说:"屈原的婞直,就是在楚文化的滋润下养成的。他自幼勤学好问,沐浴着楚文化的光辉长大,养成了正直不屈的性格。""当中国统一之后,楚文化成为中华文化的一分子,婞直也开始流传在我们的文化中。""婞直,给了屈原坎坷,但同时,也让屈原有了坚持的力量。"来自湖北的朱光华说:"如果把屈原比作天上的星星,他一定最真最美最亮。"在朱白丹的心目中,屈原是当之无愧的"第一诗人"!李刘萱说:"读懂屈子,祭奠屈子,理解屈子在痛苦中所领悟到的境界在我们这个时代显得尤为重要。"郑鸿说:"2023年,是他(屈原)殉国整 2300 年,我们应该告慰他的,是他在后世得到了永生。"来自福建的许一跃说:"屈原对人民的爱,是他爱国心的主体。"来自广西的侯志锋说:"与汨罗江相遇,缘于屈原,他的品格,一直是我做人的标签。"来自山东的李文毅,他对屈原的追忆是这样的:"在岁月翻阅的万册古典中,你是每一个人的精神读本。在鱼的飞跃中寻找你遗留的光芒,在大雁的飞越中寻找你光芒的诗歌,在花朵的芳香中寻找你大爱的阳光,在月的清冷中寻找你大家的心胸。"来自新疆的许登彦说:"一条江河,借一位诗人不朽的诗名流芳千古;一条奔腾不息的江河,从古至今,流淌的都是诗人忧国忧民的血泪。"

　　"芳菲菲而难亏兮,芬至今犹未沫。"《离骚》的韵味还在屈乡的上空回荡,"我们的屈原"终将流芳万世。

　　因为有宜昌市政协领导和宜昌市炎黄文化研究会的前辈、专家、学者们的悉心指导,因为有社会各界有识之士、文朋道友的鼎力支持,因为有全国各地读者、作者的倾情参与,大型文化文史普及读物《我们的屈原》作品征集出版工程,得以顺利完成了第一阶段的各项工作任务。

　　进入阳光明媚的三月,在华中科技大学出版社的强力推动下,本书的编辑出版程序正式启动。在此,我要向本书的策划编辑彭中军先生,责任编辑段亚萍女士,审读、校对、质检的相关编辑,以及美术编辑和排版人员,向为《我们的屈原》付出大量心血与智慧的所有领导、专家和同志们,虔诚鞠躬,真情告白:我感恩的心,感谢有您!

　　"亦余心之所善兮,虽九死其犹未悔。"长江不息,屈子永生!

耕田斋·问道台　力　人
2023 年 3 月 31 日(癸卯年闰二月初十)